Noël E. Martin

Nenn es: mein Leben

Eine Autobiografie

aufgezeichnet von
Robin Vandenberg Herrnfeld

von Loeper Literaturverlag

Die Deutsche Bibliothek – CIP Einheitsaufnahme
Ein Titeldatensatz für diese Publikation ist bei
Der Deutschen Bibliothek erhältlich

Gehen Sie uns „ins Netz"!
Besuchen Sie uns im Internet unter
www.vonLoeper.de

Gerne senden wir Ihnen ausführliche Informationen zu unserem Verlagsprogramm zu.

Weitere Informationen zur Biografie von Noël Martin, Hinweise zu Aktionen, Bildmaterial und vieles mehr finden Sie im Internet unter www.vonLoeper.de/noel-martin

Originalausgabe
1. Auflage 2007

Gesamtherstellung und Vertrieb:
Ariadne Buchdienst,
Kiefernweg 13, 76149 Karlsruhe
Tel. (0721) 70 67 55
Fax (0721) 78 83 70
E-Mail: Info@vonLoeper.de
Internet: www.vonLoeper.de

ISBN 978-3-86059-332-5

lenkstein von Mahlow zur Erinnerung an den
schlag vom 16.6.1996

Der Stein von Mahlow

Der Stein, den sie werfen.
Nicht wissend, was sie schuldig bleiben
dem Leben der anderen
die beraubt wurden ihres Lebens,
ihrer Kinder, ihrer Frauen.
Zwist säen sie und Hass.
Der Stein, den sie werfen.
Sie wissen nichts,
nichts kümmert sie,
weil sie nicht teilen wollen
ein Land, das Leben geben kann.
Der Stein, den sie werfen.
Sie treten Gruppen bei
ohne Rücksicht
auf Menschen deren Haut
eine andere Farbe hat.
Was wird aus ihren Kindern werden?
Werden sie ihren Weg gehen
werden sie Partner finden
ganz gleich, welche Hautfarbe sie haben?
Die Leute, die Steine werfen.

Seid umsichtig
schaut euch selber an,
sucht nicht nach Steinen oder Prügeln,
die Knochen brechen,
sucht nach Frieden und Gelassenheit
um mit anderen zusammen zu leben,
nicht allein.

Der Negro-Fluss in den Blue Mountains

Träume

1

„Lauf!“, sagt Gene.

Noël und seine Cousine Gene kommen vom Laden zurück und haben erst den halben Weg zurückgelegt. Es ist ein heißer Tag, wie die meisten Tage in Jamaika, und er kann die feuchte Hitze riechen, die aus dem dicken Laub am Straßenrand aufsteigt. Noch eine Meile bergauf. Er muss schnell gehen, um mit Gene Schritt zu halten. Sie ist schon zwölf und hat viel längere Beine als er. Wieso soll er noch schneller laufen? Außerdem ist das Paket mit dem Fisch, das er trägt, ziemlich schwer.

„Lauf“, sagt sie noch einmal. Sie dreht den Kopf, schaut nach hinten. Sie geht schneller. Er sieht die Furcht in ihrem Gesicht.

„Was ist los?“

„Lauf“, schreit sie und stößt ihn vorwärts. „Lauf!“

Noël läuft los, aber der Fisch ist schwer. Er stolpert.

„Schmeiss den Fisch weg und lauf!“, schreit Gene.

Noël lässt das Paket fallen und läuft, so schnell er kann. Die Furcht in ihrer Stimme hat ihm Angst gemacht. Aber er weiß nicht, wohin er laufen soll, es ist wahrscheinlich auch egal, denkt er. Als er den Stacheldrahtzaun um Slaters Feld entdeckt, klettert er darüber. Er verletzt sich an Armen und Beinen. Macht nichts. Gene müsste hinter ihm sein. Aber sie ist verschwunden. Dafür sieht er einen Mann, der völlig weiß ist. So einen Menschen hat Noël noch nie gesehen. Der Mann starrt ihn an, mit Augen, die merkwürdig blau sind – und kalt wie Eis. In seiner Hand hält er ein langes Messer.

Noëls Kehle ist zugeschnürt vor Angst. Der Katcherman. Der grausame Mann, von dem die Erwachsenen so oft sprechen. Der Kinder umbringt.

Er rennt so schnell er kann. Das Feld ist frisch gepflügt, es geht steil bergab. Er stolpert und rollt hinunter, bis er, blutig und mit blauen Flecken, am Negro-Fluß ankommt.

„Hilfe!“, schreit er. Am Ufer steht ein Mann und angelt.

„Bitte, hilf mir!“

Der Angler kommt näher.

„Was ist denn los?“

Noël kann nicht antworten. Er zittert. Der Kloß, der ihm im Hals steckt, wird ganz heiß. Dann fängt er an zu weinen. Er weiß nicht, was er tun soll. Vielleicht arbeiten die Männer ja zusammen und dieser wird ihn zum Katcherman bringen.

Der Mann nimmt Noël an der Hand und führt ihn einen Pfad hinauf zu einem Haus, wo eine alte Frau sitzt.

„Nicht weinen, Kind", sagt sie. Sie reicht ihm einen Teller, aber er bringt jetzt nichts herunter. Der Mann, diese alte Frau, die Leute, die hier herumsitzen, die stecken bestimmt alle mit dem Katcherman unter einer Decke. Jeden Moment, da ist er sich sicher, wird er kommen und ihm mit der langen Klinge die Kehle durchschneiden.

Er steht da und zittert. Schluchzt.

„Nu-Nun! Nu-Nun!" Oben am Hang ruft jemand nach ihm.

Er versucht, das Schluchzen zu unterdrücken, damit er besser hören kann. Fast klingt es nach Onkel Hilton. Ist das möglich?

„Das wird Vetter Hilton sein", hört er die alte Frau sagen. „Bring den Jungen zu ihm."

Der Mann führt Noël den Berg hinauf zu Onkel Hilton. Der drückt ihn an seine Brust.

„Hab keine Angst", sagt Onkel Hilton, „es ist alles in Ordnung."

„Der Katcherman. Er war hinter mir her", schluchzt Noël.

„Er kriegt dich nicht", sagt Onkel Hilton. „So etwas wird hier in Charley Gully nie passieren. Hier bist du sicher. Weine nicht."

Onkel Hilton bringt ihn nach Hause, wo schon alle bei Gene sitzen und sich die Geschichte anhören.

„Es saßen zwei Männer in dem Auto", erzählt sie, „sie sind uns ganz langsam hinterhergefahren. Sie sind mir schon einmal gefolgt, darum wusste ich sofort, wer sie waren. Ich hatte eine Riesenangst. Sie hielten an und stiegen aus und in dem Moment habe ich geschrien."

Der eine verfolgte Gene, der andere Noël. Die grausamen Männer. Weiße Männer aus Florida, die nach Jamaika kommen und Kinder misshandeln.

In der Nacht hat er einen Traum. Mehrere Männer werfen mit einem Ball nach ihm. Wenn ihn der Ball trifft, ist er gelähmt und kann nicht mehr laufen. Rasend schnell kommen sie mit spitzen Messern in der Hand auf ihn zu. Wenn sie ihn erreichen, wacht er voller Angst auf. So viel Angst hat er, dass er ins Bett macht. Der Traum kehrt immer wieder. Er kann ihn nicht vergessen.

Es war fast so, denkt er heute, als ob ihm der Traum sein Schicksal zeigen sollte.

Schicksal? Zufall? Was auch immer es sein mag, diese grausamen Männer, die Männer ohne Gnade, sie haben ihn noch einmal verfolgt. Dreißig

Jahre später. Aber dieses Mal waren es Neonazis in Deutschland. Männer, die glaubten, sie müssten ihn hassen. Weil er schwarz ist.

2

„Irgendwie sind meine Träume prophetisch“, sagt Noël. „Ich hatte noch einen, als ich im Krankenhaus lag, in Oswestry.“

Er sitzt in seinem Rollstuhl im dunklen Eingangsflur seines Hauses, die Tür zur Straße geöffnet. So macht er es manchmal, um frische Luft zu bekommen. Er beobachtet, wie die Autos im Schein der Straßenlaternen vorbeifahren, wie die Fußgänger den Bürgersteig entlanggehen.

„Erzähl mir davon“, sagt Robin.

„Gib mir erst mal eine Zigarette“, meint er. Sie steckt ihm eine zwischen die Lippen und zündet sie an. Die Spitze leuchtet rot im Dunkeln.

„Siehst du diese viktorianischen Verzierungen?“, fragt er und deutet mit dem Kopf auf die Schmuckelemente an der Wand, die das Holzdach über der Eingangstür stützen. „In meinem Traum hingen Jacqui und ich dort an der Mauer. Wie Wasserspeier in einer gotischen Kathedrale. Wir waren in Stein verwandelt worden, konnten uns nicht bewegen, konnten nur zusehen, wie die Welt an uns vorbeizog. Jahrelang hingen wir dort, immer nur zuschauend, bis uns eines Tages Flügel wuchsen und wir gemeinsam in den Sonnenuntergang hineinflogen. Ich denke, der Traum sollte mir mein künftiges Leben zeigen.“

Er zieht an der Zigarette und bläst den Rauch in die Nacht.

„Früher haben wir oft hier gesessen“, sagt er. „Jacqui und ich. Ich in meinem Rollstuhl, Jacqui dort auf der Schwelle. Am Silvesterabend. Wir saßen hier und beobachteten die Leute. Wir fragten uns, wohin sie gingen. Zu welchen Partys. Mit wem sie tanzen würden. Bevor mir dies angetan wurde, habe ich an Silvester die ganze Nacht getanzt.“

„Und nun ist Jacqui davongeflogen.“

„Und ich sitze immer noch hier. Beobachte, wie die Welt vorbeizieht. Wie lange dauert es noch, bis meine Flügel wachsen?“

Die Glocke im Turm der alten gotischen Kirche in Edgbaston schlägt zehnmal. Die Nachtpflegerin wird gleich kommen.

Noël schaut auf seine Hände und Beine, die er nicht bewegen kann.

„Es ist“, sagt er, „als ob mein ganzes Leben in mir gefangen wäre. Ich will es befreien. Ich muss es herauslassen, bevor ich sterbe.“

Familienland Blue Mountains (Jamaika)

Jamaika

1

Draußen fängt es an zu regnen.

„Leg meine Hand auf den Ball", sagt er und sie nimmt die Hand, führt die gekrümmten Finger zu dem gelben Ball des Joysticks, mit dem er den elektrischen Rollstuhl steuert. Er bewegt die Muskeln in seiner rechten Schulter – es sind die einzigen, die er noch rühren kann. Seine rechte Hand zuckt hin und her. Der Rollstuhl setzt sich in Bewegung, rollt rückwärts durch den Flur bis ins Wohnzimmer. Er fährt ganz nah an das Feuer im Kamin. Mit dem Regen ist die Kälte gekommen.

Noëls Hand rutscht von dem gelben Ball ab. Nun muss er jemanden bitten, die Hand wieder daraufzulegen, denn allein schafft er es meistens nicht. Diese Kleinigkeiten. Die ständige Erinnerung daran, dass er querschnittsgelähmt ist.

„Wie wäre mein Leben gewesen, wenn ich nicht nach England gegangen wäre?", fragt er. Er betrachtet seine Hand, die auf seinem Bein liegt. Spüren kann er sie nicht. „Wäre mir das alles auch passiert?"

„Das wirst du nie wissen können."

„Ich wünschte, ich könnte noch einmal nach Jamaika fahren. Um Miss Darling zu sehen." Miss Darling, seine Patentante, die eigentlich Isilda heißt. Die Leute nennen sie aber „Miss Darling", weil sie genau das ist. Ein Darling, eine ganz liebe Frau. „Noch einmal die Brise riechen, die vom Meer her weht."

Er senkt die Rückenlehne des Stuhls ein wenig herab und lehnt sich zurück, schließt die Augen.

In Jamaika war es ganz anders als hier in England mit seinen endlosen Reihen von Backsteinhäusern. Das geschmacklose Roastbeef. Der milchige Tee. Die langen, kalten Winter. Jamaika war so hell, so warm. Die Farben. So viele Grüntöne. Hellgrün, dunkelgrün. Das Grün, das in Blau übergeht, je weiter du in die Berge hinaufsiehst. Das Blau des Meeres, das Rosa der Blumen und Früchte. Er kann sie fast riechen, die verschiedenen Düfte, kann den Kaffee, die Schokolade, den Rum fast schmecken.

Was würde er dafür geben, um noch einmal eine reife Mango zu pflücken. Nicht nur eine, Dutzende hat er früher vom Baum gegessen. Oder Avocados. Apfelsinen. Außerdem gab es Limetten, Zitronen und den Honig aus der Bienenzucht seines Patenonkels Mas' Rudolf. Noch einmal eine Kokosnuss vom Baum holen und sie mit der Machete zerteilen. Spüren, wie der klare, süße Saft die Kehle hinunterläuft. Noch einmal Kakaobohnen pflücken, trocknen und Schokoladentee zubereiten. Wie gern würde er auf die Berghänge steigen, wo Brotfruchtbäume und Bananenbäume wild wachsen. Akee pflücken will er, um sie mit salzigem Trockenfisch zum Frühstück zu kochen. Kassava essen und Süßkartoffeln, Jamswurzeln, Calalou, Okra. Die birnenförmigen Äpfel aus Jamaika, die dunkelrot werden, wenn sie reif sind. Er möchte die Sonne im Gesicht spüren. Sich in den Schatten eines Baumes legen, wenn es heiß wird. Am ganzen Körper spüren, wie es abkühlt, wenn der Regen kommt.

„Es wäre herrlich, wenn ich noch einmal dort leben könnte. Wenn ich wieder gehen könnte, dann würde ich nach Jamaika zurückkehren. Das Leben war dort so einfach. Eine Leichtigkeit, nur von der Landwirtschaft zu leben, so wie wir es früher getan haben."

Er sieht durch die Glastür des Wohnzimmers in den Garten hinaus, in die dunkle und nasse englische Nacht.

„Es war wie im Paradies", sagt er.

2

Er hört, wie die Tropfen gegen die Scheiben prasseln. Der Regen in England ist kalt. Nicht wie der Regen in Jamaika, der so warm war, dass er sich auszog, wenn es regnete. Damit die Kleidung nicht nass wurde.

Damals. Die Regentropfen, die auf das Blechdach des Hauses seines Onkels in den Blue Mountains trommeln. Das Geräusch gab ihm ein Gefühl der Geborgenheit. Er lauschte dem Regen, bis er einschlief.

Vor seinem inneren Auge kann er das Haus sehen, das sein Urgroßvater, Mr. Mandeen, im Jahr 1914 bauen ließ. Das Haus, in dem er am 23. Juli 1959 geboren wurde. Blau gestrichen ist es, mit einer breiten Veranda, auf weißen Pfeiler stehend. Unten zwei Zimmer, wo Miss Darling und Onkel Hilton schlafen. Zwei Zimmer oben. In einem steht das Jugendstilbett, in dem er mit Denton und Fernando schläft. Französische Wandschränke, ein Tisch in der Ecke, einige Stühle. Die Küche etwas abseits vom Haus, eine Hütte aus Bambus. Dunkel, weil der Bambus von innen mit Schlamm überzogen ist, als Schutz vor dem offenen Feuer. Gut riecht es in der Küche. Nach dem gewürzten Fleisch, das Miss Darling in dem Topf bräunt, der über dem Feuer hängt.

Er stellt sich vor, dass er vor dem Haus steht. Die Sonne brennt. Auf dem Betonboden des Barbecues wurden Kaffeebohnen zum Trocknen

Mr. Mandeens Haus

ausgebreitet. Er ist wieder der zweijährige Junge von damals. Er schiebt eine Holzkiste, in der das Baby Fernando sitzt. Sein Bruder Denton zieht an zwei Leinen, die er vorne an der Kiste befestigt hat. Aber das „Gefährt" kommt nicht voran, weil der Hund Peter sie ständig anspringt.

„Hör auf!", schreit Noël, aber Peter springt immer weiter und reißt mit seinen Tatzen Löcher in seine schwarze Hose. Noël macht sich Sorgen, was Miss Darling dazu sagen wird.

Eines Tages nähert sich ein Fremder dem Haus. Die Hunde rennen freudig bellend auf den Mann zu. Miss Darling kommt in den Hof.

„Hilton!", sagt sie, geht dem Mann entgegen und umarmt ihn. Da läuft auch Noël auf ihn zu und will ihn umarmen, obwohl er gar nicht weiß, wer das ist. Seine Arme reichen gerade um die Unterschenkel des Mannes herum, so klein ist er. Und wenn er hinaufschaut, scheint das Gesicht des Fremden eine Meile über ihm zu sein. Noël schaut auf die Füße und sieht schicke braune Schuhe. Solche hat er noch nie gesehen.

„Es ist dein Onkel Hilton", sagt Miss Darling. „Er ist aus England zurückgekehrt."

„Old Man Grumpy ist wieder da", hört er die Leute sagen, nachdem sich herumgesprochen hat, dass Hilton eingetroffen ist. Das kann Noël nicht verstehen. Warum nennen sie ihn so, wenn Onkel Hilton doch so nett ist?

Dann wird Fernando zu seiner Patentante Miss Esmee geschickt.

„Warum kann er nicht bei uns bleiben?", wundert sich Noël, aber er

Imogene mit Elaine, Noël, Denton (v.l.n.r.) in Kingston um 1960

weiß, dass er Miss Darling nicht danach fragen darf. Er hat die Regeln schon gelernt. Man soll Kinder sehen, aber sie nicht hören. Sei ruhig und respektiere die Älteren. Stelle keine Fragen, weil du sonst eine gewischt bekommst. Er behält es also für sich. Nun ist er der Jüngste in der Familie.

Aber dafür nimmt ihn Onkel Hilton manchmal mit, wenn er ins Dorf geht, und dann ist er wieder glücklich. Es gefällt ihm, wenn sich sein Onkel abends mit anderen Männern trifft. Sie holen das Dominospiel heraus und trinken Red-Stripe-Bier. Er bekommt auch eine Bierdose. Aber nach wenigen Schlucken wird er müde. Onkel Hilton legt ihn dann auf eine Bank. Wenn er im Dunkeln aufwacht, in den frühen Morgenstunden, fühlt er sich sicher und geborgen, weil er auf Onkel Hiltons Schultern sitzend nach Hause getragen wird.

Nach einiger Zeit kommt Elaine. Sie ist vier Jahre älter als Noël und geht schon zur Schule. Elaine ist seine Cousine und sie wird jetzt auch hier wohnen. Später kommt Gene hinzu, Elaines ältere Schwester. Und schließlich trifft auch Dudley ein, der noch älter ist als Gene. Er könne jetzt nicht mehr bei seinem Vater Rafael wohnen, sagt er, und ziehe jetzt bei Miss Mama ein.

Warum „Miss Mama"? Warum ist sie für Dudley nicht auch Miss Darling? Oder für ihn nicht auch „Miss Mama?"

Weitere Cousins wohnen auf der anderen Seite des Berghangs, zum Beispiel die Familie von Onkel Aston. Die Familien haben aber nicht viel miteinander zu tun; jeder geht seinen Tätigkeiten nach. Die Kinder treffen sich trotzdem, meistens auf dem Schulweg. Sunny Boy, Marmar, Neville, Susu und das Baby Granville. Es ist richtig schön, mit so vielen Spielgefährten.

Und dann gibt es Pferde. Noël liebt Pferde, Maultiere, Esel. Sein Onkel Ivan züchtet Pferde. Große, schöne Tiere. Wann immer er kann, besucht er die Pferde, um sie zu füttern. Leidenschaftlich gern würde er reiten, so wie der Onkel. Aber dafür ist er noch zu klein, und wenn er es versucht, wird er von den Erwachsenen ausgelacht.

„Hol dir ein Pferd“, sagt einer der Männer, die die Tiere pflegen. Noël trabt los. Die Pferde sind riesig. Es gelingt ihm, das Tier zu einem Holzklotz zu führen. Aber sobald er auf den Klotz geklettert ist, um aufzusteigen, hat sich das Pferd schon wieder aus dem Staub gemacht. Noël hält die Zügel fest, sodass das Pferd ihn mitschleift, was zu großer Heiterkeit bei den Erwachsenen führt. Ganz egal, wie zerkratzt seine Ellbogen und Kniee sind, ganz egal, wie viele blaue Flecken er abbekommt – er gibt nicht auf.

3

Im Alter von drei Jahren soll Noël zur Schule. Zwei Schillinge und sechs Pence kostet die Schule bei Miss May pro Woche. Aber Bildung ist wichtig. Die Familie legt großen Wert darauf. Er ist sehr stolz, als er erfährt, dass es nun losgeht. Denton und Elaine gehen schon in die Schule und er will endlich auch dorthin.

„Sei höflich zu Miss May“, schärft ihm Miss Darling ein. „Ich will nicht hören, dass du dich ihr gegenüber respektlos verhälst.“

Respektvoll sein. Das hat er begriffen. Sag „Guten Morgen, Mr. Thomas, guten Tag, Miss Minnie“, wenn du Erwachsene auf der Straße oder im Laden triffst. Wenn du es nicht tust, werden sie es deinen Eltern erzählen, und dann kriegst du die Rute. Und stell keine Fragen, frag nie „warum“, „wie“ oder „wann“, weil du dann eine Ohrfeige bekommst. Miss Darling prüft, ob sein Hemd und die kurze Khakihose ordentlich aussehen. Dann gibt sie ihm eine Schiefertafel. Ein einfaches Stück Dachschiefer in einem Holzrahmen, mit einer Kordel, damit er es sich um den Hals hängen kann.

„Du weißt, dass du damit vorsichtig umgehen musst.“

„Ja, Miss Darling“, sagt er und hängt sich die Leine mit der Schiefertafel um den Hals. Er läuft durch das Tor zur Straße und kommt sich sehr wichtig vor, als ob er jetzt ein ganz großer Junge wäre. Er wird ihnen zeigen, dass er Verantwortung übernehmen kann. Er wird auf seine Schiefertafel gut aufpassen, weiß er doch, dass er Glück hat, überhaupt eine zu besitzen. Wenn die Tafel zerbricht, dann bekommt er keine neue, weil sich die Familie das nicht leisten kann. Und auf eine Scherbe schreiben wie andere Kinder, das will er auf keinen Fall.

Elaine geht mit ihm die Straße hinunter nach Forest Works, in die Schule von Miss May. Die Schule ist in ihrem Wohnhaus untergebracht. Es sind sechs oder sieben Kinder dort und sie dürfen zunächst auf dem Vorplatz mit den Tieren spielen, bevor sie Miss May ins Haus holt. Sie zeigt den Kindern, wie sie mit Lineal und Nagel Linien auf den Schiefer kratzen und dann mit Kreide daraufschreiben. Sobald sie das Alphabet gelernt haben, bringt sie ihnen die Zahlen bei.

Am liebsten spielt Noël mit Sill und einem Jungen, der einem Ochsenfrosch ähnelt, weshalb er ihn „Dada Bull" nennt. Sie spielen Tic-Tac-Toe und singen lauthals die albernen Lieder, die ihnen Miss May beibringt:

Little Sally Water,
Sprinkling the saucer.
Rise Sally, rise,
And wipe your dripping eyes.

Das macht großen Spaß, und wenn der Schultag zu Ende ist, holt ihn Elaine ab und geht mit ihm nach Hause. Es ist gut, dass sie mit ihm geht, weil er Angst vor den Catchern hat. Angst, dass sie ihn fangen und umbringen. Obwohl er weiß, dass die Erwachsenen ein Auge auf die Kinder haben, ist ihm der Weg unheimlich. Denn die Gegend ist einsam und auf der Zwei-Meilen-Strecke kommt man nur an einem Haus vorbei. Man muss ins Tal und den Fluss überqueren. Da ist es schon besser, wenn die ältere Cousine bei ihm ist.

Nach einem Jahr bei Miss May wird er auf die Schule von Miss Lita versetzt. Diese Schule befindet sich auf der anderen Seite des Friedhofs. Miss Lita ist eine kleine, alte Frau, die nach Pfefferminz, Schweiß und Urin riecht. Sie ist sehr streng. Sie duldet es keineswegs, wenn die Kinder zu spät zur Schule kommen, und sie erwartet, dass sie ordentlich gekleidet sind. Achte also immer darauf, dass deine Khakihose und dein weißes Hemd frisch gebügelt sind! Denn wenn die Haare nicht gekämmt oder die Fingernägel nicht sauber sind, dann kriegst du Ärger. Wenn du etwas anstellst, dann musst du in der Ecke stehen und mit der linken Hand das rechte Ohr und mit der rechten Hand den linken Fuß festhalten. Den ganzen Nachmittag musst du so dastehen, und dann bekommst du einen Zettel für deine Eltern, auf dem steht, dass du dich schlecht benommen hast und das Geld deiner Eltern verschwendest.

Denton, Fernando, Noël (v.l.n.r.)

4

An einem Sonntag gehen sie nach River Head in die Kirche.

„Da wohnt Fernando“, flüstert ihm Gene zu und zeigt auf das Haus, an dem sie gerade vorbeilaufen.

Er ist ganz aufgeregt, weil er denkt, dass er endlich seinen kleinen Bruder wieder sehen wird. Aber keiner sagt etwas und sie bleiben nicht stehen.

Aber eines Tages ist es anders: Sie biegen ab und gehen durch das Tor zu dem Haus. Fernando sieht sie kommen und läuft davon. Noël beobachtet, wie er sich unter der Veranda versteckt.

„Er hat Angst vor dir“, sagt ein Junge, der Tony heißt. Tony muss es wissen, weil er jetzt mit Fernando zusammen lebt.

Noël krabbelt auch unter die Veranda. Als sich seine Augen an die Dunkelheit gewöhnt haben, sieht er Fernando in einer Ecke. Er kriecht zu ihm und lächelt ihn an.

„Schau“, sagt er und zeigt Fernando, wie er kleine Spinnen, die im Sand sitzen, aufscheucht.

„Man nennt sie Nancies“, sagt er. „Ich wünschte, du würdest noch bei uns wohnen, Fernando.“ Und er streicht Fernando durch das Haar, das viel weicher und feiner ist als sein eigenes. Wie Seide.

„Aber wir haben einen Esel“, sagt Fernando, „und ich darf ihn reiten.“

„Hier“, sagt Noël, als sie wieder aufbrechen. „Das ist meine beste Murmel. Du kannst sie haben.“ Er möchte Fernando so gerne etwas schenken, und das Einzige, was er zum Verschenken hat, ist diese Murmel.

5

Es gibt immer etwas zu tun. Alle arbeiten hart und jeder muss seinen Beitag leisten. Noël weiß, dass er auch anpacken muss. Schon als Kleinkind hat er zugesehen, wie die Familie das Land bestellt. Wie sie pflanzen, Unkraut jäten, ernten, waschen, kochen. Er will unbedingt dazugehören und arbeiten wie die Erwachsenen. Will ihnen zeigen, dass er genauso arbeiten kann wie Denton, der schon fünf Jahre alt ist.

Er steht morgens um vier mit den anderen auf. Draußen ist es noch dunkel. Er muss sich beeilen, denn die Arbeiten müssen erledigt sein, bevor die Kinder zur Schule gehen. Als erstes füttert er die Hühner mit den getrockneten Kokosnüssen, die ihm Miss Darling zum Kleinschneiden gegeben hat. Ab und zu darf er den Hühnern auch Maiskörner geben, aber nicht zu viel, weil Mais sehr wertvoll ist. Eine Verschwendung für Hühner.

Er füttert seine Hühner – es sind zwanzig Stück – und schaut zu, wie sie in der trockenen Erde des Hofes mit ihren gelben Krallen herumkratzen. Zu lange darf er nicht bleiben, denn er muss noch mit Denton und Dudley die Kuh und die Ziegen hinauf auf die Weide bringen.

Auf dem Rückweg sammeln sie Feuerholz. Sie suchen nach abgebrochenen Zweigen und Ästen, um das Feuer unter den großen Kochtöpfen auflodern zu lassen. Denton zeigt ihm, wie das Holz gebündelt und mit einem Streifen Baumrinde zugeschnürt wird. Denton hievt das Bündel auf seinen Kopf und steigt den Berg hinunter. Noël versucht es auch, aber er kann sein Bündel nicht eng genug schnüren und die Zweige rutschen ihm immer wieder vom Kopf. Jeden Tag macht er sich Sorgen, wie er sein Holzbündel tragen soll. Wenn das Holz herunterfällt, ist er so enttäuscht, dass er weinen muss. Aber Denton und Dudley dürfen das nicht sehen, weil sie ihn auslachen und ihn dann wie ein kleines Kind behandeln werden. Nach einer Weile überlegt er, dass er sich eine dickere Leine aus Baumrinde flechten und mitnehmen könnte. Das geht dann einfacher.

Manchmal sinkt der Wasserstand im Brunnen. Dann müssen sie Wasser vom Fluss holen. Sie holen große, feuerverzinkte Zinneimer und laufen so schnell sie können die Meile zum Fluss hinunter, wo sie die Eimer füllen. Sie müssen sich beeilen, weil es auf dem Rückweg nur langsam vorangeht. Bergauf, mit dem vollen Eimer auf dem Kopf, brauchen sie länger.

Nachdem sie ihre Arbeiten erledigt haben, essen die Kinder ein Stück Brot oder etwas Kartoffelgrieß und trinken eine Tasse Schokoladentee. Dann machen sie sich auf den Weg zur Schule.

Eines Tages kommt Onkel Hilton in den Hof. Er hat zwei Ziegen dabei.

„Nu-Nun“, sagt er. Das ist der Kosenamen für Noël. „Sie sind für dich. Pass gut auf sie auf.“

Er kann es kaum glauben. Seine eigenen Ziegen! Er wird Onkel Hilton zeigen, dass er sich gut um die Ziegen kümmern wird. Jeden Morgen führt er die Tiere auf die Grant-Anhöhe. Er hat herausgefunden, dass dies der beste Platz ist, weil die Sonne hier am längsten scheint. Er bindet die Ziegen an einen Baum. Das Seil ist lang genug, um den Ziegen Freilauf zu geben, aber kurz genug, um sie vom hohen Gras fern zu halten, das nah an den Klippen wächst. Er weiß, dass sie dieses Gras gerne fressen und befürchtet, dass sie den Abhang nicht bemerken. Wenn sie über die Klippe fallen, könnten sie sich mit dem Seil erhängen. Da muss er ja aufpassen.

In der Schule bei Miss Lita lernen die Kinder das Multiplizieren. „Zwei mal zwei macht vier“, schreien sie und stampfen dabei mit den Füßen. Und sie lernen lesen.

Jemand, den alle „Mutter“ nennen, schickt Geld an Miss Darling. Davon wird ein Lesebuch für Noël angeschafft. Zwei Tage später geht er mittags in den Laden von Mr. Fire, um Süßigkeiten zu kaufen. Dort lässt er das Buch auf dem Ladentisch liegen. Später erinnert er sich daran und läuft zurück, aber das Buch ist schon weg. Er weiß, dass er jetzt Ärger bekommen wird. Zum Glück sieht er ein anderes Exemplar auf einem Müllhaufen liegen. Es ist dreckig und es fehlen einige Seiten, aber es ist besser als nichts. Er nimmt es mit und hofft, dass es Miss Lita nicht auffällt. Aber sie merkt es natürlich. Denn es war ja Miss Lita, die das neue Buch im Auftrag von Miss Darling aus der Stadt mitgebracht hat. Miss Lita gibt ihm eine Ohrfeige.

Eines Tages ruft Miss Lita Noël zu sich.

„Möglicherweise kannst du bald auf die große Schule wechseln“, sagt sie. Das ist die Schule, die Denton und Elaine besuchen. Noël weiß, dass man sieben Jahre alt sein muss, bevor man dort zugelassen wird. So alt ist er noch nicht. Er wartet, bis Miss Lita weiterspricht.

„Du bist eigentlich noch zu jung“, sagt Miss Lita, „aber deine Lehrerin sagt, dass du schon ziemlich gut lesen und schreiben kannst. Deshalb hat sie dich für die große Schule empfohlen.“

Denton und Elaine kommen eines Morgens in Miss Litas Schule.

„Los“, sagt Elaine, „pack deine Sachen.“

„Du bist aufgenommen worden“, sagt Denton.

Er packt seine Tasche, nimmt die Schiefertafel und geht mit den beiden hinaus. „Diese Schiefertafel brauche ich jetzt nicht mehr“, denkt er voller Stolz. „Jetzt werde ich richtige Bücher bekommen.“

6

In der Erntezeit geht er nicht zur Schule.

Er nimmt seinen Sack und folgt Onkel Hilton auf den Berg. Sie ernten Nelkenpfeffer, Erbsen, Kaffee- und Kakaobohnen. Noël füllt seinen Sack, bis er voll ist. Der Sack ist fast so groß wie er selbst, aber er schafft es trotzdem, ihn auf dem Kopf bis nach Hause zu tragen. Den Nelkenpfeffer kippt er auf die betonierte Fläche. Die kleinen, runden, grünen Früchte trocknen in der Sonne, und wenn sie sich dunkel verfärben und ihren würzigen Duft verströmen, dann helfen alle mit, den Nelkenpfeffer in Säcke abzufüllen. Wenn Noël Glück hat, darf er mit Onkel Hilton zum Markt fahren. Nach Cedar Valley, nach Morrant Bay oder vielleicht sogar zum Coronation-Markt nach Kingston.

Er geht gerne mit. Während Onkel Hilton seine Erzeugnisse verkauft, darf er Süßigkeiten oder ein Fleischpastetchen essen und der Ska-Musik lauschen, die im Radio läuft. Bevor Onkel Hilton Samen kauft und sich zum Dominospielen mit seinen Freunden trifft, gibt er Noël eine Münze. Davon kauft er sich einen kühlen Softdrink. Wenn er Glück hat und eine Flasche mit einem Kronkorken bekommt, in den ein Zeichen gestempelt wurde, dann kann er den Verschluss zum Kaufmann bringen und erhält einen weiteren Softdrink oder sogar drei Pence.

Am liebsten hilft er Onkel Hilton bei der Feldarbeit, oben in den Berghängen. Ihm gefällt die Arbeit, und wenn er helfen darf, hat er das Gefühl, etwas Besonderes zu sein.

„Komm mit, Nu-Nun", sagt Onkel Hilton. Und Noël freut sich, dass er mitgehen darf und Denton nicht.

„Dieser Denton ist ziemlich gehässig", hat er Onkel Hilton einmal sagen hören. „Der Junge macht zu viel Ärger."

Um Onkel Hilton zu zeigen, wie dankbar er ist, arbeitet Noël so viel wie möglich. Er jätet Felder und pflückt Kuh- und Gungo-Erbsen sowie Akee. Man darf die Akee erst pflücken, nachdem sie sich geöffnet hat. Das bringt ihm Onkel Hilton bei. Wenn du die Akee zu früh isst, wirst du krank, denn sie ist giftig. Wenn die Früchte reif sind, öffnen sie sich und die giftigen Gase entweichen. Auf diese Weise sagt dir die Natur, dass man die Frucht jetzt essen kann. Achte immer darauf, was die Natur dir sagen will. Respektiere die Natur.

Wenn sie abends nach Hause gehen, graben sie manchmal eine Jamswurzel für das Abendessen aus. Noël schaut zu, wie Onkel Hilton die Erde mit seiner Machete lockert und die Wurzel herauszieht. Er schneidet den Kopf ab und pflanzt ihn wieder ein. Jeder weiß, dass es eine Sünde ist, den rosagelblichen Kopf der Jamswurzel zu essen. Gib der Erde zurück, was du ihr entnommen hast. Wie kannst du erwarten, dass dir die Erde weiterhin Früchte schenkt, wenn du ihr nichts zurückgibst? Pflanz also den Kopf der Jamswurzel wieder ein, damit eine neue wächst.

Eines Tages führt ihn Onkel Hilton den Berg hinauf und zeigt ihm eine kleine Parzelle, die abgesteckt ist.

„Siehst du, Nu-Nun?“, fragt er. „Das ist jetzt dein Land. Bestelle es gut und sorge dafür, dass deine Ernte reich wird.“

„Mach ich“, sagt Noël. Von nun an beobachtet er Onkel Hilton noch genauer. Wenn er Bohnen pflanzt, macht Noël es ihm nach. So lernt er, wann er säen und wann er ernten muss. Welche Pflanzen am Hang mit Nachmittagssonne gedeihen. Welche sandige Böden brauchen, welche lehmige. Welche viel Wasser benötigen und daher während der Regenzeit wachsen sollen. Welche mit wenig Wasser auskommen und am Ende der Regenzeit eingepflanzt werden können. Denn hier im Gebirge ist es nicht möglich, Pflanzen in der Trockenzeit zu bewässern. Und er lernt, wie man Kaffee anbaut. Der beste Kaffee wächst im Gebirge, nicht in der Ebene. Ringsum muss man Bananenbäume pflanzen. Sie wachsen höher als der Kaffee und ihre breiten Blätter verbreiten den Schatten, den der Kaffee braucht. Auf diese Weise hat man zusätzlich viele Bananen, aber das macht nichts. Man isst sie morgens, mittags, abends. Bananenpudding, gebratene Bananen, Bananen einfach so.

Noël ist stolz auf seinen Acker, und er ist stolz, dass er jetzt seine eigene Forke und seine eigene Machete hat. Er möchte ein guter Farmer werden. Und vor allem möchte er, dass seine Ernte besser ausfällt als die von Denton. Denn Denton hat auch eine Parzelle bekommen. Das ist praktisch, weil sie sich gegenseitig helfen können. Aber tief in seinem Herzen möchte er derjenige sein, der alles besser macht.

Wenn seine Pflanzen gut gedeihen, ist er glücklich. Mag sein, dass die Ernte nur für ein Abendessen ausreicht, aber zumindest hat er das Gemüse selbst gezogen und eingebracht. Und er erntet immer mehr als Denton.

7

„Tabak“, sagt Onkel Hilton eines Tages, als er vom Markt nach Hause zurückkehrt. „Wir müssen Tabak anpflanzen.“

„Was ist mit dem Nelkenpfeffer?", fragt Miss Darling.

Bislang war Nelkenpfeffer das lukrativste Geschäft, das weiß sogar Noël. Er hat gesehen, wie viel Geld Onkel Hilton bekommt, wenn er Nelkenpfeffer auf dem Markt verkauft. Bohnen und Erbsen bringen nicht so viel ein.

„Es gibt große Tabakkonzerne, die nur auf unsere Ernte warten", sagt Onkel Hilton. „Das bringt viel Geld."

Also werden Felder mit Tabak gepflanzt und alle müssen lernen, wie die jungen Pflanzen am besten gedeihen. Sie lernen, die Blätter zu trocknen und sie zu langen Seilen zu flechten, die Onkel Hilton dann zum Markt bringt und pro Meter oder Halbmeter verkauft.

Die Kinder schauen zu, wie die Erwachsenen die getrockneten Blätter zu Zigaretten rollen, schauen zu, wie sie den Rauch tief einatmen. Dann schauen sich die Kinder gegenseitig an. Noël weiß genau, woran Denton denkt. Dass er das auch probieren will. Beim Flechten der getrockneten Blätter warten sie ab, bis die Erwachsenen nicht achtgeben, und dann verstecken sie einige. Und später, hinter dem Haus, probieren sie es aus.

Er ist jetzt fünf Jahre alt. Er hat seine eigene Ziegen, um die er sich kümmert, seinen eigenen Acker, den er bestellt. Er kann rauchen wie ein Mann. Er fühlt sich schon ziemlich erwachsen. Fast Manns genug, um mit dem Sex anzufangen.

Er sitzt neben dem Seiteneingang von Mas' Faydos Laden in Finger Post und wartet auf Denton und Dudley. Miss Darling hat sie zum Einkaufen geschickt.

Die Seitentür geht auf und die Tochter von Mas' Faydo kommt heraus. Sie ist zwölf und bekommt langsam Brüste.

„Was machst du?", fragt sie.

„Solche Fragen kannst du einem großen Mann nicht stellen", sagt er.

„Welcher Teil von dir ist ein großer Mann?", fragt sie.

Er fasst sich vorne an die Hose und sie fängt an zu lachen. „Ich schätze, du weißt nicht einmal, was du damit anfangen sollst", sagt sie.

„Doch, ich weiß es", sagt er voller Zuversicht.

„Dann komm. Zeig es mir", sagt sie und hebt ihren Rock hoch.

Er steht auf. „Du bist zu groß", sagt er.

Sie legt sich auf die Holzbretter der Veranda und er zieht ihr die Unterhose aus. Er weiß nicht so genau, was er jetzt tun muss. Er weiß nur, dass er ungefähr in dieser Gegend irgendetwas suchen soll.

„Lass mich nach oben", sagt sie. Aber während sie dabei sind, hören sie, dass Denton zur Vordertür herauskommt. Noël und das Mädchen stehen schnell auf und zupfen an ihrer Kleidung herum, bevor Denton um die Ecke biegt. Noël ist so stolz, dass er Denton und Dudley alles erzählt. Aber sie glauben ihm nicht. Das nächste Mal sage ich lieber nichts, denkt er.

8

Die Arbeit im Haushalt, auf dem Feld und in der Schule lässt kaum Freizeit übrig. Sobald es dämmert, zündet Miss Darling die Petroleumlampe an und die Familie versammelt sich um den Tisch. Noël zerhackt Kokosnüsse für die Hühner, Gene raspelt Kassava, um Stärke für die Wäsche herzustellen. Elaine enthülst Erbsen für das Mittagessen. Aber während ihre Hände arbeiten, amüsieren sie sich trotzdem. Manchmal verbringen sie den Abend mit gemeinsamem Singen, manchmal erzählen sie sich stundenlang Witze. Oder die Erwachsenen schauen zu, wie die Kinder kleine Theaterstücke aufführen, die sie sich ausgedacht haben. Und an manchen Abenden hören die Kinder den Geistergeschichten zu, die die Erwachsenen erzählen. Oder sie lauschen, wie Onkel Hilton die Familiengeschichte vorträgt.

Er erzählt von seinem Großvater, dem Urgroßvater von Noël. Mr. Mandeen kam aus Indien nach Jamaika. Aus Bombay. 77 Upper Fargot Street in Bombay. Mr. Mandeen stammte aus einer guten Familie, einer Familie, in der es Ärzte gab und andere angesehene Berufe. Sie waren Inder, nicht versklavt. Mr. Mandeen war ein freier Mann und deswegen durfte er, als er nach Jamaika kam, Land kaufen. Nicht das beste Land – das war für die Weißen reserviert. Aber Mr. Mandeen hatte gehört, dass das Land in den Blue Mountains gut sei. Hügelig, aber fruchtbar. Also kaufte er dieses Stück Land, hier in Windsor Forest, St. Thomas, und baute 1914 dieses Haus. Mr. Mandeen heiratete eine Cousine, und aus ihrer Nachkommenschaft stammten die Murrays, zu deren Vorfahren Inder, Schwarze und jamaikanische Arowak-Indianer zählten.

Onkel Hilton erzählt die Geschichte immer wieder, damit sich Noël und Denton und Elaine und all die anderen genau daran erinnern. *Erinnert euch Kinder, weil ihr euren Kindern die Geschichte weitererzählen müsst. Damit niemand vergisst, wer Mr. Mandeen war und wo er herkam und was wir für eine Familie sind.*

Die Murrays waren sehr arbeitsam und geschäftstüchtig, sie kauften Busse und Verkehrskonzessionen und gründeten Firmen. Heute gehören sie zu den ersten Familien dieser Gegend. Eine Familie, auf die man stolz sein kann. Schaut euch Onkel Sun an, Sun MaGhandi, so wird er genannt. Er betreibt die einzige Buslinie in dieser Region. Und Onkel Kasey, der ein Tabakunternehmen besitzt und außerdem die Gemischtwarenhandlung in Cocoa Walk betreibt. Und Onkel Ivan mit seiner Pferdezucht.

Manchmal schaltet Onkel Hilton abends das große alte Radio an. Das kommt nicht oft vor, weil er die teuren Batterien schonen will. Wenn aber ein wichtiger Boxkampf übertragen wird, will ihn Onkel Hilton bestimmt nicht versäumen. Ab und zu hören sie eine Komödie mit Mas' Ronny und Miss Lou Ring-Ding, und manchmal läuft sogar die Musik, die Noël so gerne hört – Elvis Presley oder Ray Charles.

Freitags gibt es keinen Unterricht in der Schule. Manche Kinder gehen trotzdem hin, um das Tütchen Milchpulver abzuholen, das kostenlos verteilt wird. Ansonsten ist der Freitag der Tag, an dem man einkaufen geht oder die Arbeiten erledigt, die unter der Woche liegen geblieben sind.

Am Samstag haben sie Zeit zum Spielen. Nachdem Noël die Betten ausgeschüttelt, die Fußböden poliert und einen Teil des Hofes gefegt hat, darf er machen, was er will. Sie spielen Murmeln im Hof, oder Elaine, die ein ziemlich wildes Mädchen ist, regt Späße an, die ihnen nachher Ärger einbringen. Obst von fremden Leute pflücken zum Beispiel, oder sich zum Fluss davonmachen, bevor die Arbeiten erledigt sind. Oder Vögel fangen.

Vögel fangen macht großen Spaß. Noël lernt sämtliche Tricks und kennt sich bald mit den verschiedenen Vogelfallen aus. Zum Beispiel mit der „Würge" – so nennen sie eine Leine mit Schlinge, die man an einem Baum vor einer Frucht baumeln lässt. Wenn der Vogel den Kopf durch die Schlinge steckt, um an den Köder heranzukommen, ziehst du an der Leine und hast ihn! Oder du baust einen „fly-up", das ist eine Falle, für die man einen jungen, biegsamen Baum, drei Stöcke und eine Schnur benötigt. Wenn der Vogel sich auf das Querstück setzt, schnellt der Baum hoch und der Vogel verfängt sich in den Schnüren. Oder du kletterst eine Kokospalme hinauf und holst die jungen Spechte direkt aus dem Nest. Du pflegst die kleinen Spechte, bis sie groß sind, und dann kommen sie in den Kochtopf. Denn ganz gleich, wie die Vögel gefangen werden – sie werden immer zu Suppe verarbeitet. Die Kinder sammeln Brennholz, machen Feuer, kochen den Vogel in einer Blechdose mit Wasser, tun vielleicht etwas Jamswurzel, Kürbis und Kassava dazu. Es ist fast so, als ob man zum Campen in der Wildnis wäre.

Sonntag ist der schönste Tag der Woche. Miss Darling bereitet ein großes Frühstück zu und jeder darf so viel essen, wie er will. Wenn Noël sonntagmorgens aufwacht, überlegt er als erstes, was es wohl zum Frühstück gibt. Gebratene Klöße, Dumplings genannt, mit Salzfisch und Akee? Oder Callalou mit grünen Bananen?

Manchmal, wenn sie sich satt gegessen haben, geht Elaine in die Kirche. Manchmal geht Noël mit. Er zieht seine Weste und die kurze Flanellhose an und schnürt seine braunen Schuhe zu. Zweieinhalb Meilen hinauf zur Kirche in River Head. Danach ist er müde vom langen Fußweg und es fällt ihm schwer, während der Predigt wach zu bleiben.

Es macht mehr Spaß, stattdessen die Zeit unten am Fluss zu verbringen. Er spielt im Wasser, taucht, schlägt Purzelbäume. Oder er angelt und beobachtet die Flusskrebse. Wenn sie auf dem sandigen Grund herumtorkeln, sieht es aus, als wären sie betrunken.

An manchen Sonntagen, wenn er unten am Fluss ist, kommen Elaine und Gene mit der Wäsche. Wäsche waschen ist keine Arbeit, denn jeder weiß: Reinlichkeit und Gottesfürchtigkeit gehören zusammen. Es ist also in Ordnung, wenn man am Tag des Herrn seine Wäsche wäscht. Auch Noël muss helfen, damit er lernt, wie das geht. Wenn er sein Hemd bekleckert, muss er es selbst waschen. Um die großen Bettlaken zu waschen, müssen alle anpacken – jeder hält eine Ecke fest, damit sie nicht vom Fluss weggespült werden. Zu zweit wringen sie dann die Laken aus.

Danach versammelt sich die Familie zu einer großen Sonntagsmahlzeit. Die Teller werden gefüllt mit Reis, Bohnen und Hähnchenfleisch. Jeder sucht sich einen Sitzplatz draußen am Barbecue. Das Hähnchen wurde mit Nelkenpfeffer und Pfefferschoten gut gewürzt und schmorte stundenlang im Dutchpot über dem offenen Feuer. Es wird langsam und manierlich mit dem Löffel gegessen. Achte darauf, dass dein Teller stets appetitlich aussieht, so hat es Noël gelernt. Denn es könnte sein, dass jemand vorbeikommt, und dann musst du deinen Teller mit ihm teilen.

Nach dem Essen ist es Zeit zum Baden und Haare waschen. Anschließend werden die Haare eingeölt, damit er am Montag sauber und ordentlich in der Schule erscheinen kann.

Bevor er ins Bett geht, sitzt er mit den anderen zusammen und liest in der Bibel. Das heißt, er tut so, als ob er in der Bibel lesen würde, aber in Wirklichkeit ist er mit ganz anderen Überlegungen beschäftigt. Zum Beispiel, dass er morgen ganz früh in der Schule sein muss, damit er seinen Honig verkaufen kann. Den Honig bekommt er von seinem Patenonkel, der eine Bienenzucht betreibt. Vor einigen Tagen hat er wieder Honig geerntet und Noël ein ganzes Quart gegeben, das ist etwas mehr als ein Liter. Eine tolle Sache für Noël, weil er den Honig in der Schule verkaufen kann. Einmal ablecken kostet einen Penny, eine halbes Fläschen gibt's für neun Pence. Dieses Quart wird ihm einiges einbringen. Er braucht das Geld, weil er sich ein Eis oder Süßigkeiten kaufen will. Mal sehen, was Mr. Fire gerade im Angebot hat.

9

Noël geht jetzt zur Schule in Llandewy, in die Klasse von Miss Conny. Er fährt mit dem Bus von Onkel Sun dorthin. Onkel Sun bedient die Strecke von Cedar Valley nach Kingston. Da Llandewy auf dem Weg liegt und Noël zur Familie gehört, darf er aufspringen und ein Stück mitfahren, wenn der Bus vorbeikommt.

Der Schulleiter von Llandewy heißt Mr. J.J. Johnson und ist ein schrecklicher Mann. Alle Schüler haben eine Heidenangst vor ihm. Er duldet es nicht, wenn Schüler zu spät erscheinen, und er zögert keinen Augenblick, den Riemen einzusetzen, um sie zu bestrafen.

„Disziplin", sagt Mr. Johnson. „Sie müssen Disziplin lernen."

Auch die Lehrer achten streng auf Disziplin. Noël erfährt dies am eigenen Leib, als er einmal mit Denton zu spät in der Schule eintrifft. Sie waren am Fluss, um für das Mittagessen Krabben zu fangen. Auf diese Weise wollten sie Geld sparen und sich Süßigkeiten kaufen. Da Krabbenfangen Spaß macht und sie keine Uhr besitzen, kommen sie zu spät.

Miss Conny steht schon an der Tür und wartet auf sie. In der Hand hält sie einen dicken Lederriemen.

„Warum kommt ihr zu spät?", will sie wissen.

„Wir mussten erst zum Laden gehen, um Fleisch für das Abendessen zu kaufen. Und da haben wir den Bus verpasst." Noël begreift sofort, dass diese Ausrede ziemlich dumm ist.

Miss Conny hebt den Riemen und schlägt beiden zehnmal auf den Rücken. Ihre Klassenkameraden schauen neugierig zu und kichern.

„Ich verspreche euch, dass ihr nie wieder vor der Schule Fleisch einkaufen gehen werdet. Nicht morgen, und nicht übermorgen. Niemals."

Noël und Denton schlüpfen auf ihre Plätze.

Nach diesem Erlebnis erscheint Noël immer pünktlich in der Schule. Vor dem Unterricht steht er in einer Reihe mit den anderen Schülern zum morgendlichen Appell. Jeder Schüler wird einer Gruppe zugewiesen, die Mr. Johnson „Häuser" nennt. Noël gehört zum Russel-Haus.

„Antreten", befiehlt Mr. Johnson. „Inspektion!"

Sobald die Häuser vollständig sind, schreitet Mr. Johnson die Reihen ab und glotzt prüfend jeden Schüler an. Er hält Ausschau nach befleckten Uniformen, zerknitterten Hemden, ungekämmten Haaren und schmutzigen Fingernägeln.

„Wir sollten uns bemühen, so ordentlich wie möglich zur Schule zu kommen", sagen sich die Jungen im Russel-Haus. Sie achten darauf, dass ihre Haare gekämmt, die Uniformen blendend sauber und die Hosenbeine perfekt gebügelt sind – natürlich mit Bügelfalte. Den morgendlichen Wettbewerb zu gewinnen ist auf jeden Fall der Mühe wert, das haben sie schnell begriffen. Wenn nämlich Mr. Johnson das Russel-Haus zum saubersten erklärt, dann können sie sich in der Ehre sonnen, während die anderen Häuser ein Loblied auf sie singen müssen: „Hurra, hurra, das Russel-Haus ist das beste!" Und außerdem sind sie vom Putzdienst befreit und können faulenzen, während die Verlierer Abfälle einsammeln müssen.

Mr. Johnson wohnt auf dem Schulgelände. Er ist stets präsent und wartet nur darauf, dass ein Schüler gegen eine Regel verstößt. Er weiß genau, dass ein Schüler früher oder später Ärger machen wird, und er hat nicht die Absicht, irgendetwas durchgehen zu lassen. Er ist wie ein Ungeheuer. Jeder weiß, wie er reagiert, wenn er jemanden gefunden hat, den er bestrafen kann.

Eines Tages überrascht er die Schüler jedoch. An diesem Tag regnet es so stark, dass Schlammlawinen die Straßen blockieren. Die Kinder, die in Llandewy wohnen, können natürlich nach Hause gehen, aber wer von außerhalb kommt, muss bis zum Abend in der Schule bleiben und abwarten. Sie haben Hunger und sie machen sich um ihr Abendessen Sorgen, denn sie wissen: Wenn sie bis zur Essenszeit nicht zu Hause sind, wird ein anderer ihre Portion verspeisen. Dann ruft sie Mr. Johnson in sein Zimmer und sie staunen nicht schlecht. Er hat Brot für sie geschnitten und schenkt ihnen höchstpersönlich heißen Schokoladentee ein!

Als der Bus endlich eintrifft, verabschieden sich die Kinder höflich von Mr. Johnson. Und alle denken: „Vielleicht ist er ja doch ein ganz netter Mann!"

10

In der Schule sitzt Noël neben Clive McKensey. Der Vater von Clive ist vor kurzem gestorben, am Samstag wurde die Trauerfeier in der Schule abgehalten. Als Noël am nächsten Morgen in die Schule kommt, ist Clive schon da.

„Gib mir Honig“, sagt Clive.

„Einmal ablecken? Nur ein Penny. Oder ein halbes Fläschen?“

„Du musst ihn mir umsonst geben“, sagt Clive.

„Nein. Wieso?“

„Außerdem musst du mir Geld geben.“

„Meinen Honig verschenke ich nicht“, sagt Noël. „Und wieso sollte ich dir Geld geben?“

„Du musst“, sagt Clive, „wenn du es nicht tust, erzähle ich es meinem toten Vater. Dann wird er kommen und dich dort quetschen, wo es am meisten schmerzt.“

Noël spürt die Macht, die Clive über ihn hat, weil er nicht weiß, was „tot sein“ bedeutet. Und Clive weiß, dass Noël es nicht weiß. Vielleicht kommt der tote Vater wirklich und fügt ihm Schmerzen zu. Er gibt Clive den Honig.

„Ich zeige dir ein Spiel“, sagt Clive an einem anderen Tag.

„Welches Spiel?“

„Tu einfach, was ich sage“, sagt Clive.

Clive erklärt keine Spielregeln und er sagt auch nicht, was das Ziel des Spiels ist. Er legt sechs Steine verschiedener Größe auf den Tisch.

„Nimm drei Steine“, sagt Clive.

Noël nimmt sich drei Steine. Clive nimmt die anderen.

„Nun tauschen wir.“ Clive gibt ihm seinen kleinsten Stein und nimmt einen der großen Steine, die bei Noël liegen.

„Nun tauschen wir noch einmal.“

„Und noch einmal.“

Clive tauscht immer wieder, einen Stein nach dem anderen, bis drei große Steine bei ihm liegen.

„Gut“, sagt Noël. „Ich hab’s verstanden.“ Ich werde diese Lektion nicht vergessen, sagt er zu sich selbst. Es ist das Geheimnis, wie man im Leben weiterkommt. Versuche immer, ein gutes Geschäft zu machen. Sieh zu, dass du den größten Anteil bekommst. Und: Verkaufe dich niemals unter Wert.

11

In Cocoa Walk wird eine neue Schule gebaut. Da ist gut, weil sich der Schulweg um eine Meile verkürzt. Und die Schule ist modern und großräumig. Es gibt dort sogar ein Cricket-Spielfeld. Noël hat Glück: Die älteren Schüler lassen ihn mitspielen, obwohl er viel jünger ist. Er spielt liebend gern Cricket. Einmal – er war erst sechs Jahre alt und spielte mit den Sechzehnjährigen – warf er den Ball gegen einen hervorragenden Schlagmann und hat ihn getroffen. Aus! Seine Mitspieler spendeten ihm begeistert Beifall. Seitdem darf er immer mitspielen.

Es gibt hier aber nicht nur Cricket. Zwei Schüler aus der Oberstufe haben mit dem Boxen begonnen. Es ist absolut faszinierend. Noël hat so etwas noch nie gesehen. Er kennt Boxkämpfe nur aus dem Radio von Onkel Hilton. Jeden Tag schaut er fasziniert zu, bis er sich losreißt und nach Hause trabt, um seine Arbeiten zu erledigen.

12

In der Schule lernt er ein Mädchen mit Namen Pansy kennen.

„Du bist mein Bruder“, sagt sie zu ihm wie aus heiterem Himmel.

„Du spinnst“, lacht Noël. Das ist das Blödeste, was er je gehört hat.

Aber der Gedanke geht ihm nicht mehr aus dem Kopf.

„Pansy sagt, dass ich ihr Bruder bin“, erzählt er Miss Darling später zu Hause. „Ist das wahr?“

„Frag mich nicht. Frag lieber deine Mutter, wenn sie kommt.“

Und später stellt sich heraus: Pansy ist tatsächlich seine Schwester. Aber nicht die Tochter seiner Mutter. Sondern die Tochter seines Vaters.

Mutter

1

„Deine Mutter kommt aus England zurück“, sagt Miss Darling eines Tages. Nach mehr als fünf Jahren kommt sie nach Hause.

Noël wartet unter dem Avocadobaum im Hof und sieht eine Frau die Auffahrt heraufkommen. Sie hat rotglänzende Lippen und trägt Schuhe mit hohen Absätzen.

„Das ist Miss Mama“, sagt Miss Darling.

„Guten Tag, Miss Mama“, sagt er.

„Wenn du mich noch einmal Miss Mama nennst“, schreit die Frau, „werde ich dich verhauen. Du nennst mich Mommy“, befiehlt sie und Noël hat das Gefühl, sie meint es ernst. Er hat so große Angst vor ihr, dass er sie gar nicht ansehen kann.

Das Wort „Mommy“ hat er noch nie gehört. Es klingt fremdartig. Eines ist ihm sofort klar – diese Frau möchte er nicht als Mutter haben.

Sie zieht in die obere Etage des Hauses ein und nimmt Denton mit. Sie holt Fernando zurück von seiner Patentante Miss Esmee. Er zieht ebenfalls in die obere Etage ein.

„Du kommst auch mit nach oben“, sagt sie zu Noël.

„Lass mich unten bleiben, mit dir und Onkel Hilton“, bittet er Miss Darling.

„Lass ihn hier bleiben, Imogene“, sagt Onkel Hilton.

Mommy schaut Noël an. Sie lächelt, aber er merkt, dass sie ziemlich sauer ist.

„Ach so. Dann bist du wohl der Liebling von Onkel Hilton?“, fragt sie.

„Lass es sein, Imogene.“

So heißt seine Mutter. Imogene Maria Murray Martin. Sie heißt jetzt Martin, weil sie mit einem Mann verheiratet ist, den sie Sam nennt. Sam Martin. Er ist noch in England.

Mommy ist nicht allein nach Jamaika gekommen. Sie hat ein Baby dabei. Sie gibt Noël das Baby.

„Das ist deine Schwester Carol. Sie ist zwei Monate alt. Du wirst jetzt auf sie aufpassen.“

Jetzt hat er noch mehr Arbeit. Zusätzlich zu seinen üblichen Aufgaben muss er jetzt vor der Schule auch noch Brei für das Baby kochen. Abends wäscht er Carol und wechselt ihre Kleidung.

Aber Mommy ist nie zufrieden, wenn sie nach Hause kommt. Der Fußboden glänzt ihr nicht hell genug, die Teller sind nicht sauber genug.

„Ihr habt meinen Kindern nichts beigebracht", schimpft sie mit Onkel Hilton. „Hättet ihr ihnen nicht zeigen können, wie man die Arbeiten ordentlich erledigt?"

Noël ist es unangenehm, wie sich Mommy aufführt. Wie sie sich bei Onkel Hilton beschwert oder Noël abküsst, wenn sie im Bus sitzen. Denton und Fernando werden nicht so verhätschelt. Er versteht nicht, warum sie sich ihm gegenüber so verhält. Das Leben hat sich sehr verändert, seitdem sie da ist. Er hat noch nie einen Menschen gesehen, der so verwirrend und gemein ist wie Mommy.

2

„Geh zum Kaufmann." Mommy sagt ihm, was er kaufen soll, und dann spuckt sie auf den Erdboden. „Und sieh zu, dass du wieder hier bist, eh das getrocknet ist."

Keine Fragen. Er greift nur schnell nach seinem Reifen und läuft los. Der Reifen stammt von einem alten Fahrrad. Er benutzt einen Stock, um den Reifen voranzutreiben – so schnell er nur kann. Ein richtiges Fahrrad hat er nicht, aber er findet seinen Reifen genauso gut, denn er muss schnell laufen, um Schritt zu halten. Auf dem Rückweg, bergauf, geht es ein bisschen langsamer, aber er sieht zu, dass er es nach Hause schafft, bevor die Spucke getrocknet ist. Er weiß nämlich, dass er sonst eine Ohrfeige bekommt, und das will er auf jeden Fall vermeiden. Er hat beim Kaufmann auch darauf geachtet, dass er nichts vergisst. „Schwerhörige Kinder gehen zweimal zum Markt", pflegt Mommy zu sagen, und das heißt: noch einmal zum Laden laufen, wenn etwas fehlt. Dann muss man in der Dunkelheit nach Hause gehen, und davor fürchtet sich Noël. Außerdem käme er erst nach dem Essen an und müsste hungrig zu Bett gehen.

3

„Kommt her zu mir", befiehlt Mommy eines Abends. Sie sagt Noël und Denton, sie sollen sich an den Tisch setzen. „Zeigt mir eure Handschrift. Könnt ihr eure Namen ordentlich schreiben?"

Sie will wissen, ob die beiden richtig unterschreiben können. Sie sollen am Samstag zum Postamt nach Richmond gehen. Vielleicht kommt ja ein

Brief mit Geld aus England – dann müssten sie den Empfang quittieren.

Denton unterschreibt zuerst. Seine Schrift ist kritzelig. Er bekommt eine Ohrfeige und muss es noch fünfmal versuchen. Dann ist Noël dran. Er hat die Schreibschrift noch nicht gelernt und sein erster Versuch misslingt. Er bekommt auch eine Ohrfeige. Er muss im Licht der Petroleumlampe weiterüben. Es wird spät und Mommy geht ins Bett. Ab und zu steht sie auf, kontrolliert seine Schreibübungen, gibt ihm eine Ohrfeige und legt sich wieder hin. So geht es weiter, bis Mommy einschläft.

„Ihr habt diese Kinder nicht gut erzogen", sagt sie zu Miss Darling und Onkel Hilton am nächsten Morgen. „Sie können nicht mal ihre Namen schreiben." Sie rümpft die Nase auf eine Art und Weise, die Noël noch nie gesehen hat. Als ob sie etwas Besseres wäre, weil sie in England gewesen ist. Er schämt sich mächtig, wenn er sie so mit seinen Paten reden hört.

4

Er steht draußen auf der Straße und schaut zu, wie Mommy zum Bus läuft. Sie hat sich verspätet und der Bus wartet auf sie. In der Hand hält sie eine Zigarette.

„Du kannst den Rest rauchen", sagt sie und drückt ihm die Zigarette in die Hand, bevor sie in den Bus springt. „Aber wehe, wenn ich dich zukünftig beim Rauchen erwische."

Noël raucht die Zigarette in aller Öffentlichkeit und kommt sich vor wie ein richtiger Mann. Die anderen Kinder starren ihn an, als ob er ein Star wäre.

Natürlich raucht er weiterhin heimlich.

Zwei Tage später trifft er Mommy auf der Treppe.

„Komm her", sagt sie und bückt sich, um seinen Atem zu riechen.

„Du hast geraucht", sagt sie.

„Nein." Er versucht zu leugnen, aber sie hat ihn schon gepackt und zerrt ihn die Treppe runter in den Hof zum Barbecue, wo sich die Familie meistens aufhält. Mit einer Hand greift sie nach einem Riemen, mit der anderen hält sie seinen Arm fest. Dann schlägt sie ihn, wie er noch nie geschlagen wurde. Vor den Augen aller soll er gedemütigt werden.

Von Onkel Hilton und Miss Darling hat er kaum Schläge bekommen. Nur einmal, als die Nachbarn Onkel Hilton beim Roden eines Ackers halfen. Miss Darling brachte mittags Salzfisch und Klöße aufs Feld. Noël war zwei oder drei Jahre alt und wollte den Männern unbedingt helfen. Aber sie steckten ihn in eine Art Einzäunung, und während er darin herumtobte, stieß er den Behälter mit dem Essen um. Das war Miss Darling so peinlich, dass sie ihn geschlagen hat. Später tat es ihr leid und sie musste deswegen weinen. Und Noël durfte dann mit den Männern einige Kassavas ausgraben, die sie dann in einer Blechdose über dem offenen Feuer kochten.

Diese Bestrafung verläuft völlig anders. Seine Mutter schlägt mit dem Riemen hart auf ihn ein und er schreit wie am Spieß. Nach einiger Zeit hält sie inne, weil ihr Arm müde geworden ist. Währenddessen bittet er Onkel Hilton, ihm zu helfen.

„Wer ist denn schon dein Onkel?“, schreit sie wütend. „Ich bin deine Mutter. Wenn du willst, dass dein Onkel dich rettet, dann sag ihm, er soll mir eine Million Pfund geben.“

„Onkel, bitte, gib ihr das Geld“, schluchzt er.

„Ich habe das Geld nicht, Nu-Nun“, ist alles, was Onkel Hilton sagen kann.

Sie hebt den Riemen hoch, um noch einmal auf ihn einzuschlagen, und Noël schreit wieder.

„Schaut euch seine Augen an, schaut euch seine Augen an“, lacht sie. „Sie fallen ihm gleich aus dem Kopf.“ Sie findet das offenbar lustig und schlägt wieder auf ihn ein, bis sie so erschöpft ist, dass sie ihn nicht mehr halten kann.

Noëls Hände und Beine sind von den Schlägen stark angeschwollen. Er hat jetzt noch mehr Angst vor seiner Mutter.

5

Alle gehen Mommy aus dem Weg. Aber es nimmt kein Ende.

Wenn Noël sich die Socken nicht richtig angezogen hat, bekommt er eine Ohrfeige. Wenn er sich die Haare nicht kämmt, wenn er den Hof nicht rechtzeitig fegt, wenn er mit Kindern spielt, die Mommy nicht gefallen, bekommt er eine Ohrfeige.

Sogar wenn er sich verletzt, wird er von seiner Mutter geschlagen. An der Rückseite des Busses befindet sich eine Leiter und es macht Spaß, aufzuspringen und sich hochziehen zu lassen. Eines Tages stolpert Noël dabei und verletzt sich im Gesicht. Die Wunde blutet stark und er läuft nach Hause, um sie unter der Wasserleitung auszuspülen. Mommy sieht ihn und für einen kurzen Augenblick glaubt er, dass sie Mitleid mit ihm hat und ihn trösten will. Aber nein. Sie holt den Riemen und peitscht ihn aus. Zum

Glück sind einige Männer da, die eine neue Küche bauen. Sie greifen nach einigen Minuten ein und halten Mommy zurück.

„Ich habe dir gesagt, dass du nicht auf den Bus aufspringen sollst", sagt sie, nachdem sie von ihm abgelassen hat.

Als er neun Jahre alt ist und von einem Fünfzehnjährigen verprügelt wird, bekommt er von Mommy weitere Prügel.

„Du sollst dich nicht prügeln" ist alles, was sie sagt.

Es kommt ihm so vor, als ob sein Leben aus den Fugen geraten wäre. Diese Frau aus England, die seine Mutter sein soll, hat alles verändert. Dabei hatte er mit England immer etwas Positives verbunden. Wie kann aus England so ein gemeiner Mensch kommen?

England

1

Sommer 1969. Noël ist kürzlich zehn Jahre alt geworden.

Er weiß, dass sie irgendwo hinfahren, weil Mommy ihm gesagt hat, er solle seine kurze grüne Flanellhose und die braune Kunstlederjacke anziehen. Denton trägt seine beste kurze Hose und Carol ein rosa Rüschenkleid. Im Haar hat sie eine Schleife. Mommy hat ihr gutes weißes Kleid und die langen weißen Handschuhe angezogen.

„Wir fahren nach Kingston."

Die Koffer werden aus dem Haus gebracht, alle schweigen. In seinem Koffer hat Noël einige Unterhosen, aber ansonsten ist der Koffer voller Lebensmittel. Niemand sagt etwas. Onkel Hilton ist verschwunden. Fernando ist auch nicht da.

Onkel Sun fährt mit seinem Bus vor und die Koffer werden aufgeladen. Die Familie steigt ein, aber sie kommen nicht weit, weil die Straße überflutet ist. Jemand holt sie mit einem Laster ab. Die Koffer werden umgeladen, alle steigen auf den Laster und die Reise geht weiter. Unten im Tal sieht Noël Onkel Hilton. Das kommt ihm merkwürdig vor, weil Onkel Hilton nie diesen Weg geht. Aber jetzt steht er da und als der Laster weiterfährt, winkt er Noël hinterher.

Der Laster fährt nicht nach Kingston hinein, sondern zum Flughafen. Die Koffer werden ausgeladen. Miss Darling drückt Noël ein weißes Taschentuch in die Hand. In diesem Moment versteht Noël, was vor sich geht. Denn mit weißen Taschentüchern winken Reisende denjenigen zu, die zu Hause bleiben. Er begreift, dass er in ein Flugzeug steigen und von hier wegfliegen wird. Er verlässt sein Zuhause in den Blue Mountains.

Es ist, als ob die Welt auseinanderfallen würde. Keiner hat ihn gefragt, ob er weggehen will. Er will nicht weg! Und vor allem möchte er Miss Darling nicht verlassen, um mit Mommy und diesem Mann, den sie seinen Vater nennen, irgendwo ein neues Leben zu beginnen. Er kann es nicht fassen, dass ihm Onkel Hilton nur vom Tal aus zugewunken und nicht einmal „Auf Wiedersehen" gesagt hat. Er kann es nicht fassen, dass man so mit ihm umgeht.

„Wo ist Fernando?" Er greift nach Miss Darlings Hand. „Er muss auch mitkommen."

„Nein, er bleibt bei Miss Esmee."

Bei seiner Patentante. Wenn Fernando bei seiner Patentante bleiben darf, wieso kann er dann nicht bei Miss Darling bleiben? Das ergibt alles keinen Sinn. Er weint, als Miss Darling ihn durch die Tür ins Flughafengebäude schubst. Er weint, als er die oberste Treppenstufe erreicht und Mommy ihn umdreht, damit er mit seinem weißen Taschentuch winken kann. Er weint während des ganzen Fluges nach Florida.

Dort müssen sie umsteigen. Der Flughafen ist riesig. Die Größe, die Sauberkeit, die hellen Lichter, all das überrascht ihn.

„Wenn Amerika schon so großartig ist", fragt er sich, „wie muss dann England sein?" Denn inzwischen hat er begriffen, dass die Reise nach England geht.

Er kann sich England gar nicht vorstellen. Ein Ort, der Arbeitssuchende anzieht, wie Onkel Hilton, seine Mutter oder seinen Vater. Wer Arbeit findet, schickt Geld nach Hause. Alle wollen sie eines Tages nach England. Aber wie England ist, das weiß er nicht. Er weiß nur das wenige, das er von den Erwachsenen aufgeschnappt hat.

Das Flugzeug setzt zur Landung an. Im Fenster kann er Felder sehen, einen Fluss, dann Häuser und Gebäude, die er für Fabrikhallen hält. Nicht, dass er schon einmal eine Fabrik gesehen hätte, oder dass er wüsste, was eine Fabrik ist. Aber in diesem Moment schießt ihm die Idee durch den Kopf, dass es sich bei den Gebäuden um Fabriken handeln könnte.

In der Halle steht ein Mann.

„Kennst du ihn?", fragt Mommy.

„Nein", sagt er.

„Das ist dein Vater."

„Guten Tag, Vater."

Er weiß nicht, wie er ihn sonst nennen soll.

„Und das hier ist mein Patenonkel, Franseko Bailey", sagt Mommy und zeigt auf einen breit grinsenden Mann, der neben dem Mann steht, der sein Vater sein soll.

Mr. Bailey führt sie zu einem grauen Wagen. Ein ziemlich schickes Auto.

Während Mr. Bailey die Koffer verstaut, steckt der Mann, der Vater heißt, seine Hand in die Hosentasche und holt eine Münze hervor.

„Kannst du gut mit Geld umgehen?", fragt er Noël.

Noël weiß nicht, was er darauf antworten soll, und nickt daher bloß mit dem Kopf. Vater gibt ihm Münzen – zwei Schillinge und sechs Pence. Denton bekommt nichts.

Mr. Bailey fährt in eine große Stadt, schließlich hält er vor einem Haus. Die Tür geht auf und eine Frau kommt heraus. Ihre Haut ist so hell wie die von Imogene. Hinter ihr ist Elaine. Noël weiß, dass Elaine vor einigen Monaten zu ihrer Mutter nach London geschickt wurde. Wenn Elaine also hier ist, dann muss er in London sein, und diese Frau muss ihre Mutter sein. Auntie Ivy, die Schwester seiner Mutter.

Mr. Bailey trägt die Koffer in das Zimmer, in dem Auntie Ivy mit Elaine wohnt. Mommy öffnet einen Koffer und holt Lebensmittel heraus: Mangos, Gewürze, getrocknete Erbsen, Akee in einer Dose, Schokoladentee, weißer Rum, Kaffee aus den Blue Mountains. Dinge, die man in England nicht kaufen kann.

Die Erwachsenen plaudern miteinander. Die Kinder stehen herum, bis Elaine mit Noël und Denton hinausgeht. Sie laufen die Straße hoch zu einer Imbissbude und Elaine kauft eine Portion Fish and Chips.

„Es ist viel zu viel", sagt sie. „Ihr müsst euch eine Portion teilen."

Noch nie hat er im Teig gebackenen Fisch mit Pommes Frites gegessen, und es kommt ihm so fremdartig vor wie die ganze Stadt.

Am Abend steigen sie wieder in den grauen Wagen, Vater vorne neben Mr. Bailey, Noël hinten eingequetscht mit Mommy, Denton und Carol. Mr. Bailey steuert den Wagen auf die Autobahn und dann fahren sie zwei Stunden, bis sie in einer anderen Stadt sind. Es ist spät geworden. Der Wagen hält in einer Straße an, die von beiden Seiten mit roten Backsteinhäusern gesäumt ist. Alle sehen gleich aus. Eine Tür geht auf und eine Frau mit hässlichen, vorstehenden Zähnen und einem langen Zopf begrüßt sie. Sie sieht beängstigend aus. Noël grüßt sie sehr höflich und folgt ihr in das Haus. Vater führt sie nach oben. Dort gibt es zwei Zimmer, in jedem steht ein Bett und ein Stuhl. Durch das rückwärtige Fenster deutet Vater auf das Toilettenhäuschen im Hinterhof. Dann zeigt er ihnen eine Schüssel unter dem Bett. Darin sollen sie sich waschen. Noël und Denton steigen in das Bett und legen sich schlafen.

Am nächsten Morgen steht Noël auf und schaut aus dem Fenster. In jedem Hinterhof steht ein Toilettenhäuschen. Er denkt an die schmutzigen asphaltierten Straßen, die er gestern gesehen hat. Das kann nicht England sein, denn England ist so schön wie das Paradies. In England sind die Straßen mit Gold gepflastert. Oder etwa nicht? Das hat er jedenfalls gedacht. Wahrscheinlich sind sie noch gar nicht in England. Heute geht die Reise bestimmt weiter. Er holt seinen Koffer und setzt sich auf die Treppe. Wartet darauf, dass sich die anderen fertig machen.

„Wo willst du denn hin?“, fragt Mommy, als sie ihn sieht.
„Nach England“, sagt er.
„Du bist schon da, du Idiot.“

2

Sam, der Mann, den er Vater nennen soll, arbeitet in einer Fabrik. Entweder in der Schicht von sechs bis zwei oder von zwei bis zehn. Mommy geht auf Jobsuche.

„Ihr bleibt hier und passt auf eure Schwester auf“, sagt sie zu Noël und Denton. „Geht nicht aus dem Haus.“

Im Haus bleiben? Was sollen sie den ganzen Tag im Haus machen? Oben sind nur zwei Zimmer. Unten die Küche, die sie sich mit der hässlichen Frau und ihrer Familie teilen. Dann gibt es noch das Toilettenhäuschen im Hinterhof. Draußen die Straße mit Häusern, die alle gleich aussehen. Keine Bäume, keine Hügel, kein Fluss. Keine Tiere, die er zur Weide bringen kann. Keine Felder, die es zu bestellen gilt.

„Ihr kocht Reis mit Bohnen. Seht zu, dass das Essen fertig ist, wenn eurer Vater von der Arbeit kommt“, sagt Mommy, als sie das Haus verlässt.

Mommy findet Arbeit, ebenfalls in einer Fabrik. Sie steht am Fließband und stellt Schrauben her. Sie scheint damit zufrieden zu sein. Wie Vater arbeitet sie ebenfalls schichtweise. Jeden Tag dasselbe. Auch für die Jungs. Es ist furchtbar langweilig.

Obwohl sie jetzt in England sind, haben sich manche Dinge nicht geändert. Zu zweit in einem Bett schlafen. Wie früher in Jamaika. Zwei längs und später, nachdem Fernando dazugekommen ist, einer unten quer. Es ist immer viel zu warm, zu dritt im selben Bett. Er hätte gedacht, dass es in England anders sein würde, zumal sie alle größer werden. Aber nein. Und wie in Jamaika hat jeder eine Tasse und einen Teller. Mehr gibt’s nicht, und wenn etwas kaputtgeht, wird es nicht ersetzt. Auch Mommy hat sich nicht geändert. Sie werden weiterhin geschlagen, wenn sie nicht mit ihnen zufrieden ist. Also tun sie, was Mommy befohlen hat. Sie waschen ab, sie machen die Betten, sie fegen die Zimmer. Sie kochen Reis mit Bohnen. Mehr gibt es nicht zu tun. Kein Radio, kein Fernseher, keine Bücher. Nichts.

Das Haus riecht streng nach dem Essen, das die Frau mit den hässlichen Zähnen kocht. Der Geruch durchdringt alles, er setzt sich in der Kleidung fest, in der Haut, in den Haaren. Es ist fast zum Ersticken.

Wenn sie wenigstens zur Schule gehen könnten. Aber wegen der Sommerferien ist das nicht möglich. Oder wenn sie wenigstens das Haus verlassen dürften, um die Gegend auszukundschaften. Nachsehen, ob England mehr ist als dieses Haus und diese Straße.

Noël und Denton überlegen, ob sie es wagen können, sich aus dem Haus zu schleichen. Aber dann denken sie an die Prügel, die sie bekommen würden, und lassen es lieber. Stattdessen sitzen sie am Fenster und schauen auf die Straße. Die meisten Leute sind hellhäutig. Ein grünes Auto fährt vorbei.

„Schau mal“, sagt er zu Denton, „so ein Auto werde ich mir kaufen, wenn ich älter bin.“

Zwei Mädchen schlendern die Straße entlang. Noël winkt und Denton starrt sie an.

„Die eine hätte ich gern als Freundin“, meint Denton.

Wenn sie bloß aus diesem Zimmer, aus diesem stinkenden Haus rauskönnten, dann würden sie vielleicht Leute kennen lernen und Freunde finden.

„Wenn das hier England ist“, sagt Noël, „dann ist es nicht besonders schön. Warum mussten wir hierher kommen?“

„Das Leben soll hier besser sein“, sagt Denton.

3

Sie stellen fest, dass ihr Vater genauso gemein ist wie ihre Mutter. Sie merken es an dem Tag, an dem sie das Eingesperrtsein nicht länger ertragen.

„Lass uns rausgehen“, sagt Denton. „Bis Mommy nach Hause kommt, sind wir längst wieder hier.“

Sie stehlen sich aus dem Haus und laufen die Straße hinauf. Sie wollen sich nur ein wenig in der Gegend umsehen, aber dann gehen sie zu weit, und es ist schon sieben Uhr, als sie zurückkommen. Mommy ist schon da.

„Wartet ab, bis ich eurem Vater davon erzählt habe“, sagt sie.

Vater sieht fuchsteufelswild aus, als sie ihm berichtet, was passiert ist.

„Wer nicht hören will, muss fühlen“, murmelt er vor sich hin, als ob er mit sich selbst reden würde. Noël weiß nicht genau, was das bedeuten soll, es hört sich fast wie ein Rätsel an, aber er sieht es seinem Vater an, dass sie Schläge zu erwarten haben. Vater ist groß und stark und Noël bekommt eine Heidenangst, wenn er sich vorstellt, von diesem Mann geschlagen zu werden.

Denton muss auch riesige Angst haben. Denn plötzlich stürzen beide gleichzeitig los, laufen aus dem Haus und springen über den Zaun. Sie schauen zurück, ob er sie verfolgt. Aber Vater ist nicht zu sehen. Sie hören nur, wie er die Tür abschließt. Das haben sie nicht erwartet, und jetzt wissen sie gar nicht, was sie tun sollen. Sie gehen zum Toilettenhäuschen und warten, bis in allen Zimmern das Licht ausgeht. Dann versuchen sie, durch ein Fenster ins Haus einzusteigen. Denton klettert zuerst hinauf. Als er in das Zimmer will, greift jemand nach ihm. Es ist Vater. Er stand die ganze Zeit am Fenster und wartete auf sie. Denton kann sich losreißen und springt zurück in den Hof.

„Er wird uns totschlagen", flüstert Denton. „Wir können nicht zurück."

„Wir könnten im Toilettenhaus schlafen", meint Noël, „und morgen Früh, wenn er zur Arbeit geht, können wir rein."

Aber am nächsten Morgen ist die Tür immer noch verschlossen.

Sie laufen hungrig durch die Straßen. Nach einiger Zeit treffen sie zwei Burschen, die sie in ihren Garten mitnehmen. Die beiden haben etwas Taschengeld dabei und kaufen sich eine Portion Fish and Chips. Sie bekommen etwas Brot dazu, und das teilen sie mit Noël und Denton.

In der Nacht schlafen sie wieder im Toilettenhäuschen, weil sie sich noch nicht ins Haus wagen. Am nächsten Tag lernen sie zwei ältere Mädchen kennen, die an einer Telefonzelle herumstehen. Die Mädchen nehmen die Jungs mit zu sich nach Hause. Dort bleiben sie, bis es Zeit ist, in der Toilette zu übernachten. Sie sind mächtig stolz, weil sie mit den Mädchen geknutscht haben. Sie glauben – Noël ist zehn, Denton zwölf –, dass sie jetzt mit ihnen fest befreundet sind. Sie wissen nicht, dass die Mädchen Prostituierte sind.

Nach drei Tagen sind Noël und Denton hundemüde, sie frieren und ihnen knurren die Mägen. Sie wollen endlich nach Hause. Also schleichen sie sich ins Haus und gehen auf ihr Zimmer. Sie sind so müde, dass sie ins Bett fallen, ohne sich auszuziehen. Vater hört sie und verabreicht ihnen eine Tracht Prügel. Nachdem er sie geschlagen hat, schaltet er das Licht aus. Noël und Denton haben keine Ahnung, wie sie das Licht wieder einschalten können, denn sie kennen sich noch nicht mit elektrischen Lampen aus. In den Blue Mountains gab es keinen Strom. Sie stecken ihre Finger in die Steckdose, um das Licht einzuschalten. Ein Wunder, dass sie keinen elektrischen Schlag bekommen haben.

4

Sams Freunde kommen vorbei, um Karten zu spielen. Sam schickt Noël los, um etwas zu essen zu holen.

„Lauf zum Laden und kauf Bullet Cake“, sagt Vater.

Das ist eine jamaikanische Brotsorte. Aber Vater erklärt ihm nicht, wo er das Brot kaufen soll. Und Noël kann sich nicht erinnern, wie man zu dem Lebensmittelgeschäft kommt, in dem er neulich mit seiner Mutter gewesen ist.

Es war an einem Samstagmorgen, Mommy hat ihn zum Einkaufen mitgenommen. Der Laden muss ganz in der Nähe sein und ist wahrscheinlich nicht schwer zu finden. Aber Mommy hat ihm nicht gesagt, dass er beim nächsten Mal den Weg allein finden muss. Deshalb achtete er nicht auf die Straße. Er sah nach unten und presste seine Hände an den Körper, so wie er es gelernt hat. *Nimm eine unterwürfige Haltung an. Schau dich im Laden nicht um und fass nichts an.*

Und nun hat er keine Ahnung, wie er den Laden finden soll. Er entdeckt eine Straße, die von weitem so aussieht, als könnte sie eine Hauptstraße mit vielen Geschäften sein. Er läuft los und achtet auf die Hecken in den Vorgärten, um sich den Weg zu merken. In der Hauptstraße gibt es tatsächlich verschiedene Läden, aber er weiß nicht, wo er nach dem Brot suchen soll. Er fängt mit dem ersten an und fragt sich der Reihe nach durch.

„Haben Sie Bullet Cake?“

Keiner von den Kaufleuten scheint zu verstehen, wovon er redet. Als er zum Bestattungsunternehmer kommt – er hat ja keine Ahnung, was das für ein Laden ist –, und nach Bullet Cake fragt, schaut ihn der Mann an, als sei er verrückt. Nachdem er die Straße ergebnislos abgesucht hat, will er lieber wieder zurück.

„Es nützt nichts. Ich muss den Weg zurückfinden“, denkt er und hält Ausschau nach der Straße mit den Hecken in den Vorgärten. Aber jetzt sieht er, dass es überall Vorgärten mit Hecken gibt. Und alle sehen gleich aus. Er versucht sich an den Namen der Straße zu erinnern, in der er wohnt. Mommy hat ihm die Adresse einmal gesagt, aber er weiß sie nicht mehr genau. Und jetzt hat er keine Ahnung, wo er hin muss.

Eine schwarze Frau will ihm helfen, aber der Straßenname, den er ihr nennt, stellt sich als falsch heraus. Sie bringt ihn zur Polizei.

„Der Junge hat sich verirrt“, sagt sie.

Die Polizisten reden mit ihm, stellen allerlei Fragen, aber ihr Englisch klingt so fremdartig, so nasal. Wie ein Auto, das anfährt, denkt er. Er kann kein Wort verstehen. Als sie mit ihm durch die Straßen fahren, begreift er, was sie von ihm wollen. Er soll nach Orten Ausschau halten, die er kennt. Zum Glück erkennt er ein Gebäude wieder, das er an dem Tag gesehen hat, als er mit Denton ausgebüchst ist. Von dort aus kann er den Polizisten den Weg erklären. Mommy und Vater stehen schon auf der Straße und suchen nach ihm. Die Polizisten halten an, um den Eltern die Lage zu erklären, aber Mommy schreit Noël sofort an.

„Geh sofort ins Haus, du dummer Junge! Hinein mit dir, du Idiot!"

5

Vater liest den „Daily Mirror".

„Siehst du das hier?", fragt er Noël und zeigt auf eine Seite der Zeitung. „Das sind Pferde."

Zunächst kann Noël nicht verstehen, was Vater meint, denn er sieht nur Buchstaben. Aber dann erklärt Vater es ihm. Das sind Listen mit Rennpferden, und wenn man auf ein Pferd Geld setzt und es kommt als erstes ins Ziel, dann kriegt man mehr Geld, als man eingezahlt hat. Vater schreibt einige Namen auf einen Zettel. Noël hat so etwas noch nie gesehen.

„Diesen Zettel bringst du zum Wettbüro", sagt Vater, „aber geh nicht hinein. Du bist noch zu jung. Du bittest einfach jemanden, für mich die Wette zu setzen. Es wird dir schon einer helfen."

Noël ist skeptisch, weil er die Freunde seines Vaters nicht kennt. Was ist, wenn jemand das Geld einfach behält?

„Schau mal her. Das Rennen ist um 15.05 Uhr. Welches Pferd gefällt dir?"

Noël weiß gar nicht, was er sagen soll. Aber vielleicht möchte ihm Vater auf diese Art und Weise etwas näherkommen, und Noël möchte seinem Vater auch näherkommen. Also zeigt er auf den Namen eines Pferdes. „My Swanee" heißt es. In der Zeitung steht, dass das Pferd von dem Jockey Lester Piggot geritten wird.

„Das ist ein Star-Jockey", sagt Vater. Er sagt aber nicht, ob es ein gutes Pferd ist. Vater streckt seine Hand aus.

„Wo hast du dein Taschengeld?", fragt er.

Noël hat nur die zwei Schillinge und sechs Pence, die er bei der Ankunft erhalten hat. Er will das Geld nicht hergeben, aber er traut sich nicht, nein zu sagen. Er holt die Münzen aus seiner Hosentasche und gibt sie ihm.

Vater schreibt einige Namen auf einen Zettel, notiert Noëls Pferd auf einem anderen, nimmt das Geld und drückt ihm alles in die Hand.

„Du gehst die Straße hinunter“, sagt Vater, „und biegst rechts in die Querstraße ein. Der vierte Laden ist das Wettbüro. Komm gleich wieder zurück, sonst verpasst du das erste Rennen.“

Als Noël zum Wettbüro kommt, geht gerade ein großer Mann hinein, aber Noël ist zu schüchtern, um ihn anzusprechen. Er wartet einige Minuten, aber es kommt keiner. Er öffnet die Tür. Drinnen sind viele Menschen, und es kommt ihm vor, als ob ihn alle anstarren würden. Beängstigend ist das.

„Wen suchst du?“, fragt ein Mann, der nahe an der Tür steht.

„Mein Vater sagt, ich solle jemanden bitten, eine Wette für ihn abzugeben.“

„Wer ist dein Vater?“

„Sam.“

„Den kenne ich nicht“, sagt der Mann.

„Shadow.“ Er hat gehört, dass sein Vater von Freunden „Schatten“ genannt wird. Weil er immer einen dunklen Anzug trägt.

Noël muss zu dem Mann aufsehen, weil er noch so klein ist. Der Mann schaut auf ihn hinunter, dann nimmt er das Geld und die Wettzettel. Noël hält die Tür mit seinem Fuß ein Stückchen auf, damit er beobachten kann, was der Mann nun machen wird. Aber die Leute starren ihn immer noch an, deshalb zieht er den Fuß etwas zurück, sodass er durch einen schmalen Spalt sehen kann. Einige der Männer im Wettbüro sind schwarz, einige weiß, und fast alle tragen Anzüge und Hüte. Im Laden wird es plötzlich laut. Alle sehen aufgeregt aus, als ob ein Kampf begonnen hätte. Allerdings wirkt keiner feindselig. Noël hat keine Ahnung, was los ist. Dann bemerkt er, dass einige Männer in die Hocke gehen, als ob sie ein Pferd oder Maultier reiten würden.

„Los, los!“, schreien sie.

Dann hört man eine aufgeregte Stimme, die über Lautsprecher Namen ausruft. Einige Männer springen in die Luft, andere werfen ihre Zettel auf den Boden und trampeln zornig darauf herum. Der Raum ist angefüllt mit Emotionen – Aufregung, Freudentaumel, Enttäuschung.

Den Mann am Schalter kann Noël nicht mehr sehen, also öffnet er die Tür ein wenig. Er will den Mann im Auge behalten. Der Mann dreht sich um und hebt einen Finger.

„Mea cum“, ruft er durch den Raum. Das ist das Patois, das man in Jamaika spricht, und es heißt so viel wie „Einen Moment, ich komme gleich“.

„Gib acht, Junge“, sagt ein Mann hinter ihm, der in den Laden hineinmöchte.

Noël tritt zur Seite und betrachtet die andere Straßenseite. Dort gibt es einen faszinierenden Laden mit großen Glasbehältern, die mit bunt gefärbten Süßigkeiten aller Art gefüllt sind.

Jemand berührt ihn leicht an der Schulter. Er dreht sich um. Es ist der Mann, der für ihn die Wette gesetzt hat. Er gibt ihm seinen Wettschein zurück.

„Danke“, sagt Noël.

„Ich weiß jetzt, wer dein Vater ist“, sagt der Mann.

Noël dreht sich um und rennt so schnell er kann nach Hause.

Er klopft an die Eingangstür, läuft nach oben und gibt Vater die Wettzettel. Vater sieht fern, ein Freund hat einen Fernseher mitgebracht. Pferde werden vorgeführt, dann erkennt man einen Jockey, der auf ein Pferd steigt.

„Das ist der große Lester Piggot“, sagt Vater.

Im Hintergrund stehen viele Männer. Sie tragen dieselben Hüte wie die Leute im Wettbüro. Dann wird gezeigt, wie die Jockeys ihre Pferde in die Startboxen bringen. Noël beobachtet Lester Piggot, den er anhand des Trikots identifizieren kann. Der Kommentator sagt den Start des Rennens an, dann fliegen die Türen auf und die Pferde galoppieren davon, als ob der Teufel hinter ihnen her wäre.

Noël beobachtet, wie die Jockeys tief in die Hocke gehen und sich ducken, einige schlagen mit Peitschen auf die Pferde ein. Jetzt versteht er, was die Männer im Wettbüro gemacht haben. Sie haben die Jockeys nachgeahmt!

My Swanee fliegt über die Ziellinie und gewinnt das Rennen. Vater springt aus seinem Stuhl und schreit laut vor Freude. Noël weiß nicht, dass My Swanee das Pferd ist, auf das er gesetzt hat, aber weil Vater so schreit, brüllt er eben mit. Die Leute auf der Zuschauertribüne applaudieren. Als der Jockey heranreitet, legt er zwei Finger an die Mütze. Das findet Noël cool. Eines Tages möchte er auch Jockey werden.

Vater verläßt das Haus. Denton und Noël öffnen das Fenster und sehen ihm nach.

„Er geht bestimmt zum Wettbüro“, sagt er zu Denton. Er erzählt ihm, dass er wahrscheinlich etwas Geld gewonnen hat.

In dem Haus gegenüber sehen sie zwei Mädchen. Eine Rothaarige und eine Blondine. Noël ist noch so aufgeregt wegen des Rennens, dass er den

Mädchen zuwinkt. Sie scheinen zwar älter zu sein, vielleicht 18 Jahre alt, aber das macht nichts. Zwei von ihnen, zwei von uns. Das passt perfekt. Er winkt, damit sie herüberkommen. Die Blondine berührt mit einem Finger ihre Nase. Noël glaubt, dass sie die beiden zu sich ruft. Das ist ziemlich aufregend, aber sie wissen, dass sie das Haus nicht verlassen dürfen. Erst viel später erfährt er, was diese Geste bedeutet. Sie wollte ihn gar nicht zu sich rufen. Sie sagte ihm vielmehr, dass er sie in Ruhe lassen soll.

Es ist schon nach sechs, als Vater wieder nach Hause kommt, mit Mommy und Franseko.

Noël und Denton schließen schnell das Fenster, weil sie Ärger fürchten, wenn die Eltern sie dabei erwischen. Vater kommt ins Zimmer und gibt Noël etwas Geld.

„Das ist vom Gewinn“, sagt er.

„Er hat das Pferd ganz allein ausgesucht“, sagt Vater zu Franseko.

„Vielleicht bringt er dir Glück“, sagt Franseko. „Gut, dass du ihn geholt hast.“

Vater lacht laut und zeigt ein breites Grinsen. Er holt aus seiner Jackentasche eine Tüte mit Süßigkeiten heraus.

„Ihr könnt sie euch teilen“, sagt er zu Noël, Denton und Franseko. Noël hat solche Süßigkeiten noch nie probiert.

„Peanut brittle“, sagt Vater.

Seit diesem Tag schickt ihn Vater oft zum Wettbüro. Und zum Laden, in dem man peanut brittle bekommt. Das ist praktisch, weil es dort auch die Zigaretten gibt, die Noël für seinen Vater mitbringen soll. Der Besitzer schreibt alles an, und Vater schickt Noël samstags, um die Rechnung zu begleichen. Wenn er zusammen mit den Zigaretten für seinen Vater auch eine Packung für sich mitnimmt, fällt es niemandem auf. Er hat herausgefunden, dass die Marke „Park Drive“ lange brennt. Wenn er nach Hause kommt, gibt ihm Vater ein Viertel von dem peanut brittle. Den Rest isst Vater selbst.

6

Denton und Noël reißen erneut aus. Auf der Straße sehen sie vier schwarze Jungen, die Fußball spielen. Sie mustern sich gegenseitig.

„Verschwindet von hier“, sagt einer. Er tritt ziemlich großspurig auf und spricht mit dem breiten Akzent der „Brummis“, wie die Leute aus Birmingham genannt werden.

„Was meinst du?", fragt Noël, der diesen Akzent noch nicht gut versteht.

„Das hier ist unser Gebiet", sagt ein anderer Junge. Er ist groß und schlank und trägt eine kurze graue Flanellhose. „Geht woanders hin."

„Willst du darum kämpfen?", fragt Noël. Denn er ist der Ansicht, dass er das gleiche Recht hat hier zu sein wie diese Jungs. Und er hat nicht die Absicht, sich von ihnen herumkommandieren zu lassen.

„In Ordnung. Lass uns um die Wette rennen", sagt der große Junge.

Noël weiß zwar nicht, was ein Wettlauf bringen soll, aber er willigt ein. Denton läuft gegen den großspurigen Jungen und Noël gegen den Langen. Er verausgabt sich nicht sonderlich dabei und gewinnt trotzdem.

„In Ordnung", sagt der Lange. „Ihr könnt mit uns kicken."

„Okay. Wie heißt du?", fragt Noël.

„Noël. Und das ist mein Bruder Kenley. Kenley Jackson."

„Ich heiße auch Noël."

Die Jacksons wohnen schon seit vier Jahren hier, sie haben ein eigenes Haus mit Badezimmer und Garten. Ihr Vater, den man den „König" nennt, besitzt sogar ein Auto.

7

Eigentlich findet Noël es nicht merkwürdig, auf einmal unter so vielen hellhäutigen Menschen zu leben. In der Nachbarschaft gibt es nur vier schwarze Familien. Noch scheinen Schwarze für die Bewohner dieses Viertels etwas Besonderes zu sein. Aber er macht sich nichts daraus. Vielleicht ist er noch zu jung, um den Unterschied wahrzunehmen. Es sind einfach alles Menschen. Auch in Jamaika war ihm nicht bewußt, dass ein Junge mit blondem Haar und blauen Augen ein Weißer war. Sie nannten ihn „Blue Boy". Erst viel später fiel ihm der Unterschied auf.

In England lernt er, dass manche weiße Menschen gut sind und andere schlecht. Zu den Guten gehört ein Ehepaar im Haus nebenan. Noël und Denton beobachten sie oft im Hinterhof beim Wäschewaschen. Es ist faszinierend, weil der Mann eine Maschine benutzt, die Noël noch nie gesehen hat. Die nasse Wäsche wird in die Maschine gelegt, und wenn man sie wieder herausnimmt, ist sie fast trocken.

Dem Mann bleibt nicht verborgen, dass sie ihn beobachten.

„Hallo", sagt er. Er scheint freundlich zu sein.

„Hallo", antwortet Noël.

Nach dieser ersten Begegnung wechselt der Mann immer ein paar Worte mit Noël, wenn sie sich treffen.

„Kommt uns doch am Sonntag besuchen", schlägt der Mann eines Tages vor. Mommy ist einverstanden, weil man eine Einladung von Weißen nicht ablehnen darf.

Am nächsten Sonntag ziehen sie sich ihre Anzüge an, gehen ins Nachbarhaus und plaudern ein wenig mit dem Ehepaar. Die beiden scheinen sich über den Besuch zu freuen. Sie bieten Noël und Denton Süßigkeiten an, die diese höflich annehmen und essen. Bei einer anderen Gelegenheit geht der Mann mit den Jungs zur Fischbude und kauft ihnen Fish and Chips.

Ein netter, freundlicher, weißer Mann.

Sie sind aber nicht alle so freundlich. Um die Ecke wohnen welche, die gehören zu den Bösen. Die Rennys. Mrs. Renny betreibt einen Obst- und Gemüseladen. Noël kann es Mrs. Renny ansehen, dass sie Farbige nicht gern hat. Zwar muss sie Mommy bedienen, weil sie ihre Waren verkaufen will. Aber sie ist ziemlich unfreundlich zu ihr.

8

Das Leben in Birmingham verläuft ziemlich monoton.

Einmal pro Woche geht Mommy einkaufen. Brot, Bohnen, Reis, manchmal Hähnchen. Wenn sie mit sechs Eiern nach Hause kommt, dann weiß Noël, dass jeder am Sonntagmorgen ein Ei bekommt. Wenn es zwölf Eier sind, wird es auch an einem anderen Tag Eier geben. Ansonsten essen sie zum Frühstück ein Stück Toastbrot, entweder mit Butter oder mit Marmelade. Weil es nicht genug von beidem gibt.

Freitagabends wird die Wäsche erledigt. Natürlich wird sie nicht im Fluss gewaschen wie in Jamaika. Hier gibt es Waschmaschinen. Aber weil seine Familie keine eigene Waschmaschine hat, muss Noël mit Denton die Wäsche zum Waschsalon schleppen. Bis sie wieder zu Hause sind und endlich etwas zu essen bekommen, ist es meistens acht Uhr vorbei. Auf dem Rückweg knurrt ihnen der Magen, außerdem schämen sie sich, beim Wäscheschleppen gesehen zu werden. Die Jugendlichen, deren Eltern eine Waschmaschine haben, lachen sie natürlich aus.

Samstags gehen sie in das öffentliche Badehaus. Der Eintritt kostet sechs Pence pro Person. Dann muss man Schlange stehen, bis man dran kommt. Es gibt viele kleine Kabinen, jede mit einer eigenen Badewanne. Sobald eine frei ist, lässt der Aufseher frisches Wasser in die Wanne, und einer der Jungs darf hineinklettern. Das Einseifen und Abspülen muss schnell gehen, weil der Aufseher nach kurzer Zeit an die Tür klopft. Wirklich schade, findet Noël, weil die Wanne angenehm tief und das Wasser so schön warm ist. Es wäre zu schön, wenn er eine Weile dort liegen könnte. Unter der Woche müssen sie mit der Schüssel auskommen, die unter dem Bett steht. Abends wird Wasser im Kessel erhitzt, in die Schüssel gekippt, und dann wäscht sich Noël mit Waschlappen und Seife. „Sich zurechtmachen" nennen sie das.

Sonntags muss er mit der Familie einen Besuch bei der Freundin seiner Mutter abstatten. Die beiden Frauen arbeiten die ganze Woche zusammen. Warum sie sich auch noch am Sonntag sehen müssen, kann Noël nicht begreifen. Aber niemand fragt ihn nach seiner Meinung. Es ist ein Familienausflug, deshalb müssen sie sich korrekt anziehen. Noël trägt den Anzug, den ihm Vater gekauft hat. Denton trägt ebenfalls einen Anzug. Carol im Rüschenkleid mit Haarschleife und Blumenkörbchen. Mutter hat natürlich die langen weißen Handschuhe übergestreift. Denn Jamaikaner müssen Spitze aussehen, wenn sie ausgehen.

Die Freundin wohnt mit ihrem Mann in einer Einzimmerwohnung. Während sich die Erwachsenen unterhalten, sitzen Noël, Denton, Fernando und Carol auf der Bettkante. *Sei still und beweg dich nicht, damit dein Anzug nicht zerknittert. Sei ruhig, weil du nachher eine Ohrfeige bekommst, wenn du die Erwachsenen gestört hast. Wenn dir die Freundin etwas zu essen oder zu trinken anbietet, lehne höflich ab. Denn hier sind wir unter Jamaikanern. Danke ihr und sag, dass du schon gegessen hast. So wie Mommy es von dir erwartet. Denn sonst muss sie sich schämen. Auch wenn es nicht stimmt und du Hunger hast, weil es noch nichts zu Mittag gab.*

Mommy wird ihn schlagen, wenn er etwas zu Essen annimmt, weil er damit zu erkennen gibt, dass er zu Hause nicht genug zu essen bekommt, weswegen Mommy sich schämen müsste. Außerdem könnte es sein, dass er etwas auf seinen Anzug kleckert, und dann gibt's auch eine Ohrfeige. Es ist so langweilig, und er hat Hunger, aber er sitzt ruhig da. Vier, fünf Stunden. Er kann es kaum abwarten, bis der Besuch vorbei ist und er aus der Bude herauskommt.

Es ist, als hätte er ständig Hunger. Wenn nicht genügend Lebensmittel im Haus sind, weil Mommy ihrer Freundin das serviert hat, was eigentlich für den nächsten Tag gedacht war, dann werden Noël und Denton zum

Laden geschickt. Nachdem sie die Einkäufe erledigt haben, gehen sie ganz dicht an den Gemüsekisten vor dem Geschäft vorbei. Wenn keiner zusieht, klauen sie eine Gurke. Zu Hause stiebitzen sie noch etwas Salz, wickeln es in Zeitungspapier und verstecken alles in ihrem Zimmer. Wenn die Eltern schlafen, holen sie das Paket heraus und verzehren ihre kleine Mahlzeit.

Es gibt nämlich kein Geld, um eine zusätzliche Gurke zu kaufen. Mommy schickt alles, was sie erübrigen können, nach Jamaika. Letztendlich kommen die Jamaikaner nach England, um Geld zu verdienen und es nach Jamaika zu schicken. Auf die Bank bringen und sparen. Wofür? Um eines Tages wieder nach Jamaika fahren zu können.

9

Als die Sommerferien endlich vorbei sind, müssen die Jungs in einer Schule angemeldet werden. Das dauert eine Weile, weil Vater vom englischen Schulsystem nichts versteht und nicht weiß, wie er die Sache angehen soll. Schließlich geht er mit Noël in die nächstgelegene Schule.

„Es tut mir leid", sagt die Schulleiterin. „Dies ist eine reine Mädchenschule. Wir können Ihren Jungen nicht aufnehmen."

Vater bringt Noël in eine andere Schule, aber das ist auch eine Schule für Mädchen. Mehr Schulen kennt Vater nicht. Er weiß nicht, was zu tun ist.

Mommy fragt schließlich Mrs. Jackson, die Mutter von Noël und Kenley. Sie hat sie in der Zwischenzeit in der Fabrik kennen gelernt.

„Welche Schule besuchen Ihre Jungen?", fragt sie.

„Die City Road Junior Schule", sagt Mrs. Jackson. „Bringen Sie Ihre Söhne am besten dorthin. Die Schule nimmt auch schwarze Kinder auf."

Noël und Denton gehen noch nicht zur Schule. Das Schuljahr hat längst begonnen, aber wegen der langwierigen Anmeldeprozedur dürfen sie den Unterricht noch nicht besuchen. Manchmal kommen sie am Schulhof vorbei und beobachten, wie die Schüler im Hof spielen. Die meisten Kinder sehen aus wie Blue Boy – helle Haut und blonde Haare. Noël entdeckt einen weißen Jungen, der kleine braune Flecken im Gesicht hat. Sie sehen aus wie die rotbraunen Fliegen, die er aus Jamaika kennt. Dort wurden sie aufgrund der Farbe „ginger fly", Ingwerfliegen, genannt.

„Schau mal", schreit er lauthals. „Da ist einer mit Ingwerfliegen im Gesicht!" Die Jungen auf dem Schulhof halten inne und mustern die neuen Gesichter. Ein schwarzer Junge geht auf ihn zu.

„Ginger biscuit", sagt er zu Noël. Ingwerplätzchen.
Die anderen Jungen machen mit.
„Ginger wine, ginger whisky, ginger, ginger, ginger!", schreien sie.

Noël und Denton gehen nach Hause. Plötzlich bemerken sie, dass ihnen einige Jungs folgen. Zwei von ihnen kennt Noël, es sind die Neffen von Mrs. Renny vom Obst- und Gemüseladen auf der Shenstone Road.

„Nigga coons", schreien sie, „geht zurück, von wo ihr gekommen seid!"

„Affe, Gorilla, schwarzer Bastard! Geht nach Hause!"

Noël und Denton drehen sich um.

„Was habt ihr gesagt?"

„Blacky", sagt einer. Er zieht eine Fahrradkette aus seiner Hosentasche. „Geh zurück in dein Land, Blacky!"

Noël und Denton rennen los, die englischen Jungs verfolgen sie, immer die Kette schwingend. Sie laufen in eine Sackgasse und sind gefangen. Sie haben Angst, aber sie wissen, dass sie jetzt ums Überleben kämpfen müssen. Da sie kräftiger als die weißen Jungs sind, können sie ihre Gegner in die Flucht schlagen.

Nun weiß Noël, dass er sie besiegen kann, und das nächste Mal, wenn sie ihn verspotten, lacht er sie einfach aus.

„Bananen", ruft er ihnen nach, „Bananen!" Sie haben so viele braune Flecken im Gesicht – inzwischen weiß er, dass es Sommersprossen sind –, dass sie genauso aussehen wie die Bananen, die Mrs. Renny in ihrem Laden verkauft.

10

Noël Martin geht mit Noël Jackson in dieselbe Klasse. Bald werden sie gute Freunde. Um Verwechslungen zu vermeiden, legen sie sich Spitznamen zu. Aus Noël Jackson wird „Pledge". Das kommt so: Als die Jungs bei Jacksons fernsehen, läuft eine Reklame für Möbelpolitur. Eine Frau mit Namen Nelly Pledge preist das Produkt an, das ebenfalls „Pledge" heißt. Und weil Mrs. Jackson ihren Sohn Noël oft „Nel" nennt, dauert es nicht lange, bis seine Freunde ihn spaßeshalber „Nelly Pledge" oder nur „Pledge" rufen. Das ist der Name, der schließlich haften bleibt. Später wird Noël „Ginge" genannt, weil er so in seinen ersten Schultagen verspottet wurde. Und weil ihm – wie sich später zeigen wird – rötlich-braune Haare so gut gefallen. Die Namen Pledge und Ginge werden mit der Zeit zu den Straßennamen der beiden Noëls. Denn wenn man – wie viele Schwarze – zeitweise auf der Straße leben muss, kann es vorteilhaft sein, wenn der richtige Name nicht bekannt ist.

Pledge und Ginge sind fast gleichaltrig. Pledge hat zwei Tage vor Ginge Geburtstag. Beide sind im Sternzeichen des Löwen geboren. Sie halten zusammen und teilen alle Geheimnisse. Pledge ist ein ruhiger Typ, spricht nicht viel. Aber das macht nichts, weil sie sich auch ohne Worte verstehen. Sie wissen immer, was der andere gerade denkt. Sie schließen einen Pakt: Sie werden immer füreinander da sein und sich gegenseitig verteidigen. Pledge wirkt sehr ruhig. Aber wenn jemand seine Freunde bedroht, dann heißt es aufpassen. Noël weiß, dass Pledge bis zum äußersten gehen würde, um ihn zu schützen. Pledge ist genau der Mensch, den Noël braucht.

11

Ein Brief kommt aus Jamaika.

„Wenn du in England unglücklich bist“, schreibt Onkel Hilton, „dann hole ich dich nach Hause.“ Nichts wünscht er sich mehr als das. Er hat solches Heimweh nach Jamaika, nach Miss Darling. Er ist jetzt seit sechs Monaten in Birmingham, und es gefällt ihm überhaupt nicht.

„Bitte hol mich zurück“, schreibt er an Onkel Hilton. Er hat aber kein Geld für eine Briefmarke.

„Könntest du den Brief bitte zur Post bringen, Mommy?“, fragt er.

„Du glaubst wirklich, dass Miss Darling dich lieb hat? Dass sie dich wieder haben will?“, fragt Mommy.

„Ja“, sagt Noël.

„Du Idiot. Du bist dumm, wenn du das glaubst. Du wärest gestorben, wenn du bei ihr geblieben wärest. Sie hat nicht richtig auf dich aufgepasst. Sie hat deine Bindehautentzündung nicht richtig behandeln lassen. Wenn ich nicht rechtzeitig aus England zurückgekehrt wäre, wärst du jetzt tot. Und wenn ich da gewesen wäre, dann hättest du die Entzündung gar nicht bekommen. Glaub mir, sie will dich nicht wieder haben.“

Er weiß, dass dies nicht wahr ist. Gegen seine Mutter anzugehen bringt aber nichts.

Mommy nimmt den Brief mit, aber eine Antwort von Onkel Hilton bleibt aus. Er ist sich sicher: Der Brief ist auf dem Müll gelandet.

Sollte er eines Tages ein wenig Taschengeld bekommen, so wird er es einpflanzen und ein Gebet darüber sprechen. Vielleicht wird daraus genug Geld wachsen, sodass er nach Hause fahren kann, wenn er älter ist.

12

Nach sechs Monaten muss Noël mit seiner Familie das Haus in der Shenstone Road Nummer 44 verlassen. Die Frau mit den vorstehenden Zähnen teilt ihnen mit, dass ihre Familie aus Indien demnächst eintreffen wird und sie die Zimmer selber benötigt. Das sind also Inder, geht Noël schlagartig durch den Kopf. Aus demselben Land wie sein Urgroßvater Mr. Mandeen.

Die Martins ziehen in das Haus Nummer 7 in der Cavendish Road. Dieses Haus gehört auch einem Inder. Von dort ziehen sie weiter nach Winson Green, in die Heath Street. Hier heißt der Vermieter Mr. Singh.

Wie viele andere ist Mr. Singh ein Flüchtling aus Indien. Er scheint einen guten Riecher für Geschäfte zu haben. Jedenfalls hat er begriffen, dass die vielen Jamaikaner, die zum Arbeiten ins Land kommen, nur unter Schwierigkeiten eine Unterkunft finden. Denn die Weißen möchten keine Schwarzen oder Asiaten als Nachbarn haben. Auch Noël ist sich dessen bewusst, denn er hat schon oft Schilder an den Türen gesehen mit der Aufschrift: „Keine Iren, keine Hunde, keine Schwarzen". In dieser Reihenfolge. Jamaikaner stehen an letzter Stelle, noch nach den Hunden. Deshalb sind sie auf asiatische Vermieter angewiesen.

Winson Green ist eine schwierige Gegend. Es ist deprimierend, nach der Schule in diese Umgebung zurückgehen zu müssen. Auf den Straßen liegen Scherben, in vielen Häusern wurden die Fensterscheiben eingeworfen.

Das von Mr. Singh vermietete Gebäude befindet sich an einer Bahnlinie, nahe bei einem Kanal. Früher war es wohl eine Kneipe. Das Esszimmer muss der Ausschank gewesen sein. Der Herd steht in einem langgezogenen Korridor ohne Licht. Keine Teppiche auf den Fußböden. Mr. Singh scheint es egal zu sein, wie das Haus aussieht. Und es sieht nicht so aus, als ob er jemals saubermachen würde.

In den meisten Häusern dieser Gegend gibt es kein heißes Wasser. Im Durchschnitt werden zwei Toiletten von sechs Familien benutzt. Und manchmal sind die Toiletten verstopft. Dann werfen die Mieter ihre in Tüten verpackten Exkremente über den Zaun in den Hof der Nachbarn.

Riesige Ratten steigen aus dem Kanal. Manchmal kommen sie sogar ins

Haus. Noël hat Angst, die dunkle Treppe hinunterzugehen und auf Mäuse oder Ratten zu stoßen. Deswegen hat er sicherheitshalber immer eine Schachtel Streichhölzer dabei, um sich Licht zu machen. Beängstigend ist auch, dass er nie weiß, auf wen er unten im Flur treffen könnte. Denn die Eingangstür lässt sich nicht abschließen und jeder, der vorbeigeht, könnte leicht einbrechen. Gelegentlich sollen Fremde hereinkommen, um nach einem Unterschlupf zu suchen.

Auf der anderen Straßenseite befindet sich ein Schrottplatz. Die weiße Familie, die dort wohnt, ist richtig bösartig. Die Söhne brechen in das Untergeschoß des Singhschen Hauses ein, verstecken dort Diebesgut oder vergnügen sich mit ihren Freundinnen. Mr. Singh scheint das nicht zu kümmern. Er könnte aber auch nichts dagegen tun. Vater interessiert es auch nicht. Und so steht Noël ganz allein da mit dem Gefühl, es könnte nachts jemand einbrechen und die ganze Familie in ihren Betten ermorden.

Einige weiße Familien wohnen in der Nachbarschaft, aber es sind Leute, von denen niemand etwas hält. Weißer Abschaum. Dreckig. Sie sehen aus, als ob sie sich kaum waschen würden, und so riechen sie auch. Sie beschimpfen die Schwarzen als „Nigga“, „Coons“ oder „Wags“. Ohne genau zu wissen, was diese Wörter bedeuten. Sie glauben, etwas Abfälliges zu rufen, aber „Wag“ hat beispielsweise eine positive Bedeutung. Ein Wag ist nämlich ein schwarzer, westlich gekleideter Gentleman. Viele Kinder aus diesen Familien können nicht lesen. Und ein Junge, der mit Noël zur Schule geht, kann nicht einmal seinen eigenen Namen schreiben. Und er ist nicht der einzige.

Es ist bekannt, dass diese Leute – Erwachsene wie Kinder – Diebstähle begehen. Sie stehlen, was sie können, von wem auch immer. Außerdem sind sie streitsüchtig. Nachts kann man den Lärm hören, der aus den Kneipen dringt. Auf dem Heimweg sind sie so betrunken, dass sie mit jedem Streit anfangen. Wenn ihnen unterwegs ein Schwarzer begegnet, dann stürzen sie sich gemeinsam auf diesen.

An manchen Abenden sind die Kämpfe so schlimm, dass Noël und seine Geschwister das Haus nicht verlassen dürfen. Sie schauen vom Fenster aus zu, wie sich die Weißen mit Flaschen und Fahrradketten prügeln. Bis Blut fließt. Schauen zu, wie die Leute weglaufen, sobald die Polizei eintrifft. Sie verstecken sich am Kanal und hinter der Bahnlinie. Dann gehen sie wieder nach Hause und prahlen mit den Narben, die sie von der nächtlichen Auseinandersetzung davongetragen haben.

Das ist England. Niemals hätte Noël gedacht, dass es hier so zugehen könnte. Paradiesisch sollten die Zustände hier sein. Ein zivilisiertes Land. Nie hätte er gedacht, dass er in England um sein Überleben kämpfen muss.

Die Familie zieht wieder um. Wellington Street, Cuthbert Road. Überall das Gleiche. Derselbe Dreck, dieselbe Gewalt. Er will nichts wie raus hier. Aber er weiß, dass er dazu erst einmal älter werden muss.

Die ersten Jahre in England gehören zu den schlimmsten seines Lebens.

Schule

1

In Jamaika ging Noël gern zur Schule und er war ein guter Schüler. Er geht davon aus, dass dies in England genauso sein würde. Am Anfang ist auch alles in Ordnung. Sein Lehrer heißt Mr. Lane, und Mr. Lane lässt die Kinder kleine Szenen aufführen. Das kann Noël ganz gut, denn zu Hause haben sie oft Theater gespielt.

„Du bist ein guter Schauspieler“, sagt Mr. Lane, und Noël ist ganz stolz.

Im Handwerksunterricht bauen die Kinder kleine Gitarren aus Pappkartons. Noëls Gitarre ist eine der schönsten. Am nächsten Tag bringt Mr. Lane einige Saiten mit, befestigt sie an Noëls Gitarre und spielt darauf vor der Klasse.

„Du bist ein gescheiter Junge“, sagt Mr. Lane.

Dann passieren Dinge, die ihn verwirren.

Eines Tages zerbricht jemand eine Flasche.

„Wer hat diese Flasche kaputtgemacht?“, fragt ein Lehrer. „Noël, bist du das gewesen?“

„Nein, ich war es nicht.“

„Lüg nicht. Ich weiß, dass du es warst.“

„Nein.“ Er fängt an zu weinen, weil er nicht weiß, wie er den Lehrer dazu bringen soll, ihm zu glauben.

Irgendeiner muss aber der Täter sein, und der Täter muss bestraft werden. Der Lehrer schickt Noël zum Schulleiter und der Schulleiter züchtigt ihn mit dem Stock. Diese Ungerechtigkeit schmerzt. Es schmerzt noch mehr, als der Schulleiter feststellt, dass ein schwarzer Junge mit Namen Victor die Flasche zerbrochen hat, es aber keine Entschuldigung gibt, um diese Ungerechtigkeit wieder gutzumachen.

Am Ende des Schuljahres fällt Noël bei einer wichtigen Mathematikprüfung durch. Das überrascht ihn sehr, weil es dafür keinen Grund gab. Er ist in Mathematik immer sehr gut gewesen und war sich sicher, dass er eine gute Arbeit geschrieben hat.

Weil er die Prüfung nicht bestanden hat, muss er im nächsten Schuljahr die Stanmore Secondary School besuchen. Dort wollte er nicht hin, weil das eine Schule für Immigrantenkinder und dumme Weiße ist. Die Lehrer an dieser Schule sind davon überzeugt, dass ihre Schüler nie Erfolg haben werden. Entweder werden sie später, so die Lehrermeinung, sowieso in

Fabriken arbeiten, oder sie landen im Knast. Es lohnt sich also nicht, diese Schüler geistig zu fördern und anzuspornen.

2

Am ersten Tag in Stanmore lernt Noël Leroy kennen. Noël ist morgens einer der ersten Schüler im Klassenzimmer. Er sucht sich einen Sitzplatz aus. Ein pummeliger Junge kommt herein und geht auf Noël zu.

„Weg da", sagt der Junge. „Da sitze ich."

„Ich bin zuerst hier gewesen. Ich sitze hier."

„Aber ich habe mir diesen Platz schon ausgesucht, als ich hier zur Anmeldung war", sagt der Junge. „Also verzieh dich."

Noël ist kleiner als dieser Junge, aber er will sich nicht herumkommandieren lassen. Er greift nach einem Stuhl, schwingt ihn hoch und versetzt dem anderen Jungen einen heftigen Stoß.

„Mit mir machst du keine Späße", warnt ihn Noël. Damit verschafft er sich Respekt und die beiden werden gute Freunde.

Die Lehrer scheinen von seiner Verhaltensweise nicht so beeindruckt zu sein. Denn von Anfang an hat Noël das Gefühl, dass sie ihn nicht mögen. Vielleicht gehen sie davon aus, dass er genauso ist wie sein älterer Bruder, der letztes Jahr von der Schule geflogen ist. Jedenfalls scheinen sie ihn gleich als Störenfried einzustufen, ganz egal, wie viel Mühe er sich gibt.

Er versucht, sein Bestes zu tun, überprüft gewissenhaft seine Schulaufgaben. Es nützt aber nichts. Es scheint so, als ob die Lehrer gar nicht wollten, dass er ein guter Schüler ist.

Eines Tages spielt Noël mit einigen Jungen auf dem Schulhof Murmeln. Ein Junge sammelt plötzlich Noëls Murmeln ein.

„Warum machst du das? Gib her", sagt er. Der Junge gibt sie nicht her.

„Gib mir meine Murmeln", sagt er noch einmal. Er versteht nicht, warum ihm der Junge die Murmeln nicht zurückgeben will. Er wird wütend.

Der Junge weigert sich.

Noël ist stinksauer. Er zieht sein Messer aus der Tasche. Ein Taschenmesser, wie er es in Jamaika auch stets bei sich trug, um sich eine Angelrute zu schneiden oder Apfelsinen zu schälen. Der Junge weigert sich immer noch, die Murmeln zurückzugeben, und jetzt packt Noël die Weißglut. Er sticht auf den Jungen ein und trifft ihn an der Nase. Die Lehrer erfahren davon und der Schulleiter verweist Noël vorübergehend von der Schule.

3

Sich mit Jungen prügeln, die ihm Unrecht tun, das ist eine Sache. Da weiß er genau, wie er sich verteidigen kann. Aber gegenüber den Lehrern ist es anders. Dort ist es ein Kampf gegen Erwachsene und ihre Einstellungen. Er hat Angst davor. Es verwirrt ihn. Er geht mit einem Gefühl des Unmuts zur Schule, tagaus, tagein. Jeden Tag ein neuer Versuch, Ärger mit einem Lehrer zu vermeiden.

Ungerechtigkeiten ihm gegenüber nimmt er immer bewusster wahr. Er soll ruhig sein, wenn er schon ruhig ist. Er wird für etwas bestraft, was er nicht getan hat. Er wird ohne Grund geohrfeigt. Er weiß nicht, wie er sich dagegen wehren soll.

Es ist verwirrend. Er fühlt sich gedemütigt. Und schlecht behandelt. Er ist ein Junge, der sich nicht gern unterwirft, aber er hat zunehmend den Eindruck, dass die Schule genau dies von ihm verlangt: Die Unterwerfung. Für diese Ungerechtigkeiten will er sich rächen.

Die Lehrer verstehen nicht, warum er gegen sie ankämpft. Sie schicken ihn zu einem Psychologen.

Der Psychologe lässt ihn verschiedene Aufgaben erledigen. Er soll Pflöcke durch die Löcher eines Holzbretts stecken. Die Löcher sind rund und die Pflöcke viereckig.

„Ist er verrückt? Glaubt er wirklich, dass ich viereckige Pflöcke in runde Löcher stecken werde?“, fragt er sich. Er ist so aufgewühlt, dass er sich weigert, mit dem Spezialisten zu sprechen. Zu dem nächsten Termin geht er nicht mehr hin.

4

Sechs Monate geht er nicht in die Schule. Und nicht nur das: Er darf das Haus nicht verlassen. Es sei denn, Mommy schickt ihn zum Kaufmann oder sein Vater zum Wettbüro. Er versorgt den Haushalt, kocht das Essen, erledigt Besorgungen, spielt den Handlanger.

Er hätte gern ein Fahrrad, damit er nicht immer zu Fuß laufen muss. Aus Ersatzteilen vom Schrottplatz bastelt er sich ein Rad. Es funktioniert sogar. Aber Vater schraubt das Hinterrad ab und versteckt es in seinem Zimmer. Also muss er doch zu Fuß gehen.

Es ist so langweilig. Aus dem Fenster hinausschauen, die vorbeifahrenden Autos zählen. Schläge hinterher von der Mutter, wenn die Gardine nicht mehr richtig hängt.

Denton wurde ebenfalls von der Schule verwiesen. Jetzt sitzen beide zu Hause. Wenn sie nichts zu tun haben, ziehen sie Fetzen von der Tapete herunter. Dafür bekommen sie wieder Prügel. Als letzte Möglichkeit angesichts der tödlichen Langeweile bleibt ihnen nur noch Ratten fangen. Lock sie in den Müllcontainer und schließ den Deckel. Dann vorsichtig Parafin hineingießen. Zünd ein Streichholz an und schmeiß es rein. Lass die Ratten verbrennen.

5

Im nächsten Jahr in Stanmore wird er in die schwächere Klasse eingestuft. In die Klasse der Nichtbegabten. Am liebsten würde Noël gar nicht mehr hingehen. Er zieht sich zurück, wie eine Schnecke in ihr Gehäuse. Meidet andere Menschen. Möchte nicht gefragt werden, weil er keine Antworten weiß. Zu Hause hat er gelernt, dass es ihm nur Schläge einbringt, wenn er den Mund aufmacht. Mit den Lehrern in der Schule scheint es nicht anders zu sein.

Er hat versucht, mit Mr. Black zu reden. Mr. Black scheint seine Probleme zu verstehen und er gibt Noël oft Recht, wenn sie miteinander sprechen. Wenn es aber darauf ankommt und Mr. Black dem Schulleiter etwas erklären soll, dann macht er eine Kehrtwende und sagt nicht, wie sich die Dinge aus Noëls Perspektive darstellen.

„Du hast Recht“, sagt Mr. Black, „aber dennoch bekommst du eine Strafe.“

„Warum unterstützen Sie mich nicht, obwohl sie wissen, dass ich Recht habe?“

„Der Schulleiter ist nun mal mein Vorgesetzter, und ich muss mich nach ihm richten. Das musst du verstehen.“ Noël versteht es nicht.

6

Er schämt sich wegen seines Aussehens. Er hat nur alte, abgetragene Kleidungsstücke. Damit will er nicht mehr in die Schule gehen. Seine Eltern können es sich nicht leisten, ihm neue Kleidung zu kaufen. Vielleicht wollen sie es auch nicht. Oder seine Mutter ist zu alt, um sich über die gängige Mode Gedanken zu machen. Wie auch immer – Noël besitzt nur eine einzige Hose, und die ist ihm viel zu eng. Außerdem sieht sie scheußlich aus. Mommy hat ihm ein paar hässliche T-Shirts gekauft und aus der Fabrik Arbeiterstiefel mitgebracht. Die Stiefel sind gut genug für ihn, meint sie. Sie weigert sich, ihm die Schuhe zu kaufen, die jetzt alle Jugendlichen tragen.

So geht es nicht weiter, denkt er. Er kann mit diesen Klamotten nicht zur Schule gehen. Er wird sein eigenes Geld verdienen müssen, damit er sich etwas Ordentliches zum Anziehen kaufen kann. Er muss sich einen Job suchen. Vielleicht Zeitungen austragen.

Er geht zu einem Zeitungsladen und stellt sich vor. Als sie ihn nach seinem Alter fragen, lügt er.

„Dreizehn", sagt er, denn ab dreizehn dürfen Jugendliche arbeiten. Er ist erst zwölf, aber er braucht den Job.

„In Ordnung", sagt der Zeitschriftenhändler. „Kommst du mit dieser Route klar?" Er zeigt ihm eine ziemlich lange Strecke auf dem Stadtplan. „Du kannst sie übernehmen. Ein Pfund fünfzig die Woche."

Die Route führt durch einen wohlhabenden Stadtteil. Die Leute, die hier wohnen, müssen ziemlich gebildet sein, denn sie lesen viele Zeitungen und Zeitschriften. Einige Häuser bekommen täglich mehrere Zeitungen geliefert. Noël trägt seine schwere Tasche auf dem Rücken, mit einem Gurt um die Stirn. Er kommt sich wie ein Packesel vor.

Er trifft den Mann, der früher diesen Job hatte.

„Weißt du, dass das die längste Strecke ist?", fragt sein Vorgänger. „Und sie zahlen dir nur ein Pfund fünfzig! Die anderen Zeitungsausträger bekommen ein Pfund fünfundsiebzig. Manche sogar zwei Pfund fünfundsechzig."

Macht nichts, dass es ungerecht ist. Macht nichts, dass er jeden Morgen um vier Uhr aufstehen muss, um die Zeitungen vor der Schule auszutragen. Macht nichts, dass er manchmal so müde ist, dass er sich unterwegs irgendwo hinlegt. Hauptsache, er hat einen Job und verdient etwas Geld, um sich neue Schulkleidung leisten zu können.

Jeden Sonntagabend wäscht er seine Hose und hängt sie am Parafinofen zum Trocknen auf. Wenn er morgens aufsteht, um die Zeitungen auszuliefern, ist die Hose noch nicht trocken. Er bügelt sie, um so viel Nässe wie möglich herauszupressen. Dann liefert er die Zeitungen aus. Zum Glück wohnt sein Freund Rusty in der Nähe der Schule. Dort bügelt er die Falten noch einmal. Wenn er zum Unterricht kommt, sieht die Hose zwar ordentlich aus, aber sie ist immer noch nicht ganz trocken. Außerdem merkt jeder, dass sie am Ofen hing, weil sie nach Parafin stinkt.

7

Kaum zurück in der Schule gibt es wieder Ärger.

Noël sitzt ruhig auf seinem Platz im Klassenzimmer. Auf der anderen Seite des Zimmers tuschelt jemand. Noël schaut hin und sieht, wie Pledge mit einem anderen Jungen flüstert und mit den Fingern auf den Tisch trommelt, als hätte er Langeweile.

„Verlasse das Zimmer, wenn du nicht ruhig sein kannst", sagt Miss Godfrey, und dabei sieht sie Noël an.

„Ich bin doch ruhig."

„Raus", sagt sie.

„Das ist unfair." Aber er hat keine Wahl, er muss gehorchen. Er geht aus dem Klassenzimmer und wartet auf dem Flur. Zufällig kommt Mr. Evans vorbei.

„Was machst du hier?", fragt er.

„Miss Godfrey hat mir gesagt, dass ich das Klassenzimmer verlassen soll."

„Lügner", sagt Mr. Evans und gibt Noël eine Ohrfeige.

Verwirrung, Verletzung, Wut. Alles kocht in ihm hoch. Noël rennt aus dem Schulgebäude, Mr. Evans dicht hinter ihm her. Noël hält nur kurz an, um mit Ziegelsteinen nach ihm zu werfen. Er wirft noch einige Fenster ein und rennt nach Hause.

Dort sucht ihn Mr. Black auf. Mr. Black ist einer der wenigen Lehrer, die ihren Schülern tatsächlich helfen wollen. Die Schüler mögen Mr. Black, weil er mit ihnen redet, als ob sie schon erwachsen wären. Von Mann zu Mann. Jetzt kann Mr. Black aber nicht helfen. Er überbringt nur die Nachricht, dass Noël für weitere sechs Monate von der Schule verwiesen wurde.

8

Noël und Denton stehlen sich aus dem Haus und gehen in den Summerfield Park. Es ist spät, als sie zurückkommen. Die Tür ist abgeschlossen.

„Ihr kommt zu spät. Bleibt draußen", sagt Vater, nachdem sie angeklopft haben.

Es ist Winter und ziemlich kalt. Sie überqueren die Straße und finden eine Zuflucht in einem heruntergekommenen Haus. Es ist dreckig, überall liegt Müll herum, es riecht nach Exkrementen. Sie werden hier übernachten müssen.

Ab und zu zünden sie ein Streichholz an, um ein bisschen Wärme zu haben. Ein Feuer wollen sie nicht anzünden, denn sie fürchten, dass das ganze Haus in Brand geraten könnte. Zusammenrücken hilft aber auch nicht. Es ist viel zu kalt, um zu schlafen. Außerdem ist es unbequem. Also laufen sie im Kreis und versuchen, warm zu bleiben. Morgens um halb sechs sehen sie Mommy auf dem Weg zur Arbeit aus dem Haus kommen.

„Mommy“, fragen sie, „können wir bitte hineingehen?“

Sie geht weiter.

„Fragt euren Vater.“

Die Tür ist offen, sie gehen hinauf und legen sich schlafen. Bis Vater nach Haus kommt und sie verprügelt.

9

Der erste Tag wieder in der Schule. Erdkundeunterricht.

„Für diese Unterrichtsstunde wirst du einen Stift benötigen“, sagt die Lehrerin.

Noël besitzt einen Stift, aber er hat ihn in der vorigen Stunde einem Mädchen ausgeliehen, das jetzt im Klassenzimmer gegenüber Unterricht hat. Noël will sich den Stift holen und geht in das andere Klassenzimmer. Die Lehrerin schickt ihn weg. Er versucht zu erklären, was er will, aber sie hört nicht zu.

„Geh raus, sonst sage ich dem Schulleiter Bescheid.“

Noël schimpft und wird erneut von der Schule verwiesen.

Als er wieder in die Schule darf, wartet er vor dem Klassenzimmer auf seine Freunde. Mrs. Childs, eine Lehrerin, kommt vorbei und zerrt ihn an den Ohren ins Zimmer. Sie hat lange Fingernägel, die sein Ohr aufkratzen. Er blutet. Er hat wieder nichts getan, aber sobald der Direktor das Blut sieht, wird er wieder von der Schule verwiesen.

Das nächste Mal ist es Mr. Taylor. Noël steht in der Schlange vor dem Kiosk, wo er Kekse kaufen will. Einige Schüler drängeln und sorgen für Unruhe.

„Ordentlich aufstellen!“, befiehlt Mr. Taylor und verpasst Noël eine Kopfnuss.

In der nächsten Stunde unterrichtet eine Aushilfslehrerin. Die Schüler vermuten, dass sie die Geliebte von Mr. Taylor ist. Noël sitzt ruhig an seinem Platz in der vorletzten Reihe, nahe beim Fenster. Er schaut auf den Sportplatz, wo gerade Weitsprung geübt wird. Einige Schüler sind unruhig, weil sie die Übungen auch sehen wollen. Die Lehrerin öffnet ihren

Schreibtisch, holt drei Plastiklineale heraus und spaziert damit durch das Klassenzimmer. An allen Schülern vorbei, bis sie vor Noël steht. Sie schlägt mit der scharfen Kante der drei Lineale auf seinen Kopf.

„Ich möchte, dass dieser Lärm aufhört", sagt sie.

„Sind Sie verrückt geworden?", platzt es aus ihm heraus.

Sie schlägt ihn noch einmal, und jetzt ist er richtig wütend.

Er zieht aus seiner Hosentasche eine Schleuder und Murmeln. Die Murmeln fliegen in Richtung Lehrerin. Sie läuft verängstigt zum Schreibtisch und verkriecht sich darunter. Noël kommt nach vorne und zielt auf ihr Auge.

„Möchten Sie ein Marmorauge?", fragt er.

Er dreht sich um und geht nach draußen. Er weiß, dass sie ihn suchen werden. Er verschanzt sich hinter einem Haufen Ziegelsteine. Er wird sich wohl verteidigen müssen.

Die Lehrerin hat inzwischen Mr. Taylor gerufen. Er soll sich darum kümmern.

„Gib mir die Schleuder", sagt Mr. Taylor.

Noël sitzt nur da, bewegt sich nicht, sagt nichts.

„Gib mir die Schleuder", wiederholt der Lehrer mehrfach und kommt immer näher.

Noël wirft mit einem Stein und den restlichen Murmeln nach ihm.

Natürlich muss er sich beim stellvertretenden Schulleiter, Mr. Potter, melden, der Noël nicht mag. Er hat Denton, der es nicht länger als zwei Wochen in der Schule aushielt, auch nicht gemocht. Mr. Potter sieht keine Alternative, als Noël für ein ganzes Jahr von der Schule zu suspendieren.

10

Es ist, als wäre die ganze Welt gegen ihn. Die Schule, die Lehrer, seine Eltern. Und nun auch die Polizei.

Er ist mit seinen Freunden Arrow und Neville mit dem Fahrrad unterwegs. Ein eigenes Rad hat er nicht, deswegen musste er sich das von Nevilles Bruder ausleihen. Sie waren bei einer Imbissbude, wo sich Noël zum Abendessen ein Steak and Kidney Pie mit Pommes Frites gekauft hat. Als sie die Straße entlangfahren, werden sie von einem Polizeiauto gestoppt. Zwei Polizisten steigen aus.

„Halt", sagen sie.

Einer greift nach Noël und hält seinen Arm fest.

„Das ist ein gestohlenes Fahrrad, was?"
„Es ist nicht gestohlen. Es gehört dem Bruder meines Freundes."
„Das sagen sie alle. Komm mit. Du kommst mit uns auf die Wache."
Die Polizisten versuchen, ihn ins Auto zu drängen, aber Noël ist wütend. Sie bringen ihn nirgendwo hin, dazu haben sie kein Recht, er hat ja kein Fahrrad geklaut. Er reißt sich los, aber der Polizist packt ihn wieder und zerrt ihn ins Auto. Sie bringen ihn auf die Wache, schlagen ihn, reißen ihm Haare aus. Sie lassen ihre Hunde auf ihn los. Die Hunde schnüffeln aber lieber an der Tüte mit dem Essen. Dann lassen die Polizisten von Noël ab und füttern die Hunde mit der Pastete.
Sie rufen Vater an. Obwohl er ebenfalls davon ausgeht, dass Noël etwas ausgefressen hat, willigt er ein, ihn gegen Kaution abzuholen. Bis jemand bezeugt, dass Noël das Fahrrad nicht gestohlen hat.

11

Seine Eltern haben kein Vertrauen zu ihm. Sie glauben alles, was andere von ihm behaupten. So wie an dem Tag, als Noël den Fußboden fegt. Carol ist ihm im Weg. Er droht ihr mit dem Besen und sie läuft zum Vater.
„Noël hat mich mit dem Besen geschlagen", schreit sie.
Carol ist Vaters Liebling und er duldet es nicht, wenn sie geärgert wird. Jetzt ist er wütend. Er packt Noël, hebt ihn hoch und schleudert ihn gegen das Fenster. Das Glas zerbricht. Der Fensterrahmen hat glücklicherweise einen festen Mittelbalken, sonst wäre Noël zwei Stockwerke tiefer auf der Straße gelandet. Vater schlägt mit Fäusten auf ihn ein. Noël reißt ein Laken vom Bett, um Schutz zu suchen. Vater verfängt sich in dem Stoff und Noël kann die Flucht ergreifen.
Er rennt zu Mr. Dale, einen Freund seines Vaters, der einige Häuser weiter wohnt.
„Helfen Sie mir, bitte. Reden Sie mit meinem Vater. Er ist ausgerastet, er will mich umbringen."
Die Polizei wird gerufen, aber als sie kommen und sich nach dem Problem erkundigen, erzählt Vater eine andere Geschichte.
„Dieser Junge hat versucht, seine Schwester zu schlagen", erklärt er.
„Und mich. Mich hat er versucht, mit einem Bettlaken zu erwürgen. Er ist ein schlechter Junge, glauben Sie mir. So ein schlechter Junge. Er kommt morgens um eins oder zwei nach Hause und klettert draußen an der Regenrinne hoch."

Noël kann nicht glauben, was er da hört. Die Regenrinne ist so alt, dass nicht einmal eine Ratte daran hochklettern könnte. Die Polizisten machen sich aber keine Mühe, die Rinne zu inspizieren. Sie glauben einfach alles, was Vater erzählt.

Nun ist Mommy auch wütend auf Noël und bestraft ihn auf ihre Weise: Sie verbietet ihm, seinen Teller und seine Tasse zu benutzen. Er muss die Eier, die er sich zum Frühstück brät, von einem Stück braunen Packpapier essen, und seinen Pulverkaffee bereitet er sich in einer leeren Flasche. Das wird so bleiben, bis Mommy sich beruhigt hat. Oder bis er etwas tut, damit sie ihm „vergibt".

„Wie hältst du es hier nur aus?", fragt Carol, obwohl sie erst sechs Jahre alt ist. „Warum gehst du nicht weg? Du kannst ja sehen", sagt sie, „dass sie dich hier nicht haben wollen."

Er fragt sich auch, ob er abhauen soll. Wie ein Gefangener fühlt er sich im Haus seiner Eltern.

„So kann ich nicht weiterleben", denkt er. „Ich muss meinen eigenen Weg finden. Ich werde es nicht länger zulassen, dass man mich misshandelt. Wenn man mich nicht gerecht behandelt, werde ich mich wehren."

12

14 Jahre ist er jetzt alt. Seine Eltern bekommen eine Sozialwohnung in der Bellefield Road. Denton und Fernando sind schon ausgerissen. Haben Schwierigkeiten mit der Polizei bekommen und wurden verhaften. Sie sagen, dass sie lieber im Gefängnis sind als bei ihren Eltern.

Noël reißt auch aus. Er wohnt auf der Straße, schläft im Park. Manchmal hofft er, dass er auch verhaftet wird. Dann hätte er nachts wenigstens ein Dach über dem Kopf.

Er ernährt sich ausschließlich von Pommes Frites. Das ist am billigsten. Wenn er morgens die Zeitungen austrägt, lässt er immer ein paar leere Milchflaschen mitgehen, um das Pfand einzulösen. Manchmal nimmt er sogar das Trinkgeld mit, das die Leute für den Milchmann bereitgelegt haben. Außerdem verdient er ein Pfund fünfzig die Woche mit seinem Zeitungsjob. Genug zum Überleben. Für Pommes und Zigaretten. Mehr braucht er nicht.

Nach zwei Monaten wird er von der Polizei nach Hause gebracht, aber er reißt wieder aus und verbringt zwei weitere Monate auf der Straße.

Da er im Park schläft und nur eine Hose und drei T-Shirts besitzt, ist es nicht einfach, sauber und gepflegt auszusehen. Er versucht es trotzdem und wäscht sich in öffentlichen Toiletten. Manchmal übernachtet er bei einem Freund. Dann kann er eine Waschschüssel benutzen und richtig schlafen. Meistens ist er müde. Unheimlich müde, weil es oft regnet und er deshalb im Freien nicht gut schlafen kann. Und weil er so früh aufstehen muss.

In der Schule schläft er andauernd ein.

„Was ist los?“, fragt Mr. Black.

Er antwortet nicht. Er möchte nicht mit ihm reden.

„Was ist los?“, fragt der Lehrer.

Schließlich erzählt Noël die ganze Geschichte.

„Ich musste von zu Hause weg“, sagt er. „Ich übernachte im Park, aber ich kann dort nicht gut schlafen.“

Mr. Black weiß, wie es um seine Familie steht. Er weiß von den Misshandlungen durch die Eltern.

„Es gibt ein Heim“, sagt er. „wo obdachlose Jugendliche unterkommen können. Willst du dorthin gehen?“

„Ja.“

„Nun, dann werden wir uns darum kümmern.“

So wird das Jugendheim für einige Zeit sein Zuhause.

13

„Alle Schüler bleiben nach dem Klingeln hier“, sagt die Lehrerin, denn die Schüler haben sich während des Unterrichts schlecht benommen und sie will sie bestrafen.

Noël macht sich Sorgen um seine rote Jacke, die unten im Korridor hängt. Von seinem Zeitungsgeld hat er sich zwei Jacken gekauft. Eine rote und eine grüne. Die grüne Jacke wurde ihm gestohlen, weil er nach Schulschluss länger im Klassenzimmer bleiben musste. Er will verhindern, dass auch die andere Jacke geklaut wird, und versucht, der Lehrerin die Sachlage zu erklären. Sie lässt sich nicht beeindrucken.

„Du musst bleiben“, sagt sie.

„Wenn meine Jacke weg ist, werden Sie dafür zahlen müssen“, sagt er zu der Lehrerin.

Als er endlich unten ankommt, ist die Jacke weg. Vor Wut möchte er am liebsten schreien. Ungerecht ist das alles. Auf dem Flur sieht er eine Putzfrau, die Mutter eines Freundes. Er läuft auf sie zu, reißt ihr den Mopp aus der Hand und zerbricht den Stiel. Er geht ins Klassenzimmer zurück.

„Meine Jacke ist weg“, sagt er zu der Lehrerin. „Jetzt will ich mein Geld.“ Er hält ihr den zerbrochenen Besenstiel an den Hals und marschiert mit ihr nach unten.

Dort steht Mr. Potter.

„Gib mir den Stock“, sagt er, und nimmt Noël den Stiel aus der Hand. „Wir wollen dieses Problem lösen“, sagt er. „Wir gehen jetzt in mein Büro und sprechen darüber.“

Sie gehen in das Büro.

„Nimm deine verdammten Hände aus den Hosentaschen“, befiehlt Mr. Potter.

„Es ist meine Hose“, sagt Noël. „Ich habe sie mit meinem Geld gekauft, und wenn ich meine Hände in die Taschen stecken will, dann mache ich das.“

Mr. Potter schlägt auf ihn ein. Noël geht zu Boden. Das bringt ihn zur Weißglut. Mr. Potter zerrt an ihm herum. Noël tritt ihn, so heftig er kann. Dann läuft er davon, voller Angst.

Draußen wirft er mit Ziegelsteinen Fenster ein; am Ende hat er 23 Scheiben und eine Windschutzscheibe zerstört. Er läuft zum Bahndamm hinter der Schule und versteckt sich im Gebüsch.

Zu Hause wartet schon Mr. Black auf ihn.

„Ich kann nichts mehr für dich tun, Noël“, sagt er.

Noël zuckt mit den Achseln. Er ist müde. Er möchte Gerechtigkeit, aber es geht irgendwie immer schief.

Dieses Mal wird er endgültig von der Schule verwiesen.

14

Weil er noch nicht 16 Jahre alt und damit weiterhin schulpflichtig ist, müssen sich die Behörden um ihn kümmern.

Sie schicken ihn zum Oak Dale Centre in Selly Oaks. Eine Einrichtung für schwer erziehbare Jugendliche. Insgesamt sind dort acht oder neun Schüler.

„Was soll ich machen?“, fragt er am ersten Tag.

„Sieh einfach zu, dass du dich irgendwie beschäftigst“, sagen die Aufseher.

„Es interessiert niemanden“, sagen ihm die anderen Jugendlichen. „Wir tun einfach, was wir wollen.“

Noël versteht, dass er nun freien Lauf hat, und will das Beste daraus machen.

„Ich weiß, was ich tun will“, sagt er sich. „Ich möchte hart arbeiten und den Leuten zeigen, dass ich Verantwortung übernehmen kann.“

Er sieht sich auf dem Gelände um und entdeckt einen Schuppen, in dem Werkzeug, Eimer, Farbdosen und Holz herumliegen.

„Wie wäre es damit?“, fragt er sich. „Ich schätze, ich könnte daraus etwas basteln.“

Er sortiert die Holzstücke, dreht sie um, mustert sie.

„Ein Tisch“, überlegt er. „Ich baue einen kleinen Tisch.“

Er denkt über die Form nach und beginnt mit der Arbeit – sägen, abschleifen, zusammenschrauben. Nachdem er fertig ist, tritt er einen Schritt zurück, um sein Werk zu begutachten.

„Nicht schlecht“, denkt er. „Was mache ich nun?“

Erst einmal anstreichen. Er schaut sich die Farbdosen an. Schwarz, weiß, rot.

„Gut. Ich male ein Spielbrett darauf, zum Dame spielen.“ Er benutzt Lineal und Bleistift, um Quadrate zu markieren, und malt sie dann schwarz und weiß aus. Dann wird der Tisch lackiert. Unter der Tischplatte bringt er noch ein Fach für die Spielsteine an.

Er zeigt den Tisch den anderen.

„Klasse“, sagen sie. „Spielen wir doch Dame!“

„Das ist clever“, meint ein Lehrer. „Arbeitest du gern als Tischler?“

„Ja.“

Der Lehrer nimmt ihn mit nach Hause und zeigt ihm seine verrotteten Fensterrahmen.

„Meinst du, du könntest die in Ordnung bringen?“

„Ja“, sagt Noël, und der Lehrer lässt ihn allein. Werkzeug hat er ihm nicht gegeben.

„Ist das ein Test?“, fragt sich Noël. „Um zu sehen, wie ich damit fertig werde?“

Er schaut sich um, findet etwas Glas, Steine und anderes Material, aus dem er sich primitive Werkzeuge bastelt. Es ist fast wie in Jamaika, wo man mit den Dingen auskommen muss, die man hat.

Der Lehrer ist mit der Arbeit zufrieden und erzählt seinen Kollegen im Centre davon. Daraufhin lassen sie Noël kleine Arbeiten für ältere oder behinderte Menschen erledigen. Er baut Rampen, repariert Fensterrahmen, macht sich nützlich. Auf diese Weise kommt er auf eine Baustelle in Small

Heath, ein Stadtteil, in dem viel gebaut wird.

„Kann ich helfen?", fragt Noël, und nun verbringt er so viel Zeit wie möglich auf der Baustelle. Nachmittags, an Wochenenden, wann immer es sich einrichten lässt. Und wenn er nicht genug Geld für den Bus hat, geht er die Strecke zu Fuß. Eineinhalb Stunden hin, eineinhalb Stunden zurück. Von morgens um acht bis abends um acht. Ohne Mittagessen.

Manchmal bieten ihm die Bauarbeiter Sandwichs an, aber er lehnt immer dankend ab. Seine Mutter hat ihm beigebracht, dass man sich schämen muss, wenn man von anderen Leuten etwas annimmt. Als hätte er nicht genug Geld, um sich selber Sandwichs zu kaufen. Einen Lohn für seine Arbeit lehnt er auch ab.

Er will nur arbeiten. Und er will, dass die Leute wissen, dass er arbeitet. Er trägt sein Werkzeug in einem Rucksack, den er unten mit Zeitungen ausgestopft hat. Damit das Arbeitsgerät oben herausguckt. Abends, wenn er mit dem Bus nach Hause fährt, sollen die Leute denken: „Das ist ein Mann, der arbeitet." Das ist ihm Bezahlung genug.

In seiner Freizeit zeichnet er. In der Stanmore School hatte er „Technisches Zeichnen" und er findet es spannend, mit Zirkel und Lineal kreative Entwürfe zu skizzieren.

„Die sind sehr gelungen", findet einer der Lehrer, der sich die Zeichnungen ansieht.

Der Lehrer ruft Mr. Black an.

„Warum in Gottes Namen ist dieser Junge von Ihrer Schule geflogen?", will er wissen. „Er ist ja ein Musterschüler." Er erzählt Mr. Black von den technischen Zeichnungen.

Mr. Black möchte sie sehen. „Darf meine Tochter kommen und sich die Zeichnungen ansehen?", fragt er.

Die Tochter unterrichtet am Bornville College. Sie ist von den Zeichnungen so beeindruckt, dass sie sie an ihrem College ausstellen möchte. Das kann Noël überhaupt nicht begreifen. Er ist ja von der Schule geflogen. Wieso sollten sich Studenten an einem College für seine Arbeiten interessieren? Unmöglich. Er will gar nicht daran denken. In der Vergangenheit hat er so viele Tiefschläge einstecken müssen. Weitere will er nicht riskieren.

„Tun Sie damit, was Sie wollen", sagt er zu Mr. Blacks Tochter.

Hüte dich vor den Weißen

1

Wenn Noël die Straße entlanggeht, fällt ihm manchmal auf, dass die Weißen ihm aus dem Weg gehen. Wenn er im Bus neben einem leeren Platz sitzt, bleibt dieser häufig frei. Leute, die darauf zusteuern, wenden sie wieder ab, sobald sie ihn bemerken. Als ob sie Angst hätten, neben einem Schwarzen zu sitzen. Wieso eigentlich? Er muss darüber nachdenken, warum sich die Weißen so verhalten. Er versucht, sie zu verstehen, aber es ist nicht einfach. Und umgekehrt hat er das Gefühl, dass die Weißen die Schwarzen genauso wenig verstehen. Er hat schon einmal Weiße miteinander flüstern hören, dass die Schwarzen faul und dreckig seien. „Sie stinken", sagten sie.

Schwarze Leute sind dreckig? Das kann er überhaupt nicht verstehen. Warum werden dann so viele Jamaikaner ins Land geholt, um die Krankenhäuser zu reinigen? Sie müssten doch wissen, dass Jamaikaner gut putzen können und demnach sehr sauber sind. Versklavte Schwarze haben für die Weißen den Haushalt geführt. Er muss daran denken, wie sie in Jamaika dafür sorgen mussten, dass Töpfe und Pfannen blitzblank waren, dass die Böden gefegt und poliert wurden. Ihre Kleidung war immer sauber und frisch gebügelt. Die Hosen hatten eine ordentliche Bügelfalte. Und nun schau dir die Engländer an. Die Lehrer in der Schule wechseln zwar den Kragen und die Manschetten, aber nicht das Hemd. Er weiß genau, dass sich viele Leute nur einmal pro Woche waschen. Und er hat mit eigenen Augen gesehen, wie weiße Männer in Kanälen schwammen, in denen tote Hunde trieben. Das ist ekelhaft. Und die fetten, verschwitzten, nach Alkohol stinkenden Männer, wenn sie aus der Kneipe kommen. Diese Leute wollen also behaupten, dass Schwarze dreckig sind? Wie kommen sie darauf? Und noch etwas: Er hat gesehen, dass die Engländer Kleidung in Second-Hand-Läden kaufen. Kein Jamaikaner würde das tun. Ein Jamaikaner würde lieber nackt herumlaufen als getragene Kleidung anziehen.

Nein, das ergibt keinen Sinn.

2

„Hüte dich vor den Weißen." Das hat ihm sein Vater früher gesagt. „Das Töten liegt ihnen im Blut. Glaub es mir. Ich habe es mein Leben lang beobachtet."

Abends, wenn er ins Jugendheim geht, muss er an die Worte seines Vaters denken. Und es macht ihm Angst.

Mr. Bailey hat es auch gesagt. „Die Weißen bringen dir nur Ärger ein.“

Und es gibt tatsächlich Ärger. Einmal überfällt eine Horde von weißen Männern das Café, in dem Noël gerade mit anderen Schwarzen sitzt. Sie fangen an, den Laden aufzumischen. Auch Noël wird angegriffen. Wenn man Angst hat, reagiert man instinktiv. Er duckt sich, greift nach einem abgebrochenen Flaschenhals und verletzt einen Angreifer am Knie. Dann läuft er in das nächste schwarze Café, um Verstärkung zu holen.

Auf dem Heimweg ist er immer auf der Hut. In diesem Stadtteil wohnen vor allem Weiße. Natürlich ist ihm klar, dass die meisten Weißen ganz normale Menschen sind, vor denen er keine Angst zu haben braucht. Aber vor weißen Männern mit Hosenträgern muss man sich in Acht nehmen. Das sind Rechtsradikale, die Schwarze hassen. Außerdem gibt es noch die Teddy Boys. Sie kleiden sich wie Elvis Presley – schwarze lange Mäntel, blaue Wildlederschuhe, geölte Haare. Sie hassen jeden, der nicht weiß ist. Dann gibt es noch die Rocker, die Hell's Angels. Und natürlich die Leute von der National Front, die oft demonstrieren und fordern, dass schwarze Einwanderer nicht länger in das Land gelassen werden.

„Wenn Sie einen Neger als Nachbar wollen, wählen Sie die Labour Party.“ Das hat er auf einem Transparent gelesen.

Vor solchen Typen muss sich Noël in Acht nehmen. Jede Begegnung so weit wie möglich vermeiden. Das Leben auf der Straße hat ihn gelehrt, wachsam zu sein. Sobald er weiße Männer auf sich zukommen sieht, versucht er, die Situation einzuschätzen. Wird er mit diesen Typen fertig? Wenn er sich unsicher ist, geht er auf die andere Staßenseite. Wenn die Weißen ebenfalls die Seite wechseln, weiß er, dass er ein Problem hat.

Samstagabend. Er geht nach Hause und isst eine Portion Pommes, die er sich in einem Imbiss geholt hat. Plötzlich kommen ihm drei weiße Männer entgegen. Er weicht nach links aus. Sie folgen ihm. Noël weicht nach rechts aus. Sie lassen ihn nicht durch. Schließlich versucht er, sich zwischen ihnen hindurchzuzwängen, aber sie rempeln ihn an und schlagen ihm die Pommes aus der Hand. Dann prügeln sie auf ihn ein. Er wehrt sich so gut es geht, bis er endlich entkommen kann.

Dieser Vorfall macht ihn so wütend, dass er sich vornimmt, zukünftig auf Angriffe besser vorbereitet zu sein. Er wird es den Leuten zeigen, mit wem sie es zu tun haben. Vor kurzem hat er mit Kung-Fu angefangen, um Verteidigungstechniken zu lernen. Er holt seine Kampfstöcke und geht zum Imbiss zurück. Die Stöcke fliegen und die Männer suchen das Weite. Noël kauft sich keine Portion Pommes mehr, weil er weiß, dass die Polizei bald eintreffen wird.

Nach dieser Auseinandersetzung lauern diese Typen Noël ständig auf. Er muss immer auf der Hut sein. Und sie sind nicht nur hinter ihm her. Sie haben sich nach seinen Freunden erkundigt und jagen diese jetzt auch. Auf der Hut sein, sich immer verteidigen. Das macht sein Leben aus. Bis er eines Tages aus dem Jugendheim auszieht und sie endlich los ist.

3

Die Weißen und die Polizei. Auch vor der Polizei muss man auf der Hut sein, denn sie sind immer auf der Seite der Weißen. Das wird ihm schnell klar.

Er geht mit Pledge und einem weiteren Freund namens Fred einkaufen. Sie wollen sich nach T-Shirts aus Netzstoff umsehen, die gerade groß in Mode sind.

„Wir könnten bei Lewis schauen", sagt Fred.

Zu dritt gehen sie zu dem Geschäft und Noël kauft sich ein T-Shirt. Dann kauft er sich noch ein Paar Schuhe.

„Lasst uns auch zu Oasis gehen", schlägt Pledge vor. „Die T-Shirts sollen da billiger sein."

Sie gehen ins Kaufhaus und sehen sich nach T-Shirts um.

Etwas entfernt von ihnen kommt es zu einem Durcheinander, aber Noël achtet nicht darauf. Plötzlich packt ihn jemand am Arm. Mehrere Polizisten haben sie umzingelt.

„Schnapp dir den anderen Rasta", hört er einen Polizisten sagen. Fred wird auch festgenommen. Noël trägt schon seit einiger Zeit Dreadlocks und Fred hat eine rot-grün-gelbe Mütze auf dem Kopf. Deshalb halten die Beamten sie für Rastafaris.

Weil Pledge nicht wie ein Rastafari aussieht, lassen die Polizisten ihn gehen. Stattdessen wenden sie sich wieder Noël zu. Sie schlagen ihn auf die Ohren und in den Bauch.

„Wir bringen dich auf die Wache. Wegen Ladendiebstahls."

„Hier sind meine Quittungen." Er zieht die Belege aus seiner Einkaufstüte. „Ich habe alles mit meinem Geld bezahlt."

Einer der Polizisten nimmt die Quittungen und steckt sie in seine Hosentasche.

„Komm mit“, sagen sie. Später, auf der Wache, sind die Quittungen verschwunden.

„Dieser Junge ist beim Ladendiebstahl erwischt worden“, berichtet ein Polizist. Bevor Noël weiß, wie ihm geschieht, sitzt er auf einem Stuhl. Ein Polizist steht hinter ihm und schlägt gegen seine Ohren, als ob er sein Trommelfell zertrümmern wollte.

Fred wird auf freien Fuß gesetzt, weil er unter der Mütze keine Dreadlocks trägt. Für Noël rufen sie einen Anwalt. Er heißt John Morgan und kümmert sich um Schwarze, die Schwierigkeiten mit der Polizei haben.

„Es wird am besten sein, wenn du dich schuldig bekennst und eine Geldbuße zahlst“, sagt ihm John Morgan. Der Anwalt hat sein Büro neben dem Gerichtsgebäude und es kommt Noël so vor, als ob dieser Mann mehr daran interessiert wäre, schnelles Geld zu verdienen als sich für seine Klienten einzusetzen.

„Ich habe aber nichts gemacht.“

Er muss vor Gericht, aber der Termin wird immer wieder verschoben. Jeden Monat muss er sich auf der Polizeiwache melden. Nach acht Monaten erklärt ihm John Morgan erneut, dass er bessere Chancen hätte, wenn er sich schuldig bekennen würde.

„Ich bekenne mich schuldig“, sagt er schließlich zum Richter. „Aber ich habe keinen Diebstahl begangen“, sagt er zu sich selbst.

„Du wirst zu einer Geldstrafe von 75 Pfund verurteilt“, sagt der Richter.

Wellenschläge

1

Es ist wie bei den Wellen, denkt er. Wenn man einen Stein in einen See wirft, bilden sich konzentrische Kreise, die sich immer weiter ausbreiten, über die ganze Oberfläche des Gewässers. Ein Ereignis kann etwas auslösen, das noch nach Generationen das Leben von Menschen beeinflusst.

Ein Sklavenhändler erklärt einem Farmer, wie er seine Sklaven am besten in Schach halten kann. Und setzt damit eine Wellenbewegung in Gang: „Ernenne einen Sklaven zum Aufseher, der eine hellere Hautfarbe hat als die anderen. Und dann sag ihm, dass er den anderen überlegen ist. So wird Zwietracht unter den Sklaven gesät. Die Sklaven werden gegeneinander kämpfen, und nicht gegen ihren Herrn."

Sklaverei, Kolonialismus, Vorherrschaft der weißen Rasse. Gettos. Schwarze, die sich gegenseitig bekämpfen und umbringen. Unfähig, aus den alten Verhaltensmustern auszubrechen. Unfähig, die Wellenbewegung zu brechen. Das Vermächtnis der Sklaverei.

2

Viele Immigranten sind in den sechziger und siebziger Jahren in das Land gekommen, viele Jamaikaner, viele Schwarze. Ihre Familien haben sich in der Nähe ihrer Arbeitsstätten niedergelassen. Die Einwanderer verdienten nicht genug Geld, um sich ein Haus in einer besseren Gegend leisten zu können. Wie Sam und Imogene blieben sie in Stadtteilen, die immer mehr verkamen.

Die Kinder wollten nicht wie ihre Eltern in den Fabriken arbeiten. Sie sahen das Lebensniveau der Engländer, sie wollten auch Häuser und Autos haben. Aber wie sollten sie das erreichen, wenn sie nur zwischen Fabrikarbeit und Knast wählen konnten? Wenn du weder Leistungssportler noch preisgekrönter Boxer bist, welche Chancen bleiben dir dann noch? Wie willst du einen anständigen Job bekommen, damit du Geld verdienen und den gesellschaftlichen Aufstieg schaffen kannst?

Noël sieht sich von Schwarzen umgeben, die nicht wissen, wie sie ohne Ausbildung weiterkommen sollen. Sie werden als Betrüger, Diebe, Glücksspieler und Drogenverkäufer angesehen. Sie streiten miteinander über kleinliche Eifersüchteleien, über Reviere. *Komm nicht in diesen Spielsalon. Das ist unser Revier. Wir kennen dich nicht und wir wollen dich hier nicht haben.* Sie bekämpfen sich gegenseitig, sie nehmen Drogen, sie bringen Polizeispitzel um. Es ist eine Welt, in der jeder nur an sich denkt, in der man nur vorankommen kann, wenn man stärker ist als die anderen. Wenn dich jemand bedroht, musst du ihn bekämpfen. Du musst um alles kämpfen. Du musst stark sein, um überleben zu können.

Und ganz gleich, wie fleißig ein Schwarzer sein mag – für die Polizei und die meisten Weißen sind alle Schwarzen gleich. Jeder schwarze Mann ist verdächtig. Wenn ein Schwarzer Geld hat, dann geht die Polizei davon aus, dass er Zuhälter oder Drogenhändler ist. Die Schwarzen tragen ein Brandmal mit sich herum. Es scheint keinen Ausweg zu geben. Was bleibt, sind Frustration und Wut.

3

Manchmal kommt er sich vor wie ein leeres Gefäß, das auf dem Ozean treibt. Keine Orientierung, niemand, der ihm sagen könnte, wohin er gehen, was er tun soll. Ganz gleich, wie sehr er sich bemüht, er kommt einfach nicht weiter. Er fragt sich, wie er es schaffen soll, aus seinem Leben etwas zu machen.

Seine Freunde Pledge, Leroy und Kenley können ihm auch nicht helfen, weil sie sich in derselben Situation befinden. Die Jugendlichen treffen sich im Park, reden miteinander, versuchen, die Welt zu verstehen. Manche fühlen sich zu den Rastafaris hingezogen, weil ihnen deren Lehre einleuchtet. Auch Noël hat sich die Rastalocken weiter wachsen lassen. Raucht Gras, um sich zu entspannen.

„Each one teach one“, sagen die Rastafaris. Jeder unterrichte seinen Nächsten. Als Bob Marley nach England kommt, erreicht er nicht nur einen, sondern viele. Auch Noël geht zu seinem Konzert, und danach hört er häufig Bob Marley. Er besorgt sich alle Kassetten, hört sich die Texte an. Das, was der Reggae-Musiker lehrt, ist stark. Das finden sie alle. Seine Worte geben ihnen die Orientierung, nach der sie so lange gesucht haben.

In dieser Zeit wird viel über „Black History“ gesprochen, über die Geschichte der Schwarzen. Noël und seinen Freunden wird bewußt, dass sie nicht nur die Kinder von Einwanderern sind, sondern aus Jamaika stammen, aus einem geschichtsträchtigen Land. Es wird ihnen klar, dass die Schwarzen eine eigene Geschichte haben. Eine Geschichte, die sich anders anhört als jene, die sie in den englischen Schulbüchern gelesen haben.

Sie hören von den Verbrechen, die Christoph Kolumbus in der Karibik begangen hat. Sie erfahren, wie die Engländer fremde Länder im Namen ihrer Königinnen und Könige eroberten und ausbeuteten. Von den Millionen Afrikanern, die verschleppt und 400 Jahre lang in der Sklaverei gehalten wurden. Von den jamaikanischen Maroons, die gegen die Sklavenhalter aufstanden und eine unabhängige Gemeinde errichteten. Von den tapferen Jamaikanern, die für die Freiheit und Gleichheit der schwarzen Rasse gekämpft haben. Von Paul Bogle, der einen Sklavenaufstand anführte. Und von dem Freiheitskämpfer William George Garden, der über die Klippen geworfen wurde. Das geschah, wie Noël verblüfft feststellt, nur 500 Meter entfernt von Onkel Hiltons Haus. Sie hören von Marcus Mosiah Garvey, von Haile Selassi, von Äthiopien, von der Rückkehr der Schwarzen nach Afrika.

Eines Tages bringt ein Freund eine Bibel mit. Alle staunen, als sie die Bilder betrachten. Sie haben stets gelernt, dass Jesus und Maria weiß sind. Aber in dieser Bibel sieht man einen schwarzen Jesus und eine schwarze Maria. Sie sehen darin einen Beweis, dass die Zivilisation ihre Anfänge in Äthiopien hatte. Dass die Zivilisation mit dem schwarzen Mann begonnen hat.

Noël hört von vielen Schwarzen, die Großes geleistet, aber dafür keine Anerkennung bekommen haben. Zum Beispiel von den Erfindern von Verkehrsampeln, Maschinen für Schuhfabriken, Kupplungen für Eisenbahnen. Weil diese Männer die englischen Namen ihrer früheren Sklavenhalter trugen, hat man sie den Weißen zugerechnet.

Aber, fragen sich die Jugendlichen, wenn all dies so ist – warum glauben die Weißen, dass sie uns Schwarzen überlegen sind? Warum werden unsere Leistungen nicht anerkannt? Warum werden wir nicht nach unseren Fähigkeiten, sondern nur nach unserer Hautfarbe beurteilt?

Die Großväter von Noël, Pledge und Leroy haben im Krieg für England gekämpft, sie haben ihr Leben für das Mutterland geopfert. Wo bleibt der Respekt, der ihnen gebührt? Warum werden sie schlechter behandelt als andere Menschen?

Langsam verstehen sie es. Ihr Leben lang wurden die Jamaikaner in dem Glauben erzogen, dass England ein fürsorgliches Land sei. Aber jetzt wird ihnen klar, dass sie für „Mother England“ bedeutungslos sind.

4

Haben seine Eltern überhaupt gemerkt, fragt sich Noël, dass sie den Engländern gleichgültig waren? Vielleicht wäre es besser gewesen, nie hierher gekommen zu sein.

Wie die meisten Einwanderer aus Jamaika, die gekommen waren, um das Mutterland wieder aufzubauen, waren Sam und Imogene einfache, autoritätsgläubige Leute, die die englische Königin und das von ihr repräsentierte politische System nicht in Frage stellten. Sie lebten in dem Glauben, dass „Mutter England" ihre jamaikanischen Kinder versorgen würde. Sie glaubten, dass sie gute Arbeitsplätze bekommen würden und eine Chance auf ein besseres Leben. Aber als sie in England eintrafen, kamen sie sich wie Strohhalme vor, die vom Wind durcheinandergewirbelt wurden. Und dann landeten sie in den englischen Städten, in den Fabriken und Arbeitersiedlungen. Es wurde ein Leben voller Sorgen. Sollten sie wieder nach Hause gehen? Sollten sie hierbleiben?

Eigentlich gab es gar kein richtiges Leben für seine Eltern in England. Arbeiten, essen, trinken, um Geld spielen, Freunde besuchen, schlafen. Das war's. Es gab keine Integration in die englische Gesellschaft, keine Versuche, das Land jenseits von Fabrik und Wohnung zu erkunden. Sie aßen nie etwas, was von Fremden zubereitet worden war. Vielleicht waren sie ängstlich und haben es nicht gewagt, vielleicht hatten sie nicht genügend Energie. Vielleicht hatten sie einfach kein Interesse. Wie auch immer. Sie kamen aus ihrer begrenzten Umgebung nicht heraus.

Demütig und unterwürfig – sie waren damit zufrieden, für die Weißen in den Fabriken zu arbeiten. Sie akzeptierten die Situation, die sie vorfanden. Wenn ein Weißer sich über Noël und seine Geschwister beschwerte, dann akzeptierte Sam dies. Wenn ihn Polizisten verhört hätten, dann hätte er seine Kinder des Diebstahls bezichtigt, auch wenn es gar nicht stimmte. Die Weißen mögen in Sams Augen schlecht sein, aber Recht haben sie trotzdem. Er glaubte, dass ein weißer Polizist nie etwas falsch machen würde.

Immer den Autoritäten zustimmen. Es war fast, als ob seine Eltern gegen ihre Kinder kämpften und nicht gegen das System. Das wird wohl einfacher gewesen sein.

Noël versucht, seine Eltern zu verstehen. Wie sind sie so geworden?

Die Wellenschläge. Sklaverei und Hautfarbe. Verrückt. Manchmal kann es so verwirrend sein. Dass die Hautfarbe solch einen Unterschied hervorrufen kann. Sklaverei und Hautfarbe. Sie haben viel damit zu tun, wie sein Leben geformt wurde.

Sein Vater zum Beispiel. Samuel Martin. Eigentlich ist er ein Relikt aus den Tagen der Sklaverei.

1923 in Jamaika geboren. Der Großvater von Sam wurde wahrscheinlich als Sklave geboren, sein Vater möglicherweise auch.

Ihr Familienname Martin ist der Namen ihres Sklavenhalters. Alle Sklaven, die ihm gehörten, mussten diesen Namen tragen.

Oder seine Mutter. Sie stammt zwar nicht aus einer Sklavenfamilie, wurde aber in die Denkstrukturen des indischen Kastensystems hineingeboren. Von Mr. Mandeen hat sie ihre helle Hautfarbe geerbt. Und ihre Familie fühlt sich deshalb gegenüber den Nachfahren der Sklaven – wie beispielsweise den Martins – erhaben.

Es gefiel ihrer Familie nicht, dass Imogene den dunkelhäutigen Samuel Martin zum Mann wählte. Vorgesehen war, dass sie in das Haus in der Upper Fargot Street in Bombay geht, um dort einen hellhäutigen Inder ihrer Klasse zu heiraten. Weil sie dies nicht tat, wurde Imogene von ihrer Familie ausgeschlossen und musste für sie kochen und putzen. Auch eine Form von Sklavenhaltermentalität.

Trotz dieser Erfahrung scheint Imogene das Gefühl, einer besseren Klasse anzugehören, nie ganz verloren zu haben. Wegen ihrer helleren Haut hat sie sich gegenüber ihrem Mann immer überlegen gefühlt. Trotzdem scheint sie Sam zu lieben. Noël ähnelt seinem Vater sehr, sagen die Leute daheim. Vielleicht ist das der Grund, warum sie ihn manchmal bevorzugt hat. Und als Sam seinen Sohn nach langer Zeit wieder sah, war er sicher auch der Meinung, dass er ihm ähnlich sah. Deshalb hat er ihn ebenfalls bevorzugt. Ziemlich verwirrend, das Ganze.

Sklaven lernen, was ihnen der Sklavenhalter zeigt. Sklaven sind da, um für ihren Herrn zu arbeiten. Das Auspeitschen ist die einzige Strafe, die sie verstehen. Sklaven sind wie Tiere – es gibt keinen Grund, sie menschlich zu behandeln und ihre Würde zu respektieren. Versklavte Familien werden auseinandergerissen und ihre Kinder verkauft, um einen größeren Profit zu machen.

Aus diesem Grund, überlegt Noël, hat sich unter den Sklaven keine Familienliebe entwickeln können. Aus diesem Grund behandeln sie ihre Kinder so, wie sie von ihren Herren behandelt wurden. Arbeite für mich, sei mein Handlanger, halt den Mund. *Man soll Kinder sehen, aber sie nicht hören.* Dass sie ihre Kinder geschlagen haben, muss für Sam und Imogene völlig normal gewesen sein. Wieder ein Vermächtnis der Sklaverei. Oder vielleicht haben sie es einfach nicht besser gewusst, weil sie es von ihren Eltern auch so gelernt haben.

Eins steht fest: Sam hat seinen Söhnen keine Liebe geschenkt. Er hat ihnen überhaupt nicht viel gegeben. Um genau zu sein: zwei Schillinge und sechs Pence, als Noël in England ankam. Außerdem einen Anzug und später ein Paar Manschettenknöpfe.

Und Imogene. Wusste sie überhaupt, was Liebe ist? Vielleicht liebte sie ihre Kinder auf ihre Art, aber das ließ sich schlecht feststellen. Verwirrend war das. Und dann die Art und Weise, wie sie die Brüder gegeneinander ausspielte. In einem Augenblick war Noël der Liebling, im nächsten Denton. Einen Moment lang küsste sie die Jungs, dann schlug sie wieder zu. Die Liebe nimmt manchmal seltsame Formen an. Wenn man das überhaupt als Liebe bezeichnen kann.

Möglicherweise waren seine Eltern schlichtweg zu alt, um Kinder zu erziehen.

Imogene war bereits 38, als sie ihr erstes Kind bekam, und fast 40, als Noël geboren wurde. Dann verließ sie ihre Kinder und ging nach England. Als sie zurückkam, hatte sie keine Ahnung, wie man mit ihnen umgeht. In England hatte sie den Begriff „Mommy“ gehört, aber sie wusste nicht wirklich, was es bedeutet, eine Mommy zu sein. Möglicherweise, überlegt sich Noël, hatte es mit den Wechseljahren zu tun. Damals hatten Frauen aus schwarzen Familien niemanden, der sie darüber aufklären konnte. Also wusste Imogene möglicherweise gar nicht, was mit ihr geschah. Das wäre eine Erklärung für die Wutausbrüche und die emotionalen Achterbahnfahrten, die sich auf die Kinder übertrugen.

Vater hatte lange Zeit allein in England gelebt. Er kannte seine Söhne kaum. Noël war zehn Jahre alt, als er nach Birmingham kam. Was wusste Sam von ihm und seinen Geschwistern? Nicht viel. Er hatte keine Ahnung, wie er mit ihnen umgehen sollte. Möglicherweise hat sich Sam bemüht, seinen Kindern etwas beizubringen. Er sprach aber immer in Rätseln. Noël konnte ihn nie verstehen. „Wer nicht hören will, muss fühlen“, sagte Sam immer, anstatt klar und deutlich zu erklären, was die Kinder tun sollten.

Dabei war Sam kein schlechter Mann. Er hatte seine Prinzipien, und er war absolut ehrlich. Als Denton eines Tages eine Münze auf der Straße fand, schleppte ihn Sam zur Polizeiwache. Geld, so glaubte er, muss immer an seinen rechtmäßigen Besitzer zurückgeben werden, auch wenn es sich nur um ein Pfund handelt.

Was auch immer die Gründe gewesen sein mögen, es gab zwischen Eltern und Kindern keine emotionale Bindung. Die Eltern ließen sich nicht auf ihre Kinder ein. Und sie bereiteten sie nicht auf ihr späteres Leben vor.

Alles, was es gab, war Angst.

Vater, dieser Mann, vor dem er so eine Riesenangst hatte. Dieser Mann, der ihm so groß wie ein Ochse vorkam, der seinen Kindern so viel Furcht einflößte. Heute hat Noël keine Angst mehr vor ihm. Aus dem großen, starken Mann ist ein gebrechlicher, alter Mann geworden, der immer seniler wird und im Pflegeheim wohnt. Wenn Noël ihn besucht, erkennt Sam ihn kaum noch.

Und seine Mutter. Ein Foto, das sie mit Denton, Elaine und Noël in Kingston zeigt, steht da oben auf dem Kaminsims. Selbst als Noël erwachsen war, änderte sich ihr Verhalten ihm gegenüber nicht. Heute ist er ihr Liebling, morgen ein schlechter Kerl. Dabei schenkt er ihr häufig Geld und Jacqui bemüht sich um ein freundschaftliches Verhältnis zu ihr. Sie besucht Imogene, erledigt für sie die Einkäufe, hilft ihr, wenn sie krank ist.

Als Noël im Rollstuhl sitzt, kommt seine Mutter ihn nicht besuchen. Selbst als Jacqui im Sterben liegt, kommt sie nicht. Sie ruft nicht einmal an, zeigt kein Mitleid mit ihm, kein Mitlied mit Jacqui.

Letztendlich war es diese Lieblosigkeit gegenüber Jacqui, die Noël seiner Mutter nicht vergeben kann. Als Imogene stirbt, geht er nicht zu ihrer Beerdigung.

Sich durchschlagen

1

Als er 16 wird, muss Noël das Oak Dale Centre verlassen. Er muss seinen eigenen Weg finden.

„Was mache ich jetzt?", fragt er sich. „Wie komme ich weiter?"

Keiner hat ihm gesagt, wie er auf Arbeitssuche gehen soll. Niemand hat ihm einen Tipp geben, wie er seinen Platz in der Welt finden kann.

Am letzten Tag im Centre ruft ihn ein Lehrer ins Büro.

„Es gibt eine offene Stelle, in einer Fabrik. Bei Dunlop. Ich bringe dich dahin."

„Ich möchte nicht in einer Fabrik arbeiten."

„Du solltest den Job annehmen. Hauptsache Arbeit. Es ist besser zu arbeiten als ohne Job zu sein, wie die meisten von euch."

Also verlässt Noël die Schule an einem Freitag und beginnt am Montag zu arbeiten. In der Meridan Street im Stadtteil Digbeth. Ein kleiner Familienbetrieb, der für Dunlop Autoreifen herstellt.

Noël schämt sich, als er die Fabrik betritt. Er meint, dass er mehr leisten kann. In einer Fabrik zu arbeiten ist nicht das, was er sich vom Leben verspricht.

Noël ist der Jüngste und er gehört nicht zur Familie. Dementsprechend wird er behandelt. Er wird zum Sandwich holen geschickt und muss Tee kochen. So hat er sich die Arbeit nicht vorgestellt.

Er muss hier weg, denkt er sich. Aber wie stellt er das an? Einen Traum muss man haben, entscheidet er, und dann überlegt er, wie sein Traum aussehen soll. Pferde. Er möchte ein Rennpferd besitzen und es reiten. Jedes Jahr will er das Rennen in Derby gewinnen. Und wo er schon dabei ist zu träumen: Warum nicht lernen, wie man ein Flugzeug fliegt? Eine Luftfahrtgesellschaft in Jamaika aufbauen? Aber wie soll er das erreichen? Zunächst muss er Arbeit haben, überlegt er. Geld verdienen. Und wenn er genug Geld hat, kauft er ein Grundstück mit Haus, das er vermietet. Und so geht es weiter mit Arbeit, Grundstückskäufen und Vermietungen, bis er genug Geld für das Rennpferd hat.

Nach etwa einem Jahr in der Fabrik erklärt er, dass er diese einfachen Arbeiten nicht mehr verrichten möchte. „Das ist wie in der Sklaverei", sagt er. Er möchte qualifizierte Tätigkeiten übernehmen.

Dem Chef gefällt diese Aufsässigkeit nicht. Er sucht einen Grund, um ihn loszuwerden. Er bringt einen Arbeiter dazu, mit Noël Streit anzufangen. Noël lässt sich auf eine Auseinandersetzung jedoch nicht ein. „Nach der Arbeit und woanders", sagt er zu dem Mann.

Der Chef tut so, als hätte er das nicht gehört.

„Streitereien bei der Arbeit?", fragt er. „Du bist gefeuert."

2

Noël muss unbedingt Arbeit finden, weil er bald eine Familie haben wird. Er ist 17 und seine Freundin Joy erwartet ein Kind.

Nachdem er bei Dunlop angefangen hatte, war er aus dem Jugendheim ausgezogen. Er kam mit den Sozialarbeitern dort nicht mehr klar. Joy wohnte in einem Haus mit ihrer Freundin Miriam. Ein Haus in der Icknield Port Road, das Miriams Vater besetzt hatte. Als sie ihm ein Zimmer anboten, zog er dort ein.

Noël findet Joy eigentlich nicht besonders hübsch. Aber sie sind beide jung, sie wohnen im selben Haus, und so nehmen die Dinge ihren Lauf. Nicht, dass sie keine Liebe füreinander empfinden würden. Obwohl er eigentlich gar nicht weiß, was Liebe ist – von seinen Eltern hat er nichts über die Liebe erfahren. Er hat gesehen, dass sie zusammen leben und denkt, dass es das ist, was Liebe ausmacht. Wie seine Freunde glaubt er, dass man als Mann arbeiten, eine Frau finden und dann eine Familie gründen muss. Als Noël nun zum ersten Mal mit einem Mädchen zusammenwohnt, geht er davon aus, dass es sich dabei um eine endgültige Entscheidung handelt. Dies ist die Frau, die er heiraten wird, und sie werden eine Familie gründen.

Joys und Noëls Sohn wird am 23. April 1978 geboren. Sie nennen ihn Negus. Noël freut sich sehr über dieses Ereignis, weil er große Sehnsucht nach einem gemeinsamen Leben, nach einer Familie hat. Wenn man Vater wird, ist man endgültig in der Welt der Erwachsenen angekommen. Wenn man ein Kind hat, kann man ihm mehr Liebe geben, als man von den eigenen Eltern bekommen hat. Er will sich mit seinem Kind beschäftigen, ihm zeigen, wo es im Leben langgeht.

Sie ziehen in eine Sozialwohnung in der Gillot Road, die Noëls Mutter für sie besorgt hat. Aber Noël hat immer noch keine Arbeit und ist verzweifelt, weil er nicht weiß, wie er seine Familie ernähren soll.

Eines weiß er ganz genau: Er wird keine Drogen verkaufen, wie die Brüder von Joy. Und viele andere Leute, die er kennt. Damit will er nichts zu tun haben. Ehrliche Arbeit will er, und er ist fest entschlossen, einen Job zu finden.

Er will sich bei Alfred Davis, dem Chef eines holzverarbeitenden Betriebs, erkundigen. Mit Tischlerarbeiten kennt er sich aus. Vielleicht kann er in dieser Branche Fuß fassen. Er steht also früh auf und meldet sich um halb acht in der Werkshalle.

„Guten Morgen, Sir. Ich suche Arbeit. Haben Sie einen Job, den ich erledigen kann?"

„Kommen Sie immer so früh?", fragt der Mann an der Tür.

„Ja", sagt Noël.

„Und wann können Sie anfangen?"

„Jetzt", sagt er.

„Kommen Sie morgen wieder. Sie haben eine Stelle."

Am nächsten Tag klopft er wieder an, und der Mann drückt ihm einen Besen in die Hand. Unter den großen Sägen haben sich Haufen mit Sägespänen gebildet.

„Sie halten alles sauber", sagt er.

Noël weiß, dass viele schwarze Männer zu stolz für diese Arbeit gewesen wären. Aber er freut sich über den Job. Es macht ihm nichts aus, ganz unten anfangen zu müssen. Selbst als er mit einigen Facharbeitern Ärger bekommt. Einer von ihnen dreht sich zu Noël um.

„Putzt du auch bei dir zu Hause?", fragt er.

Natürlich versteht Noël, was er damit sagen will. Dass er auf ihn herabsieht, weil er diese niedere Tätigkeit übernimmt. Noël ist das egal. Keiner wird ihn dazu bringen, dass er sich für diese Arbeit schämt. Er wird sie fortsetzen, bis er die Geschäftsführung überzeugt hat, dass er ein zuverlässiger Mann ist, der seinen Job korrekt erledigt.

Es klappt. Nach einer Weile bietet ihm der Chef einen Arbeitsplatz an den Sägen an. Er lernt, wie man Holz nach Maß für die Möbelproduktion sägt. Nachdem er diese Arbeit gemeistert hat, bringen ihm die Vorgesetzten bei, mit der großen Stichsäge zu arbeiten. Er wird zwar nicht besonders gut bezahlt, es gibt nur 24 Pfund die Woche, aber er möchte weiterarbeiten. Vielleicht kann er eines Tages die Meisterprüfung ablegen und Facharbeiter für Holzverarbeitung werden. Das wäre ein Fortschritt.

3

Aber nach zwei Jahren ist Alfred Davis nicht bereit, ihn zu befördern oder die Prüfung machen zu lassen. Noël ärgert sich, weil er der Meinung ist, dass er jetzt eine anspruchsvollere Arbeit übernehmen könnte.

In seiner Teepause schlendert er über die Mosley Road und beobachtet die Passanten. Da kommt ihm ein bekanntes Gesicht entgegen.

„Norman Grant", sagt er. Norman hat in demselben Jugendheim gewohnt wie Denton.

„Wo willst du hin?", fragt Noël.

„Zur Arbeit."

„Wenn du dort ankommst, wirst du gefeuert", sagt Noël. „Es ist ja schon zehn Uhr." Wer zu spät zur Arbeit kommt, wird entlassen.

„Nein", sagt Norman. „Ich bin Selbstständiger. Keiner sagt mir, dass ich zu spät komme."

„Was meinst du damit – selbstständig?"

„Ich arbeite nur für mich. Gehe raus und verputze Wände. Für Privatleute und Firmen. Was ich gerade finden kann."

„Daran habe ich nie gedacht. Erzähl mir davon", sagt Noël.

„Komm nach der Arbeit bei mir vorbei. Um fünf Uhr. Ich zeig's dir." Und Norman nennt ihm eine Adresse, die er nach Feierabend aufsuchen soll.

„Das hier ist eine Maurerkelle." Norman schaufelt etwas Putz aus dem Bottich und streicht die Masse glatt über die Wand. Dann sieht Noël zu, wie Normans Arbeiter den Putz anmischt.

„Ich versuche es", sagt er. Es ist eine ziemlich schmutzige Arbeit und er macht sie nicht besonders gut.

Aber es gefällt ihm. Vor allem mag er, wie die Wände aussehen, nachdem der Putz sauber über die rohen Backsteine gestrichen worden ist. Erst rosa, dann braun, und wenn der Putz trocken ist, weiß. Alles sieht so sauber aus.

„Ich habe bald Urlaub", sagt er zu Norman. „Ich werde kommen und aushelfen."

Der Urlaub kommt, er kauft sich Werkzeug und hilft Norman. Nach zwei Wochen weiß er, dass er das Holzsägen an den Nagel hängen wird.

Am Zahltag wirft Norman einen Zehn-Pfund-Schein auf den Boden.

„Ihr könnt es untereinander ausfechten", sagt er zu Noël und dem Arbeiter. „Wer gewinnt, bekommt das Geld."

Der Arbeiter hat aber schon seinen Lohn erhalten, und das findet Noël nicht fair von Norman. Er wirft den Arbeiter gleich zweimal zu Boden.

„Nimm alles", sagt der Arbeiter. Noël steckt den Schein ein. Als Norman sich den Schein wieder ausleiht, um etwas einzukaufen, ist Noël fassungslos. Zu Hause nimmt Norman ein Glas voller Penny-Münzen aus dem Küchenregal, zählt zehn Pfund ab und gibt sie Noël.

„So gehst du nicht mit mir um", sagt Noël.

„Ja, ist gut, ist gut. Hör mal", sagt Norman, um ihn zu beruhigen. „Ich kennen einen Gipser, Badger. Er sucht einen Arbeiter. Ist ein guter Kerl. Geh mal zu ihm."

Noël trifft sich mit Badger, und sie werden sich einig.

Schwere Säcke schleppen, Bottich für Bottich von Hand anmischen. Die Arbeit zerrt an seinen Muskeln. Nachts tun ihm die Arme und der Rücken so weh, dass er kaum schlafen kann. Er betrachtet sich im Spiegel. Er sieht viel zu gut aus, um ein einfacher Arbeiter zu sein, um diese Schmerzen ertragen zu müssen.

„Dieses Verputzen ist nichts für dich", sagt er zu seinem Spiegelbild. Morgen, entscheidet er, wird er nicht mehr hingehen.

Aber am nächsten Morgen klingelt der Wecker und er fragt sich, wie er zu Geld kommen soll, wenn er nicht zur Arbeit geht. Badger zahlt ihm 87 Pfund pro Woche – bei Alfred Davis hat er nur 24 verdient. Also steht er auf und geht zu seinen Bottichen. Er will nicht nur Gips anmischen, sondern das Handwerk von Grund auf lernen.

Badger gibt ihm ein paar Anweisungen für den Job. Beobachten, lernen, besser werden. Es wäre einfacher, wenn Badger nicht ständig von der Baustelle verschwinden würde. Noël hält Augen und Ohren offen und nach einer Weile weiß er Bescheid: Nebenbei geht Badger dem Glücksspiel und der Zuhälterei nach.

Badger hatte Recht. Er wird sich alles selbst beibringen müssen. Learning by doing. Weil Badger so selten da ist, nimmt Noël auf eigene Rechnung einen Auftrag an. Er will sehen, ob er das schaffen kann. Nach der Arbeit verputzt er allein ein Haus. Er arbeitet nachts. Egal, wie schwach er sich manchmal fühlt. Nachdem er damit fertig ist, ruft er Badger.

„Was hältst du von dieser Arbeit?", fragt er.

„Wer hat es gemacht?"

„Ich."

„Was willst du damit sagen?", fragt Badger.

„Ich möchte mehr Geld haben."

„Einverstanden", sagt Badger, und danach teilen sie Badgers Verdienst im Verhältnis 65 zu 35.

So weit, so gut. Noël merkt aber, dass er noch die geschäftliche Seite des Handwerks lernen muss. Als sich ein irischer Bauunternehmer nach einem Angebot für drei Zimmerdecken erkundigt, fährt Noël hin, um den Arbeitsaufwand einzuschätzen. Aber er weiß nicht, was er sagen soll.

„80 Pfund“, sagt er ins Blaue hinein.

„80?“, fragt der Ire ungläubig. „Was soll das?“

Noël schickt Badger, um sich die Arbeit anzuschauen.

„60 Pfund“, bietet Badger dem Iren an.

„Abgemacht“, sagt der Bauunternehmer.

Nur 20 Pfund weniger. So schlecht war seine Schätzung gar nicht.

Nach drei Monaten sind die Arbeiten, die er mit Badger ausführt, abgeschlossen. Noël muss einen anderen Auftrag ans Land ziehen. Er weiß, er wird viel Überzeugungsarbeit leisten müssen, um irgendwo eingestellt zu werden, denn normalerweise muss ein Gipser eine mehrjährige Lehrzeit absolvieren. Und er arbeitet erst seit drei Monaten in der Branche. Er setzt eine selbstsichere Miene auf, wickelt sein Lineal in ein Stück Seide, um Eindruck zu schinden, und ergattert einen Auftrag bei einem Bauunternehmer, der ein großes Haus errichtet. Die Arbeit geht nur langsam voran, und Noël muss Überstunden machen. Fast die ganze Nacht bleibt er. Am nächsten Morgen erzählt er dem Aufseher, er hätte nur eine Stunde länger gearbeitet. Der Aufseher ist aber nicht überzeugt.

„Die Arbeit ist schlecht“, sagt er. „Schauen Sie sich diese Wände an. Sie wurden nicht gleichmäßig verputzt.“

Er zahlt Noël 80 Pfund und schickt ihn nach Hause.

4

Eigentlich hätte ihm Joy – dem Namen nach – Freude bringen müssen, denkt Noël. Es kommt aber ganz anders. Langsam sieht er ein, dass die Beziehung mit ihr ein Fehler war. Vielleicht der größte Fehler seines Lebens. Er hat versucht, ihr neues Leben zu bewältigen – arbeiten, kochen, sich um das Baby kümmern. Er geht zu Fuß zur Arbeit – immerhin fünf Meilen –, um Geld zu sparen. Das Ersparte gibt Joy gleich wieder aus. Sie zieht mit ihren Freundinnen los und kauft sich die neueste Mode. Auch wenn er das Geld versteckt, findet sie es. Sie möchte schicke Kleider haben und in einem tollen Auto herumfahren. Die anderen Männer haben schicke Autos, um ihre Mädchen spazieren zu fahren, warum also er nicht? Cool möchte sie sein. Er findet, dass sie vor allem faul und egoistisch ist. Ihre Brüder Trevor und Darrel dealen mit Drogen. Noël will nichts davon wissen. Er geht ihnen aus dem Weg.

Er hat das Gefühl, dass diese Leute kopfüber in ihr Verderben stürzen, und wenn er es zulässt, werden sie ihn auch nach unten ziehen.

„Lasse ich mir das gefallen?“, fragt er sich. „Oder soll ich meinen eigenen Weg gehen, bis ich es geschafft habe, etwas Gutes aus meinem Leben zu machen?“

Es ist schwer, aus dem Kreislauf von Eifersucht, Hass, Brutalität und Gewalt auszubrechen. Er kommt zu dem Schluss, dass es besser ist, sich aus Joys Leben zurückzuziehen. Für Negus wird er tun, was er kann, aber nicht gemeinsam mit Joy.

Nachdem er Joy verlassen hat, muss er wieder im Park schlafen. Er hat keine Arbeit, kein Geld, keine Unterkunft, und ist ziemlich am Boden. Aber selbst im Park schlafen ist besser als bei Joy und ihren Brüdern zu bleiben.

Eines Morgens begegnet er Evadney im Park. Er kennt sie aus der Heath Street, sie sind früher auf derselben Schule gewesen. Damals dachte er, dass sie ein bisschen in ihn verliebt war. Sie starrt ihn an. Er muss wirklich schlecht aussehen.

„Kann ich irgendetwas für dich tun?“, fragt sie. Sie fragt auf so liebenswürdige Weise, dass er all seinen Mut zusammennimmt.

„Könntest du mir ein Pfund geben?“

Sie öffnet ihre Tasche und gibt ihm eine Münze.

„Ich danke dir sehr. Ich werde diese Güte nie vergessen.“

Sie lächelt ihn an und geht weiter.

Er betrachtet die Münze in seiner Hand. Es ist das süßeste Pfund, das er je bekommen hat. Er mag es gar nicht ausgeben, so sehr hat es ihn gerührt, dass sie ihm das Geld gegeben hat. Aber er ist in einer verzweifelten Lage. Er nimmt die Münze und geht in eine Spielhalle, um Karten zu spielen.

Zu seiner Überraschung gewinnt er. Er spielt weiter und gewinnt immer wieder, bis er 70 Pfund hat. Von dem Geld mietet er sich ein Zimmer.

Scheinbar kommt sein Leben wieder in geregelte Bahnen. Er findet Arbeit und alles läuft besser. Bis eines Tages Joy vor dem Haus steht. Einige Jungs sind bei ihr – Trevor, Edgar, Errol und Gwengol. Joy muss sehr böse auf ihn sein, sie will ihm wohl etwas heimzahlen. Einer der Jungs schleudert einen Ziegelstein in Noëls Zimmer.

„So etwas dulde ich nicht“, sagt der Vermieter. „Sie verlassen mein Haus augenblicklich.“

Zum Glück bietet ihm ein Freund, Benjamin, ein Zimmer in seiner Wohnung an. Er wohnt mit seiner Frau und zwei Kindern in der Nechells Park Road. Noël zieht bei Benjamin ein. Zumindest ist es eine Wohnmöglichkeit, aber Noël hat das Gefühl, dass Benjamin ihn ausnutzen will. Er erwartet, dass sie sich Miete und Telefonrechnung teilen. Noël findet das ungerecht, zumal sie zu fünft sind. Außerdem telefoniert er kaum.

Joy sieht er noch einmal, einige Jahre später. Sie ist, ohne ihm Bescheid zu sagen, mit Negus nach Amerika gezogen. Sie hat weder Adresse noch Telefonnummer hinterlassen.

Eines Tages arbeitet er in der High Street, als plötzlich ein Kind um die Ecke kommt. Beide halten inne und starren sich an. Der Junge schaut ihm tief in die Augen.

„Ich kenne dich", sagt der Junge.

„Woher denn?"

„Du bist mein Daddy."

Ein Gefühl des Stolzes überkommt Noël, fast muss er weinen. Dann sieht er Joy. Jetzt nicht weinen, stark bleiben.

„Warum bist du mit meinem Kind weggezogen, ohne mir etwas zu sagen?"

Sie fängt an mit ihm zu streiten, mitten auf der Straße. Er versteht ihren amerikanischen Akzent kaum. Er bekommt nur mit, dass sie kurz zu Besuch ist. Sie verspricht, mit dem Kind bei ihm vorbeizukommen, aber daraus wird nichts. Da wird ihm klar, dass er sein Kind endgültig verloren hat, und er fühlt sich wie in Stücke gerissen. Er weiß nicht einmal, wo Negus in Amerika lebt. Er wird nie erfahren, wie sich sein Sohn entwickelt. Wird die Dinge nie erfahren, die ein Vater von seinem Sohn wissen möchte.

5

Ohne Badger ist es schwierig, neue Aufträge an Land zu ziehen. Noël beherrscht die geschäftliche Seite noch nicht.

Er findet Arbeit auf einer Baustelle in Small Heath, aber der Job wird nicht gut bezahlt. Morgens verlässt er das Haus in Nechells, geht die acht Meilen nach Small Heath zu Fuß, verrichtet seine Arbeit und läuft wieder nach Hause. Er fühlt sich oft schwach, weil er wenig isst. Manchmal schläft er auf der Baustelle ein. Eines Tages nimmt er eine Dachrinne und verkauft sie auf dem Schrottplatz. Sieben Pfund bekommt er dafür. Von dem

Geld kauft er sich eine schöne Portion Fish and Chips zum Abendessen. Das waren die besten Fish and Chips, die er jemals gegessen hat.

Weihnachten steht vor der Tür und er hat kein Geld. Er hilft einigen Jungs beim Renovieren und muss um die Bezahlung betteln. Als die anderen darauf bestehen, über Weihnachten frei zu nehmen, obwohl das Haus so schnell wie möglich fertig werden soll, bleibt Noël dort, um die Arbeiten abzuschließen. Weil es auf der Baustelle keinen Strom gibt, bastelt er sich Lampen aus Flaschen, die er mit Zeitungspapier und Petroleum füllt. So wie sie es früher in Jamaika gemacht haben.

Denton ist auch Gipser geworden, er arbeitet mit Norman. Sie kommen beide, um bei den Arbeiten an diesem Haus zu helfen. Irgendwie gelingt es ihnen, den größten Teil des Geldes, das Noël für die Arbeit bekommt, für sich abzuzweigen.

Er weiß immer noch nicht genug über Bau- und Gipserarbeiten. Immer wieder fragt er sich, ob diese Arbeit das Richtige für ihn ist. Er sagt sich, dass er eine Entscheidung getroffen hat und jetzt dabeibleiben muss. Nachts liegt er wach und denkt an die Arbeit. Er versucht, sich auf den nächsten Tag vorzubereiten. Er überlegt, wie er diese hässlichen Wände bearbeiten und „bezwingen" kann. Am nächsten Morgen betrachtet er die unverputzten Wände.

„Ich werde euch umbringen", droht er ihnen, und er nimmt sich vor, nicht aufzuhören bis jeder Quadratzentimeter dieser rohen Hässlichkeit mit rosa, braunem und schließlich weißem Putz bedeckt ist. Er kann jetzt lange ohne Unterbrechung arbeiten, denn durch das Verputzen haben sich seine Muskeln entwickelt und seine Schultern sind breiter geworden.

Er schreibt sich für Kurse an der Abendschule ein, damit er mehr über sein Handwerk lernt. Er stellt aber fest, dass die Bücher nicht alle Gegebenheiten berücksichtigen, denen er in seiner täglichen Arbeit begegnet. Und es kommt ihm so vor, als ob die Autoren noch nie auf einer Baustelle gewesen wären. Es ist sinnvoller, durch die eigene Arbeitserfahrung zu lernen, und deshalb geht er nach einiger Zeit nicht mehr zu den Kursen.

Aber er gibt nicht auf.

6

Eigentlich will er nur friedlich leben. Aber er führt kein friedliches Leben. In seiner Umgebung kämpft jeder für sich. Jeden Tag, jede Minute. Es gibt keinen Frieden, man ist immer auf der Hut, muss ständig mit

Angriffen und Schikanen rechnen. Angst und Wachsamkeit prägen das Leben. Merkwürdig, wie du irgendwann anfängst, die Angst zu genießen. Du fängst an, darüber zu lachen. Es ist verrückt. Aber in der Verrücktheit steckt Methode. Irgendwann gelangst du an einen Punkt, an dem du über deine Angst lachen musst, weil du sonst daran zerbrichst. Und wenn du anderen deine Angst zeigst, dann nutzen sie das rücksichtslos aus.

Noël kennt Pat, seitdem sie zusammen das Oak Dale Centre besucht haben. Sie ist nicht seine einzige Freundin, und er ist nicht ihr einziger Mann. Als Pat eine Tochter zur Welt bringt, verliert sie kein Wort darüber.

Noël geht bei ihr ein und aus, als ob er dort wohnen würde. Keiner wäre überrascht, ihn im Wohnzimmer oder in der Küche anzutreffen.

„Hier", sagt sie eines Tages. „Ein Bild von der Taufe."

„Wer ist der Mann, der das Baby im Arm hält?", fragt er.

„Ein Freund der Familie", sagt Pat. Also ist das der Vater, denkt Noël. Bis Pat ihn eines Tages fragt, ob er seine Tochter sehen möchte.

„Das ist nicht meine Tochter", sagt er. Pat sagt nichts mehr.

Sie bekommt noch ein Kind.

„Endlich, ein Junge", sagt sie stolz, und zeigt Noël ihren Sohn. „Das ist dein Sohn", sagt sie.

Keinesfalls, denkt Noël. Ich erkenne keine Kinder an, wenn ich nicht sicher sein kann, dass sie wirklich von mir sind. Er ist immer vorsichtig gewesen und bestand darauf, dass Pat sich um die Verhütung kümmert. Was sie mit ihren anderen Liebhabern macht, kann er nicht wissen.

Einige Jahre später – der Junge ist jetzt vier oder fünf – klopft Noël an die Tür und ein Mann öffnet. Er hat viele Narben im Gesicht und markiert den „bad guy", vor dem sich alle Leute fürchten müssen.

„Was wollen Sie hier?", fragt der Mann.

„Einen Film im Fernsehen ansehen." Cool. Er wird diesem Kerl zeigen, wie cool er ist. Er geht ins Haus und setzt sich ins Wohnzimmer.

„Wer sind Sie?", fragt der Mann.

„Ich bin ein erwachsener Mann", sagt Noël. „So etwas solltest du mich nicht fragen."

„Du sollst abhauen und meine Kinder in Ruhe lassen", sagt der Mann.

„Hör zu", sagt Noël, „ich werde nicht mit dir streiten. Ich bin ein Mann, du bist ein Mann. Wie willst du nun damit umgehen?"

Das gefällt dem Typ nicht, denn er geht in die Küche und kommt mit einem Messer in der Hand zurück.

Er versucht zwar, den harten Kerl zu spielen, denkt Noël, aber er ist ein Feigling. Die harten Kerle sind diejenigen, die ihm diese Narben verpasst haben. Noël hat nicht vor, sich von diesem Feigling fertig machen zu lassen, deshalb entwaffnet er ihn mit einem Kung-Fu-Griff. Er zieht sein eigenes Messer und hält es dem Mann an den Hals.

„Was bist du bloß für einer?", fragt er. „Willst du wegen so einer dummen Sache sterben?"

Pat kommt herein.

„Pat!", schreit der Mann. „Wer zum Teufel ist das?"

„Lass ihn in Ruhe, Peter", sagt sie. „Und geh jetzt raus." Mag sein, dass Peter ihr jetziger Freund ist, aber es scheint klar zu sein, dass sie Noël lieber mag.

Peter geht und Noël setzt sich auf das Sofa. Sieht sich einen Film im Fernsehen an, als wäre nichts geschehen. Er weiß aber, dass Peter wieder kommen wird.

Am nächsten Tag geht er noch einmal zu Pat. Nach einiger Zeit sagt sie, dass sie zu ihrer Mutter müsse, und lässt Noël allein in der Wohnung. Als wollte sie nicht da sein, wenn Peter zurückkommt. Noël will sich gerade etwas kochen, als er Schritte hört. Das wird wohl Peter sein. Aber ein anderer Mann erscheint in der Tür.

„Ist Peter da?", fragt er.

„Wer bist du?"

„Ich bin Peters bester Freund. Ist er hier?"

„Wenn du Peters bester Freund bist, dann solltest du wissen, wo er ist", sagt Noël. Er vermutet, dass Peter draußen steht und seinen Freund vorgeschickt hat.

Und siehe da – Peter kommt hereinspaziert.

„Gut, dass ich dich hier treffe", sagt Peter. „Ich habe etwas für dich."

Noël spürt einen starken Schmerz im Bauch. Er hatte nichts anderes erwartet. Er zieht das Messer heraus, greift nach seiner Machete und verletzt Peter an der Schulter. Peter und sein Freund rennen hinaus.

Die Wunde ist ein Zentimeter lang, es läuft Blut heraus. Er stillt das Blut mit einem Handtuch und überlegt, was er nun tun soll. Er ist sich sicher, dass Peter noch nicht mit ihm fertig ist. Dass Peter erst dann von ihm ablassen wird, wenn er tot ist.

„Was mache ich? Was mache ich?", überlegt er, „zuerst etwas essen. Ich brauche meine Kräfte. Dann habe ich immer noch Zeit, um mit Peter fertig zu werden."

Er isst etwas, dann ruft er seinen Vetter Barry an.

„Kommst du mich holen, Baz?“

Er findet heraus, wo Peter wohnt, und fährt zu dessen Wohnung. Mit einer Machete bewaffnet tritt er die Tür ein. So macht man das im Getto, denkt er. Das Zimmer scheint leer zu sein, aber dann springen die Brüder von Peter hervor und greifen ihn mit Messern an. Peter ist nicht da.

Noël schwingt seine Machete und hält sich die Brüder vom Leib. Er sieht, dass sie Angst haben.

„Legt euch auf den Boden, mit dem Gesicht nach unten“, befiehlt er. Und dann fragt er sie, wo sich Peter aufhält.

„Er holt sich eine Pistole, um dich zu erschießen“, sagen sie.

„Gut, gebt ihm diese Adresse“, erwidert er und nennt ihnen seine Anschrift. „Sagt ihm, er soll vorbeikommen, sobald er sich die Waffe besorgt hat.“

Aber Peter kommt nicht.

7

Nein, es ist kein friedliches Leben.

Aber versuch mal, als Schwarzer aus diesem Kreislauf von Angst und Selbstverteidigung auszubrechen. Sobald ein Schwarzer anfängt, Dinge in Frage zu stellen, wird er von den Weißen als gewalttätig bezeichnet. Man geht einfach davon aus, dass Schwarze grundsätzlich gewalttätig sind. Vor allem die Polizei geht davon aus. Alle Schwarzen machen diese Erfahrung in Birmingham, immer wieder. Jeder weiß, was die Polizisten fragen, wenn sie einen auf der Straße anhalten und durchsuchen.

„Sind Sie vorbestraft?“, fragen sie. Und jeder weiß, was kommt, wenn man mit „Nein“ antwortet.

„Dann werden Sie es gleich sein.“ Sie sagen es jedes Mal.

Es ist immer das Gleiche, denkt Noël. Man kann sich dem nicht entziehen. Sie denken sich immer einen Grund aus, warum sie einen Schwarzen verhaften können.

So wie an dem Tag, als Noël mit Denton und drei Freunden im Auto sitzt und plaudert. Denton baut gerade eine Stereoanlage ein. Er geht ins Haus, um Werkzeug zu holen. Als er zurückkommt, tauchen zwei Polizisten auf. Sie bleiben vor Denton stehen.

„Ist das dein Auto?“, fragen sie.

„Ja. Wollen Sie die Papiere sehen? Ich wohne hier.“

„Wie viel hast du für das Auto bezahlt?"
„Das ist meine Sache."
Ein Polizist sieht zu den anderen, die im Auto sitzen.
„Geht ihr heute Abend aus?", fragt er Denton.
„Vielleicht."
„Wohin?"
„Ich weiß es nicht."
„Wo arbeitest du?"
„Das geht Sie nichts an", sagt Denton.
„Mit diesem Auto fahrt ihr heute Abend nirgendwo hin", sagt der Polizist und fordert mit seinem Sprechfunkgerät Verstärkung an. Als diese eintrifft, ist auch ein Kommissar dabei. Denton wendet sich an ihn.
„Worum geht es hier?", fragt er.
„Halts Maul", schnauzt ihn der Kommissar an. Denton wird abgeführt.
„Wer hat den Wagenschlüssel?", fragt einer der Polizisten.
Noël steigt aus dem Auto.
„Ich. Und ich werde das Auto jetzt abschließen", sagt Noël.
„Hier ist noch einer", sagt der Kommissar. „Nehmt ihn auch mit."
„Was werfen Sie mir diesmal vor?", fragt Noël.
„Mach dir keine Sorgen, wir werden schon etwas finden", sagt einer.
Es ist Winter, und Noël trägt nur ein dünnes Hemd, denn seine Jacke liegt noch in Dentons Auto. Auf der Wache wird er geschlagen. Acht Polizisten stehen um ihn herum, einschließlich des Kommissars. Einer von ihnen schlägt auf Noëls Kopf.
„Ich habe hier eine Zyste. Passen Sie auf", sagt Noël.
„Wo?" Noël zeigt ihm die Stelle. Der Polizist schlägt noch einmal zu, genau auf die Zyste. Das schmerzt.
Nachdem sie die Prügelei beendet haben, bringen sie Noël in eine Zelle und drehen die Kaltluftzufuhr auf. Als er sich über die Kälte beschwert, bringen sie ihn in eine Zelle, die völlig überhitzt ist. Extreme Kälte, extreme Hitze. Das soll ihn weich machen, damit er eine Tat zugibt, die er nicht begangen hat.
Die Polizisten zeigen ihm ein Messer, das er noch nie gesehen hat.
„Unerlaubter Waffenbesitz", sagen sie. „Es ist verboten, solche Waffen bei sich zu tragen."
Am nächsten Morgen wird er entlassen. Sie händigen ihm eine Anklageschrift aus und teilen ihm mit, wann er vor Gericht zu erscheinen hat. Dann muss er im eisigen Morgenwind die sechs Meilen nach Hause laufen.

8

Es ist nicht alles schlecht in seinem Leben. Es gibt ja auch die Musik und das Tanzen. Sie machen das Leben erträglich. Die Musik ist sein Lebenselixier. Ska, Mo Town, Reggae. Wenn er nicht arbeitet, ist er im Club. Tanzt die ganze Nacht durch. So kann er den Rest vergessen.

Er weiß, dass er zu einem gut aussehenden Mann herangewachsen ist. Er spürt, wie ihn die Frauen ansehen. Sie mögen ihn. Und er mag sie auch.

Es ist eine Spanierin, die seine Liebe zu Pferden wieder weckt.

Sie kommt aus einem Nachbarhaus auf seine Baustelle.

„Wer hat meine Leiter weggenommen?“, fragt sie.

„Ich habe sie ausgeliehen“, sagt er. „Ich bringe sie gleich zurück.“

Er nimmt die Leiter und trägt sie zu ihrem Haus zurück. Sie ist sauer und fängt an zu schimpfen.

„Ich bin nicht Ihr Mann. Sprechen Sie nicht so mit mir“, sagt er.

„Ich habe keinen Mann.“

„Könnte ich bei Ihnen eine Tasse Kaffee bekommen?“, fragt er. Sie kocht ihm tatsächlich eine Tasse Kaffee, dann plaudern sie miteinander.

„Danke für den Kaffee“, sagt er. „Wann gehen Sie ins Bett?“

„Wieso?“

„Weil ich jetzt nach Hause fahre, um ein Bad zu nehmen, und dann komme ich zurück.“

„Warum?“

„Weil ich die Nacht mit Ihnen verbringen werde.“

Sie sagt nicht nein, und er verbringt diese Nacht mit ihr, und dann noch eine, und noch eine.

„Magst du Pferde?“, fragt sie ihn eines Tages.

„Ich liebe Pferde“, sagt er.

„Kannst du reiten?“

„Ja“, sagt er, obwohl das nicht stimmt. Er saß wenige Male auf den Pferden seines Onkels, wenn niemand zuschaute. Und an einem Tag, als seine Mutter ihn und Denton zum Kaufmann schickte. Die Erinnerung ist plötzlich wieder da: Sie gehen die Straße entlang und beobachten die Pferde von Mr. Law, die auf der anderen Seite des Flusses am Ufer weiden.

„Das ist die Gelegenheit“, sagt Noël. „Lass uns reiten.“

Sie überqueren den Fluss und Denton klettert auf einen großen Stein, springt von dort auf den Rücken eines Pferdes. Noël klettert auf das Kleinere, ein Fohlen. Das große Pferd ist davongelaufen. Noël kann es im

Busch hören, aber nicht mehr sehen. Das Fohlen hat Angst, weil die Stute weg ist. Es galoppiert los, um seine Mutter zu finden. Noël muss sich in der Mähne festkrallen, um nicht herunterzufallen. Schließlich holt er Denton ein, und sie reiten fast eine Stunde lang herum, bis sie Mommy in der Ferne rufen hören. Sie sind viel zu lange unterwegs und wissen, dass sie jetzt Ärger bekommen. Da sie ihre Kleidung ausgezogen hatten, bevor sie den Fluss durchquerten, sind sie sicher, dass Mommy keine Pferdehaare finden wird. Sie steigen schnell ab und stürzen sich ins Wasser, um den Pferdegeruch abzuwaschen. Zu Hause angekommen, schimpft Mommy mit ihnen, aber diesmal bekommen sie keine Schläge. Es war ein schönes Abenteuer. Sie sprechen noch tagelang darüber.

Er erinnert sich jetzt daran, wie weh ihm der Hintern an jenem Tag getan hat. Und an das Gefühl, wie er sich mit dem Pferd gemeinsam bewegte.

„Sicher kann ich reiten“, sagt er.

„Warum gehst du dann nicht mit meiner Tochter zum Reiten?“, schlägt sie vor.

„Gut, mache ich.“

Er geht mit der Tochter zu den Stallungen und steigt auf das Pferd, das ihm zugewiesen wird. Dabei merkt er, dass man in England einen anderen Reitstil pflegt. Hier geht es nicht um das „Cowboy-Reiten“ wie damals in Jamaika. Er trabt hinter der Gruppe her und es geht ziemlich unruhig zu. Damit der Gruppenführer nicht merkt, dass er gar nicht reiten kann, setzt er zum Galopp an. So kann er besser verschleiern, dass er nicht weiß, wie er sich korrekt im Sattel halten soll. Ab und zu geht er zum Reitunterricht, aber bald findet er das gemeinsame Ausreiten langweilig.

Er möchte ein Pferd mit mehr Temperament. In den Stallungen gibt es ein Pferd, das als bösartig gilt. Zu wild, um geritten zu werden. Dieses Pferd möchte er reiten. Er geht auf das Pferd zu und es schlägt aus. Noël streichelt es, bis es sich beruhigt. Dann steigt er auf und reitet am Kanal entlang. Eine Gruppe Soldaten machen das Pferd wieder nervös und es geht durch. Noël hält sich fest und lässt das Pferd laufen, bis es völlig erschöpft ist.

„Du bist verrückt“, sagen die anderen, als er zum Pferdestall zurückkehrt. „Wir dachten, du bist tot.“

„Du solltest mal nach Brecon Beacon gehen“, sagt ihm eine Frau. Das ist ein Nationalpark in Wales. „Dort kann man sehr gut reiten.“

Er fährt nach Wales und findet dort tatsächlich seine Traumpferde. Pferde, die mit ihm davonfliegen. Hier erfährt er, was es bedeutet, ein Pferd zu reiten. Ein Gefühl vollkommener Harmonie, wenn Pferd und Reiter eine Einheit bilden und gemeinsam über die Felder fliegen, den Wind immer im Gesicht.

„Du solltest Jockey werden“, sagen die Frauen, die er in den Stallungen kennen lernt. „Du bist wirklich ein guter Reiter.“

„Ich wäre liebend gern Jockey“, sagt er. Davon träumt er seit Jahren. Eigentlich ist er zu groß, um Jockey zu werden. Aber sein Gewicht könnte er unter Kontrolle halten, da ist er sich sicher. Und er glaubt auch, dass er ein erfolgreicher Jockey wäre. „Aber habt ihr schon mal einen schwarzen Jockey gesehen?“

9

Als Noël erfährt, dass Benjamin glaubt, er hätte eine Affäre mit seiner Frau, zieht er aus. Zwei Häuser weiter wohnt ein Bekannter von Benjamin. Dieser Mann soll Maler und Laienprediger sein. Noël ist zunächst mißtrauisch, aber als er ihm ein Zimmer anbietet, zieht Noël mit seinem Koffer und einem Bett, das er sich gekauft hat, in das Haus.

Anschließend fährt er – wie schon so oft – nach Wales zum Reiten. Außerdem hat er dort neue Freunde gefunden. Und die Erfahrung gemacht, dass die Menschen in Wales sehr freundlich sind und ihn mit offenen Armen empfangen.

Wie zum Beispiel Bonny. Eine warmherzige und großzügige Frau, die ihm wie die Mutter einer großen, netten Familie vorkommt. Sie teilen alles miteinander – das Essen, den Wohnraum, die Betten. Es gibt Clubs mit guter Musik, in denen sie tanzen gehen, es gibt Strände, an denen sie nachts Partys veranstalten. Hier kann Noël seine Sorgen vergessen.

Als er von einem dieser Wales-Aufenthalte zurückkommt, findet er ein leeres Haus vor. Sein Vermieter soll mit Sack und Pack nach Amerika gegangen sein, hört er. Nur sein Bett und sein Koffer sind noch da. Der Koffer wurde zwar durchwühlt. Es gab aber nichts, was sich mitzunehmen gelohnt hätte. Er schämt sich, so dazustehen und nichts zu besitzen. Er kann nicht einmal seinem Cousin Barry, der ihn von Wales nach Birmingham gefahren hat, ein Glas Wasser anbieten.

Das sind boshafte Menschen, denkt er, die einen Mann, der schon am Boden liegt, auch noch treten. Ganz schön dreist. Und dann kommt auch noch die verlassene Ehefrau des Vermieters zu ihm und bittet ihn um Geld.

„Ich habe nichts mehr“, sagt sie.
„Tut mir leid“, sagt Noël, „aber ich habe weder Arbeit noch Geld.“
„Ich könnte es verkaufen“, sagt sie. Sie meint sich selbst. Er hat es verstanden.
Er borgt ihr fünf Pfund.

10

Am nächsten Morgen kauft er sich den „Daily Mirror“. Er braucht dringend Geld und will es mit dem Wetten versuchen.

Noël hat zwar häufig für seinen Vater Wetten abgeschlossen, aber noch nie für sich selbst. Um elf Uhr ist er im Wettbüro und setzt seine letzten 50 Pfund auf Sumstar. Weil er kein Geld mehr hat, um sich etwas zu essen zu kaufen, geht er wieder ins Bett. Am nächsten Tag kauft er sich eine Zeitung, aber er traut sich nicht, die Ergebnisse der Pferderennen aufzuschlagen. Er ist so nervös, dass er draußen stundenlang herumläuft. Dabei trifft er Mr. Shorty, einen Freund seines Vaters. Er nimmt all seinen Mut zusammen.

„Hey, Mr. Shorty, wer hat gestern das Rennen um sieben Uhr fünfzehn gewonnen?“
„Sumstar.“
„Zu welchem Preis?“
„Elf zu zwei“, sagt Mr. Shorty.

Elf zu zwei. Er kann es nicht glauben. Er hat soeben 175 Pfund gewonnen! Sofort holt er den Gewinn ab. Als erstes verwöhnt er sich mit einer schönen Portion Fish and Chips, kauft sich dazu eine Cola und leistet sich dann noch ein Bier. Bier hat er schon seit Ewigkeiten nicht mehr getrunken! Plötzlich fühlt er sich so selbstsicher, dass er auf einer Baustelle, an der er vorbeikommt, fragt, ob sie einen Gipser gebrauchen können.

Der Vorarbeiter bejaht die Frage und zeigt ihm den Bau. Er bittet Noël, seinen Preis zu nennen. Er erinnert sich an die Verhandlung mit dem irischen Bauunternehmer und bemüht sich jetzt, die Arbeit so realistisch wie möglich einzuschätzen.

„500 Pfund.“
„Wann können Sie anfangen?“, fragt der Mann.
„Morgen.“
„In Ordnung.“
Er geht nach Hause und packt sein Werkzeug zusammen.

„Ich kaufe mir eine Zeitung, um auf dem Weg zur Arbeit etwas zu lesen zu haben", sagt er zu sich selbst, als er Mittwoch früh aufsteht. Er schlägt die Zeitung auf und entdeckt viele Pferde mit hohen Gewinnchancen. Statt zur Arbeit geht er ins Wettbüro und setzt 20 Pfund bei einer Quote von 20 zu 1. Er gewinnt 200 Pfund. Er setzt zehn Pfund auf ein anderes Pferd, ebenfalls 20 zu 1, und gewinnt weitere 100 Pfund. Dann setzt er noch zweimal, und auch diese Pferde gewinnen. Alles in allem gewinnt er an diesem Tag 1.000 Pfund. Außerdem hat er Sammelwetten abgeschlossen. Davon versteht er zwar nichts, aber er macht es trotzdem. Am Ende des Tages tritt er an die Kasse, um sich sein Geld auszahlen zu lassen.

„Ich fürchte, ich kann es Ihnen heute nicht auszahlen", sagt der Leiter des Wettbüros. „Kommen Sie morgen wieder."

Die 1.000 Pfund, die er schon gewonnen hat, sind für Noël bereits ein kleines Vermögen, und er ist mehr als zufrieden damit. Deshalb macht er sich keine Gedanken wegen des restlichen Geldes. Am nächsten Tag liegt ein Haufen Geld auf dem Schreibtisch des Büroleiters. Wie in einer Bank. Der Büroleiter beginnt, die Geldscheine auszuzahlen, und Noël zählt mit. Er kann es nicht glauben. Der Büroleiter gibt ihm über 6.000 Pfund.

„Da liegt mit Sicherheit ein Fehler vor", sagt sich Noël.

Der Büroleiter reicht ihm anstandslos das Geld.

„Gute Wette", sagt er.

Einige Leute haben mitbekommen, dass er eine gute Wette abgeschlossen hat. Als er das Wettbüro verlässt, betteln sie ihn an. Er holt mehrere Scheine – rund 30 Pfund – aus der Hosentasche und wirft sie in die Luft. Die Leute schlagen sich um das Geld.

„Lass es ihnen", lacht er.

Als erstes besorgt er sich eine Mietwohnung. Eine Sozialwohnung in der Rawlins Street in Ladywood. Dann richtet er die Wohnung ein: Er kauft Teppiche, ein Sofa, Stühle, Besteck, Geschirr – lauter Dinge, die er sich bisher nicht leisten konnte. Er lässt sich einen Anzug für 250 Pfund schneidern. Schließlich geht er zum Autohändler und kauft sich einen Fiat. Er kommt sich vor wie ein König.

Das Glück bleibt ihm treu. Er wettet und gewinnt weiterhin. Um sicher zu gehen trägt er immer dieselbe Kleidung – er nennt sie seine „Glücksklamotten": Eine blaue, maßgeschneiderte Hose, einen roten Gabbicci-Pullover, schwarze Schuhe aus Krokodilleder. Er fängt an, große Wetten zu setzen. Zu 100 oder 150 Pfund. Und er hat große Gewinne.

Seine Bekannten vermuten, dass er über Insider-Informationen verfügt

– was aber nicht stimmt. Aber er kennt sich mit Pferden aus. Er studiert ihre Herkunft. Er weiß, welche Böden für welche Pferde am günstigsten sind. Er informiert sich über die Jockeys, ihre Pferde und ihre Rennen. Und außerdem hat er einfach Glück. Es kommt ihm so leicht vor. Vielleicht hat er es im Blut. Er kann Risiken eingehen, hat aber auch ein Gespür für die eigenen Grenzen.

„Warum soll ich arbeiten", fragt er sich, „wenn ich beim Wetten so viel Geld verdienen kann?"

Er entscheidet sich, die Pferdewetten ernsthaft zu betreiben. Um eine Arbeit bemüht er sich nicht mehr. Etwa ein Jahr lang widmet er sich erfolgreich dem Wettsport. Bis er sich eines Tages fragt: „Warum habe ich so viel Glück?"

„Es läuft zu gut", sagt eine innere Stimme. „Es ist Zeit, aufzuhören."

11

Manchmal denkt er darüber nach, Boxer zu werden. Mit dem Training hat er vor einigen Jahren angefangen.

Beim Boxen ist man völlig auf sich selbst angewiesen. Das gefällt ihm. Nach all dem Leid, das du erlitten hast, kann dir der Schmerz beim Boxen nichts mehr antun.

Nehmen wir Mohammed Ali. Das ist ein Mann, den man wirklich bewundern kann. Ein starker Charakter, voller Kampfgeist. Ali hat keine Angst, offen heraus die Wahrheit zu sagen. Und die Leute hören ihm zu. Daran sieht man, dass sich Stärke und Wahrhaftigkeit gegenseitig bedingen.

„So möchte ich auch sein", sagt sich Noël. „Wie Mohammed Ali. Ich möchte auch mit erhobenem Haupt dastehen können."

Das Boxen gibt ihm dieses Gefühl. Ihm gefällt, wie durch das Boxen Körper und Geist aufeinander abgestimmt werden. Wie das Boxen zur Tapferkeit erzieht. Und es ist ein gutes Gefühl, seine Aggressionen an einem gleichwertigen Gegner auslassen zu können. Denn es ist falsch, einen Schwächeren zu schlagen.

Er glaubt, dass er ein guter Boxer werden könnte. Denn harte Lebensumstände bringen gute Boxer hervor und sein Leben war weiß Gott hart genug. Vielleicht sollte er Profi-Boxer werden. Da kann man viel Geld verdienen. Boxen oder arbeiten? Das ist jetzt die Frage.

„Beides kann ich nicht machen. Ich muss mich entscheiden. Was will ich wirklich vom Leben?", fragt er sich.

Er überlegt, wo er in zehn oder zwanzig Jahren sein wird. Er sieht einen Mann, der hart arbeitet und Geld verdient, um seinen Platz im Leben zu behaupten.

„Bestimmt wäre ich ein guter Boxer", sagt er. „Aber ich kann nicht sicher sein, ob ich es wirklich bis ganz nach oben schaffe. Zu viel hängt von Zufällen ab. Aber ich weiß hundertprozentig, dass ich durch Arbeit und Fleiss Geld verdienen kann. Also werde ich arbeiten."

12

Es ist Nacht. Er ist mit einer Freundin unterwegs. An einer Kreuzung kommen zwei Fahrzeuge auf ihn zu, die offensichtlich ein Wettrennen veranstalten.

„Sie werden mich doch nicht streifen", denkt er, aber genauso kommt es. Er steigt aus und begutachtet den Schaden.

Die anderen Fahrer steigen ebenfalls aus. Es sind Weiße.

„Hey, du wirst doch nicht die Polizei rufen, oder?", fragen sie.

„Warum nicht?"

„Nein, bitte, nicht. Wir haben getrunken. Viel getrunken."

Das brauchen sie nicht zu sagen. Er kann es riechen. Seine Freundin ruft die Polizei.

Die Polizisten kommen und setzen als erstes Noël in das Polizeiauto. Die anderen Fahrer führen sie die Straße entlang. „Alkoholtest", sagen sie. Ob sie tatsächlich einen Test machen, kann Noël vom Polizeiauto aus nicht erkennen.

„Nein, sie haben nicht getrunken", erklären die Polizisten.

Noël macht sich Sorgen. Er will, dass die Versicherung den Schaden an seinem Auto übernimmt. Wenn die Polizei die Schuldigen laufen lässt, kann er nicht beweisen, dass er nicht an dem Unfall schuld war. Er fährt zur nächsten Polizeiwache und erzählt, was passiert ist.

„Wo kommen die Männer her?"

Noël nennt die Gegend. Die Männer hatten sie ihm gesagt. Ein vornehmes Viertel.

„Naja, wenn Sie nicht 15.000 im Jahr verdienen", sagt ein Polizist, „werden Sie Ihre Unfallgegner nicht vor Gericht bringen können." Mit anderen Worten – er braucht es gar nicht zu versuchen.

Er bringt sein Auto in die Werkstatt und erkundigt sich nach den Kosten.

„Warum verschrotten Sie es nicht und holen sich das Geld von der Versicherung?", fragt der Automechaniker.

„Ich habe nichts, was ich bei der Versicherung einreichen könnte", sagt er.

Der Automechaniker sieht ihn prüfend an.

„Warum nicht? Sind Sie ein schlechter Typ?"

„Nein, bin ich nicht."

„Wenn Sie kein schlechter Typ sind, dann schneiden Sie sich die Rastalocken ab", rät ihm der Mechaniker. „Die Weißen denken nun mal, dass ein schwarzer Mann ein Messer dabeihat, ein Rastafari jedoch zwei. Sie werden besser vorankommen, wenn Sie sich die Haare schneiden lassen."

Noël will es bei der Versicherung wenigstens probieren. Dafür braucht er das Mädchen als Zeugin. Er ruft sie an und sie willigt ein, eine Erklärung zu unterschreiben. Zum verabredeten Treffpunkt kommt sie aber nicht. Seit dem Unfall hat er sie nicht mehr gesehen, weil er vermutet, dass sie noch einen anderen hat. Nun muß er doch zu ihr gehen.

Sie sitzt auf ihrem Bett. Das Fenster ist offen.

Er überlegt, was hier vor sich geht, und entscheidet sich, ganz cool aufzutreten. Er tritt ans Fenster und zieht es zu. Hinter dem Kleiderschrank steht ein Mann. Er zittert vor Angst, weil er fürchtet, mit Noëls Mädchen erwischt zu werden.

„Sieh mal", sagt Noël zu ihm. „Ich bin hier, um eine Unterschrift zu holen. Außerdem werde ich ein paar Stunden schlafen. Zieh dich an und komm morgen um zwölf Uhr wieder hierher. Ich werde dann gehen und du kannst mit ihr alles klarmachen." Der Mann geht.

Einige Wochen später sieht Noël das Mädchen mit dem Typ und seinen Freunden in einem Auto sitzen. Der Mann scheint sich jetzt, wo seine Freunde dabei sind, mutig zu fühlen, und will die Sache mit Noël austragen.

„Nicht vor dem Mädchen", sagt Noël.

Sie gehen also ein Stück weiter, um miteinander zu kämpfen. Der Mann greift mehrmals nach Noëls Rastalocken und zieht seinen Kopf nach unten. Schließlich geht jemand dazwischen und trennt die beiden.

„Wenn du kämpfen willst, dann auf faire Weise", sagt Noël. „Ich schneide mir die Rastalocken ab, dann treffen wir uns wieder und kämpfen weiter. In Ordnung?"

Sie verabreden sich im Handsworth Park und Noël geht zum Friseur. Er ist zur verabredeten Zeit am Treffpunkt, aber der andere Mann taucht nicht auf.

Die Versicherungsfirma zahlt die Autoreparatur, und Noël ist seine Rastalocken los.

Er trauert den Locken nicht nach. Sicher, denkt er, in der Lehre der Rastafaris gibt es viel Gutes. Aber diese Dinge kann er auch in seinem Inneren tragen. Er kann wie ein Rastafari denken, er kann wie ein Rastafari leben, aber er muss nicht so aussehen.

Ihm fällt auf, dass er ohne Rastalocken ganz anders angesehen wird. Wenn er jetzt auf eine Baustelle kommt und nach Arbeit fragt, gehen die Leute respektvoller mit ihm um. Plötzlich ist es viel einfacher, Aufträge zu erhalten.

Er arbeitet wieder als Gipser – in Birmingham und Umgebung. Überall, wo er Aufträge bekommen kann.

Jacqui

Die Liebe ist eine seltsame Sache. Sie kann dir geben, aber auch nehmen; sie kann dich völlig umkrempeln. Trotzdem ist sie ein wunderbares Gefühl.

1

Lange Zeit weiß er nicht, was Liebe ist. Er hat viele Freundinnen, aber das hat mit Liebe nichts zu tun. Manchmal, denkt er, hätte es mit ihm anders kommen können. Er hätte so werden können wie seine Mutter und die Liebe nie kennen gelernt. Abgesehen von Miss Darling und Onkel Hilton hat er als Kind keine Liebe empfangen.

Aber dann lernt er Jacqui kennen. In einem Wettbüro. Im Sommer 1981.

Nach wie vor verbringt er viel Zeit in Wettbüros. Er kennt die meisten Mädchen, die dort arbeiten. Und nicht wenige von ihnen, das weiß er, haben ein Auge auf ihn geworfen. Er findet raus, dass sich die Mädchen gegenseitig anrufen, als ob sie versuchen würden, ihn aufzuspüren. Er hat gesehen, wie sie den Hörer in die Hand nehmen, sobald er den Laden betritt. „Er ist hier", hört er einmal ein Mädchen ins Telefon flüstern.

Er überlegt sich, bei seinem Wettbüro vorbeizufahren. Vielleicht ist die schöne Araberin da, die immer mit ihm flirtet. Statt der Araberin trifft er jedoch eine Frau, die er dort noch nie gesehen hat.

„Wow", denkt er.

Sie hat langes, rotblondes Haar. Seine Lieblingsfarbe. Sie trägt eine himmelblaue Kordhose zu einer rötlichen Bluse und rote hochhackige Schuhe. Donnerwetter, sie sieht wirklich gut aus.

Er geht zu ihr, um seine Wette zu setzen.

„Wollen Sie die Gewinnquote wissen?", fragt sie.

„Ja", sagt er, „aber deine Telefonnummer wäre mir noch lieber."

„Sie sind ja ganz schön dreist", antwortet sie.

„Ich heiße Nigel", sagt er. „Und du?"

„Jacqueline."

Es ist ihm völlig egal, ob sein Pferd das Rennen gewinnt oder nicht. Ein Glückstag war es sowieso.

Er möchte sie unbedingt wieder sehen.

2

Dazu kommt es eher als gedacht. Auf dem Weg zu einer Geburtstagsfete. Er hat seinen Wagen gerade vor dem Laden geparkt, wo die Party stattfindet, da sieht er Jacqueline mit zwei Mädchen aus dem Wettbüro die Straße entlangkommen. Josie und Gina.

„Die sind auch eingeladen", denkt er überrascht. „Was mache ich jetzt? Ich muss sie irgendwie beeindrucken."

Als die Mädchen an seinem Auto vorbeikommen, steigt er aus, nimmt Jacqui zärtlich an der Hand und begleitet sie hinein. Drinnen wird Reggaemusik gespielt und er fängt an, mit ihr zu tanzen. *Wenn ich allein bin, ganz allein, dann nimmst du mich in den Arm und ziehst mich in einen Winkel.* Der Song bringt zum Ausdruck, was er denkt. *Dort will ich mit dir sein.* Den ganzen Abend über weicht er nicht von ihrer Seite, überschüttet sie mit Aufmerksamkeiten, gibt ihr Drinks aus. Sie tanzen die ganze Zeit miteinander. Den anderen Mädchen gefällt das überhaupt nicht.

„Kann ich dich nach Hause bringen?", fragt er Jacqueline schließlich.

„In Ordnung", sagt sie.

„Du nimmst uns auch mit", sagen Gina und Josie, „und Jacqui kannst du zuerst absetzen."

Es kommt ihm so vor, als ob sie verhindern wollten, dass er mit Jacqui allein ist. Er bringt Jacqui an ihre Tür, gibt ihr einen Gute-Nacht-Kuss auf die Wange, und als er wieder losfährt, sieht er, dass sie ihm nachschaut.

Montagmorgen geht er nicht zur Arbeit. Dieses Mädchen geht ihm nicht aus dem Kopf. Er versucht es im Wettbüro, aber sie ist nicht da.

„Kommt Jacqueline noch ins Büro?", fragt er.

„Sie ist heute im Wettbüro in der Needle Alley", sagen sie ihm. „Sie arbeitet dort als Assistentin des Büroleiters."

Er fährt ins Zentrum, findet das Wettbüro und geht hinein. Sie ist da.

„Hallo", sagt sie. Sie ist überrascht, ihn zu sehen.

„Ich würde gern mit dir sprechen", sagt er.

„In Ordnung."

„Draußen", sagt er.

Sie folgt ihm vor die Tür und lehnt sich an die Wand. Hinter ihrem Ohr steckt ein Kugelschreiber.

„Hast du die Blumen erhalten?", fragt er, obwohl er keine geschickt hat.

„Heutzutage schicken Männer keine Blumen", sagt sie.

„Dieser verdammte Blumenladen", schimpft er. „Ich werde mich beschweren."

Er geht wieder und sucht einen Blumenladen. Er hat nur 20 Pfund in der Tasche, aber er kauft Blumen für 17 Pfund und lässt sie liefern.

Später kehrt er zum Wettbüro zurück und schaut durch das Fenster. Die Blumen sind da. Er wartet, bis Jacqui mit der Arbeit fertig ist und aus dem Büro kommt.

„Kann ich dich nach Hause bringen?"

„Ja. Und danke für die Blumen."

Am Samstag führt er sie ins Kino aus, danach zum Chinesen. Sie fahren in seinem Auto spazieren bis das Benzin alle ist. Sie tanken und fahren weiter in der Gegend herum. Bis sie vor dem Haus stehen, wo Noël wohnt. Es ist ziemlich kalt und er lässt den Motor laufen, damit die Heizung nicht ausgeht, während sie sitzen und reden. Die ganze Nacht lang.

„Möchtest du dich ein wenig frisch machen?", fragt er schließlich, als er merkt, dass der Morgen anbricht.

„Ich dachte, du würdest nie fragen", sagt sie.

„Du kannst ja auch baden", bietet er an, als sie ins Haus gehen.

Sie nimmt ein Bad, dann reden sie wieder den ganzen Tag, bis in die Nacht hinein.

Montagmorgen bringt er Jacqui in ihre Wohnung, damit sie sich für die Arbeit fertig machen kann. Nach der Arbeit holt er sie ab, fährt sie nach Hause, und dann lieben sie sich.

Am nächsten Tag ist es genauso.

Das ist mein Mädchen, denkt er. Die Frau fürs Leben.

„Ich habe dich gern", sagt er ihr am Tag danach. „Ich möchte bis in alle Ewigkeit mit dir zusammen sein."

Sie schaut ihn an, als ob er verrückt geworden wäre.

„Wie kannst du wissen, dass du für immer mit mir zusammenbleiben willst? Du kennst mich doch kaum."

„Ich weiß es", sagt er. „Ich spüre es."

3

„Bist du wirklich das, was man von dir sagt?", fragt Jacqui.

„Was meinst du damit?" Er hat ihr erzählt, dass er Gipser ist, aber er spürt, dass sie unsicher ist. Er weiß, was die Leute über ihn reden.

„Naja, das, was die Mädels über dich sagen. Der schicke Fiat, die Sonnenbrille, die teuere Kleidung. Dass du auf Pferde setzt. Sie sagen, du musst ein ziemlich schlechter Typ sein, weil du so viel Geld hast."

„Ach ja? Und was erzählen sie sonst noch?“

„Dass du Drogen verkaufst. Und dass du ein Zuhälter bist. Stimmt das?“

Noël lacht nur.

„Sie sagen, ich sollte mich nicht mit dir einlassen.“

Er lacht noch einmal.

„Glaube mir. Ich bin das, was ich gesagt habe.“

Es ist an der Zeit, ihr das zu zeigen, denkt er. Am nächsten Tag schlägt er vor, irgendwo hinzufahren, um Fish and Chips zu essen. Sie steigen ins Auto und er fährt los. Vierzig Meilen. Unterwegs hält er mehrmals an und lässt sie im Auto sitzen, während er ein heruntergekommenes Haus oder einen Rohbau inspiziert. Sie wird immer stiller und er weiß genau, was sie denkt. Mafia. Drogensüchtige. Innerlich lacht er, genießt seinen Spaß. Endlich hält er vor der Baustelle an, auf der er zur Zeit arbeitet.

„Komm mit“, sagt er. „Ich möchte dir etwas zeigen.“

Sie folgt ihm, und er zeigt ihr die Säcke mit Putz, die Bottiche, sein Werkzeug.

„Das ist meine Arbeit“, sagt er. „Ich bin Gipser. Es ist der reine Zufall, dass ich beim Pferderennen so viel Glück hatte.“

Sie grinst ihn an.

„Komm, wir gehen Fish and Chips essen“, sagt er.

4

Sie reden über viele Dinge. Er erzählt ihr alles, was er sich vorgenommen hat. „Grundbesitz“, sagt er, „ist der Schlüssel. Man arbeitet so viel wie möglich und spart sein Geld, bis man genug hat, um ein Grundstück mit Haus zu kaufen. Dann vermietet man es. Nach einiger Zeit hat man genug Geld, um ein zweites Haus zu kaufen. Das vermietet man auch. Man arbeitet weiter, bis man schließlich genug hat, um sich ein gutes Rennpferd zu leisten. Und dann hat man ausgesorgt.“

„Es klingt so einfach“, sagt sie.

„Wenn man ein bisschen Grips hat, ist es das auch.“

Sie schweigt eine Weile.

„Weißt du noch“, sagt sie dann, „was du neulich gesagt hast? Dass du mit mir bis in alle Ewigkeit zusammen sein möchtest?“

Er ist so aufgewühlt, dass er nicht weiß, wie er ihr seine Gefühle erklären soll.

„Ich liebe es, mit dir zusammen zu sein", ist alles, was er herausbringt.
„Nun ja", sagt sie. „Warum dann nicht für ewig und einen Tag?"
Er lächelt sie an.
„Ich weiß genau", sagt er „dass wir ein sehr gutes Leben haben werden."

5

Sie findet seinen Reisepass und blättert darin.
„Warum hast du mir erzählt, dass du Nigel heißt?", fragt sie.
„Ich musste Nigel sagen, weil es mir nicht gefällt, wie die Engländer meinen Namen aussprechen. Sie sagen ‚Nool', und das klingt so hässlich, und ich wollte nicht hören, dass du es auch so aussprichst. Das ‚e' in meinem Namen hat zwei Punkte und das bedeutet, es soll so ausgesprochen werden wie im Weihnachtslied. No-el."
„No-el." Sie sagt es richtig. „Das ist ein wunderschöner Name", sagt sie. „Viel schöner als Nigel."
„Es ist gut", sagt sie, „dass du deine Rastalocken abgeschnitten hast." Er hat ihr von seiner Zeit als Rastafari erzählt. „Weil ich dich sonst nicht angesehen hätte."

6

Manchmal hat Noël noch Zweifel.
Sie übernachtet oft bei ihm. Mit der Zeit richtet sie sich bei ihm ein. Eines Tages fährt er sie in ihre Wohnung, um ihre restlichen Sachen zu holen. Die Wohnung teilt sie mit einem Mann.
„Was ist mit ihm?", fragt er.
„Er meint wohl, wir hätten eine Beziehung.", sagt sie. „Wir haben aber keine Beziehung."
Noël klopft an die Tür und der Mann öffnet.
„Ich möchte Jacquis Sachen abholen", sagt er.
„Nein", sagt der Mann, „das ist mein Mädchen. Du kannst nicht einfach hier anklopfen und ihre Sachen mitnehmen. Du wirst schon darum kämpfen müssen." Noël ist mindestens einen Kopf größer als der andere.
„Das ist doch kindisch, oder? Es ist ihr peinlich, und es müsste dir noch peinlicher sein. Ich bin nicht hier, um zu kämpfen. Ich möchte nur ihre Sachen abholen."

Der Mann schlägt die Tür zu, dann wirft er Jacquis Kleider, Schallplatten und andere Habseligkeiten auf die Straße. Noël verstaut alles im Kofferraum.

Als Noël am nächsten Tag nach Hause kommt, steht das Auto von Jacquis Mitbewohner vor seiner Tür. Beide sitzen in dem Wagen. Das gefällt Noël nicht. Er bleibt in seinem Auto sitzen und beobachtet sie. Jacqui steigt aus dem Wagen und kommt zu ihm herüber.

„Ich gehe aus“, sagt er. „Bei wem fährst du mit?“

„Bei dir“, sagt sie und steigt ein.

„Okay“, sagt Noël. „Ich freue mich, dass du das klargestellt hast.“

Der Mann kommt noch einmal. Er klingelt an der Tür. Noël macht auf.

„Ist Jacqui da?“

„Ja, komm rein.“

Noël geht nach draußen und putzt sein Auto, bis der Mann wieder geht.

„Danke, dass ich mit ihr reden konnte“, sagt er. „Du bist ein anständiger Kerl.“ Er gibt Noël die Hand.

„Viel Glück“, sagt er.

7

Es scheint, als ob seine Gebete erhört worden wären. So hat er sich sein Leben mit einer Frau vorgestellt. Eine Frau, die ihm Sicherheit und Geborgenheit gibt. Diese Frau wird er sein Leben lang lieben, das spürt er. Es ist ein gutes Gefühl.

Zum ersten Mal in seinem Leben fühlt er sich verstanden. Niemand, außer Miss Darling, hat ihn so geliebt, wie er ist. Niemand zuvor hat ihm so viel Selbstvertrauen gegeben.

Jacqui bedeutet für ihn Beständigkeit, Partnerschaft, Liebe. Er ist so dankbar, dass er sie gefunden hat. Um ihr zu zeigen, wie sehr er sie liebt, überschüttet er sie mit Blumen und Aufmerksamkeiten. Er kauft ihr schöne Kleider. Er will alles für sie tun.

Sie können einander vertrauen. Seitdem er in England lebt, hat Noël sich angewöhnt, misstrauisch zu sein. Das Leben auf der Straße hat ihn gelehrt, nur sich selbst zu trauen. Mit Jacqui ist es anders. Er hat das Gefühl, dass er ihr bedingungslos vertrauen kann.

„Wie viel Geld hast du auf der Bank?“, fragt er. Er erkundigt sich nach ihren Finanzen, damit sie entsprechend planen können.

„750 Pfund", sagt sie. „Wieso?" Am nächsten Tag überreicht sie ihm das Geld. Sie hat es von ihrem Konto abgehoben.

„Nun geh und zahl es wieder ein", sagt er. Aber sie lässt das Geld auf der Fensterbank liegen.

Er geht zur Bank und eröffnet in beider Namen ein Konto, zahlt ihre 750 Pfund ein sowie Geld von seinem Konto. Und er kauft ihr erstes Haus. Es ist der Beginn ihres gemeinsamen Lebens.

Schwierigkeiten

1

Noël bekommt einen Auftrag von Mr. Singh. Von demselben Mr. Singh, der seinen Eltern vor einigen Jahren mehrere Zimmer in Winson Green vermietet hat. Noël geht davon aus, dass er ihm vertrauen kann. Er übernimmt den Job und schießt zunächst eigenes Geld vor, um die nötigen Baumaterialien zu besorgen. Nachdem er die Arbeiten beendet hat, schickt er Mr. Singh eine Rechnung über 9.000 Pfund.

Mr. Singh zahlt aber nicht. Noël erinnert ihn daran. Als die Zahlung ausbleibt, sucht er Mr. Singh in seinem Haus auf. Mehrmals geht er zu ihm, aber jedes Mal wird er mit Hockey-Schlägern davongejagt.

Noël fürchtet die Insolvenz. Ohne das Geld kann er den Kredit für das Haus am Dornie Drive nicht zahlen. Jacqui kann die Zahlungen auch nicht leisten. Und die Bank droht, das Haus wieder in Besitz zu nehmen.

In Birmingham ist es zu dieser Zeit schwierig, Arbeit zu finden. Also wird er es in London versuchen müssen.

In London steigt er am Victoriabahnhof aus. Er kommt sich absolut verloren vor. Welche Richtung soll er einschlagen, um Arbeit zu finden?

Paddington. Er hat gehört, dass es dort Arbeit gibt. Paddington kennt er von den Erzählungen seines Vaters. Dieser war von Jamaika mit dem Schiff kommend in Southhampton an Land gegangen und dann in eine Herberge nach Paddington geschickt worden.

Noël findet den Weg nach Paddington und geht durch die Straßen. Zurück zu den Anfängen. Er fühlt sich in die Zeit seines Vaters versetzt, denkt daran, wie es gewesen sein muss, als dieser zum ersten Mal durch die Straßen ging und nach Arbeit suchte.

„Vater hat Arbeit gefunden“, macht er sich Mut, „Also wirst du auch welche finden.“

An diesem Tag findet er keine Arbeit. Vielleicht war es unrealistisch anzunehmen, dass er am ersten Tag einen Job finden würde. Und dann fällt ihm ein, dass auch sein Vater in Paddington kein Glück hatte. Deswegen ging er nach Birmingham. Noël nimmt einen Zug nach Kensington und sucht ein Quartier für die Nacht. Er findet ein altes Hotel, in dem offensichtlich viele Obdachlose untergebracht sind. Er kann ein Zimmer haben, sagt die Frau am Empfang, aber er muss es mit vier anderen Gästen teilen.

„Nein, danke“, sagt er, und geht weiter. Er läuft durch die Straßen und sieht sich nach einer Arbeitsstelle und einem günstigen Zimmer um. Sucht einen Ausweg aus dieser Lebenskrise.

Schließlich findet er eine Unterkunft in einem Bed and Breakfast House, das von einer arabischen Familie betrieben wird. Er legt sich ins Bett und versucht, nach diesem entmutigenden Tag zur Ruhe zu kommen. Es gibt keinen Fernseher auf dem Zimmer, kein Radio. Nur die Geräusche von draußen. Der Straßenverkehr. Sirenen von Polizeiautos. Angst überwältigt ihn. Er steht auf und schiebt sein Bett gegen die Tür. Er fühlt sich unsicher in dieser Umgebung. Morgen muss er weg von hier. Am nächsten Tag fährt er nach Hause.

2

Zurück in Birmingham geht er die Sohostraße hinauf, um sein Auto abzuholen, das er bei Pledge abgestellt hat. Da entdeckt er Mr. Singh, der gerade eine Telefonzelle betritt. Der Mann, der ihm 9.000 Pfund schuldet und ihn verprügeln ließ. Wegen ihm musste Noël diese unsägliche Reise nach London unternehmen. Wut breitet sich aus in seinem Inneren.

Noël klopft an die Telefonzelle. Mr. Singh blickt ihn böse an, aber dann lächelt er. Noël nimmt sich zusammen und lächelt zurück. Er wartet zwei, drei Minuten. Mr. Singh winkt ihm zu, als ob sie die dicksten Freunde wären.

Wahrscheinlich telefoniert Mr. Singh so lange, bis er seine Brüder herbeigerufen hat. Noël hält es nicht länger aus und reißt die Zellentür auf. Mr. Singh lässt den Hörer fallen.

„Guten Morgen, Martin“, sagt er.

„Ich warte immer noch auf mein Geld“, erinnert ihn Noël, „und ich möchte es jetzt haben. Hier und jetzt.“

Mr. Singh sieht sich um. Einige Inder sind auf der Straße unterwegs.

„Scheißkerl“, schreit er. „Scheißkerl, Scheißkerl!“

Einige Inder kommen näher.

„Gibt es ein Problem?“, fragt einer.

„Dieser Herr schuldet mir Geld“, sagt Noël.

Die Männer sehen Mr. Singh an.

„Sie sind eine Schande für uns Inder“, sagen sie, drehen sich um und gehen weiter.

Mr. Singh fängt an zu schreien. Er kann nicht fliehen, weil Noël immer noch die Tür blockiert. Schließlich beschimpft er ihn: „Schwarzer Bastard!"

Obwohl er dunkler ist als Noël, benutzt er diese Wörter. Obwohl die Weißen ihn auch schon auf diese Weise beschimpft haben.

„Schwarzer Affe", sagt Mr. Singh.

Da bricht die Wut aus Noël hervor.

Er verpasst Mr. Singh fünf Schläge ins Gesicht. Der hat keine Chance. Sein Kinn fliegt nach oben. Dann geht er zu Boden.

„Ich möchte mein Geld haben", sagt Noël, „sonst verliere ich mein Haus."

Mr. Singh tut ihm fast leid, aber es bleibt der Frust, den er verursacht hat. Und irgendwie sind seine Box-Fertigkeiten mit ins Spiel gekommen.

Eine Menschenmenge hat sich um die Zelle versammelt, aber das kümmert Noël nicht. Er setzt seinen Weg fort und hofft, dass Pledge zu Hause ist, denn er braucht seinen Autoschlüssel.

Er geht schneller, denn er möchte nicht, dass jemand sieht, wohin er geht. Genug ist genug, denkt er. Wenn ein Mann seinen Job macht, dann sollte er auch seinen Lohn erhalten, besonders wenn er sein eigenes Geld vorgestreckt hat. Mr. Singh schläft sorglos Nacht für Nacht, während ich damit rechnen muss, das Dach über dem Kopf zu verlieren. Zum Teufel. Einer verdient Millionen und ein anderer muss dafür leiden. Weil er seinen Lohn nicht erhält. Und das schlägt Wellen und beeinflusst das Leben anderer Menschen. Nein, in dieser Welt musst du stark sein, wenn du auf dem Weg bleiben willst, den du dir gewählt hast.

Er klopft an die Tür von Pledges Haus.

„Josh", sagt Pledge. Dieses jamaikanische „Josh". Alles ist cool.

„Bau-bau", antwortet Noël. Das klingt wie ein bellender Hund und bedeutet, dass alles in Ordnung ist.

Aber natürlich ist nichts in Ordnung. Das Leben ist nicht so, wie es sein sollte.

Pledge sieht Noël die Anspannung an.

„Was ist los?", fragt er.

Sie gehen ins Haus und setzen sich ins Wohnzimmer. Pledge bietet Noël ein Bier an, aber er lehnt ab.

„Unter diesen Umständen trinke ich nicht", sagt er. „Nur etwas kaltes Wasser. Und Musik."

Pledge legt eine Platte von Bob Marley auf.

„*Es werden noch viele leiden müssen* …" Er lauscht dem Gesang. „*Viele werden sterben müssen, frag mich nicht warum. Wir müssen uns dem Leben stellen.*"

„Warum müssen wir Schwarze immer leiden?", fragt Noël.

„Ganz ruhig bleiben", sagt Pledge.

Noël springt auf und fängt an zu tanzen. Er will neue Energie tanken und den Frust abreagieren. Dann erzählt er Pledge, was gerade passiert ist.

Diese Probleme sind nichts Neues für Pledge. Es scheint aber, als hätten die Dinge eine andere Dimension angenommen. Das Leben scheint hässlicher geworden zu sein.

„Warum schlagen wir nicht eine neue Richtung ein?", fragt Pledge.

„Was meinst du damit?"

„When the going gets tough, the tough get going", sagt er. „Wenn's brenzlig wird, setzen sich die Starken durch. Ich habe eine Idee, aber die erzähle ich dir später."

Pledge legt eine neue Platte auf.

„Montag fahre ich mit dir nach London und zeige dir den Weg", sagt Pledge.

Pledge macht nicht viele Worte.

„Hab Vertrauen in Jahwe. Jahwe wird für uns sorgen. When in Rome do as the Romans do. Wenn du in einem anderen Land bist, pass dich an. Sonst fällst du auf."

„Aber", sagt Noël, „wir sind Schwarze. Wir dürfen nicht vergessen, wo wir herkommen."

3

Spät am Abend fährt er nach Hause. Jacqui erzählt er nichts. Sie würde sich nur aufregen.

„Wie war es in London?", fragt sie.

„Hätte besser sein können."

Sie kochen etwas Reis mit Corned Beef. „Arme-Leute-Essen" nennt er das.

Am nächsten Morgen machen sie sich Heringe und Bohnen. Ein Ei müssen sie im elektrischen Wasserkocher erhitzen, weil sie zu wenig Herdplatten haben. Beim Essen lachen sie darüber. Jacqui umarmt und küsst ihn, und sie setzen sich aufs Sofa und halten einander fest. Noël ist traurig, er muss nachdenken. Jacqui sieht ihn lange an.

„Mach dir keine Sorgen, Ginge", sagt sie, und er hört die Liebe in ihrer

Stimme. „Eines Tages werden wir reich sein. Ich weiß es, weil ich weiß, dass alles, was du berührst, sich in Gold verwandeln wird."

Gern würde er ihr das glauben, aber er hat große Zweifel.

„Jedenfalls", sagt sie, „werden wir eines Tages ein großes Haus haben. Und Pferde. Und wir werden heiraten, und an unserem Hochzeitstag werden wir eine Party feiern. Wir werden Tische und Stühle und grün-weiß gestreifte Schirme aufstellen. Und auf jeden Tisch stellen wir Wasserkocher mit Eiern und Dosen mit Heringen und Bohnen, um den Leuten zu zeigen, wie arm wir einmal gewesen sind. Und dass uns das nichts ausgemacht hat. Weil wir trotzdem glücklich waren."

Da merkt er, dass auch Jacqui ihre Träume hat, und er sagt sich, dass er ihre Hoffnungen nie enttäuschen darf.

Es klopft an der Tür. Ein Junge mit blonden Haaren steht draußen.

„Ich bin Ian", sagt er. „Jacqui ist meine Schwester. Ist sie zu Hause?"

Noël führt ihn ins Haus. Er hat Jacquis Familie noch nicht kennen gelernt, und sie spricht nicht viel über sie. Er hat das Gefühl, dass es in ihrer Familie Streit gab. Wie in seiner Familie. Deswegen sprechen beide nicht darüber. Aber von Ian hat Jacqui erzählt. Er lässt Jacqui mit ihrem Bruder allein, damit sie in Ruhe reden können. Als er später wieder dazukommt, hört er, wie sie einen Besuch bei den Eltern verabreden. Jacqui hat ihre Familie seit einigen Jahren nicht mehr gesehen.

Nachdem Ian gegangen ist, muss Jacqui weinen. Sie ist traurig, weil die Beziehung zu ihrer Familie schwierig ist und sie lange Zeit keinen Kontakt zu ihr hatte.

Am Sonntag ist Jacqui sehr nervös. Heute ist der Tag, an dem sie ihre Familie wieder sehen wird.

„Soll ich wirklich hingehen?", fragt sie ihn mehrfach.

Noël möchte ihre Familie kennen lernen. Er ermutigt sie, die Verabredung einzuhalten, und sie fahren Richtung King's Heath. Die Familie bewohnt ein großes Einfamilienhaus mit Auffahrt, in der ein Rover parkt. Noël ist beeindruckt. Er kennt niemanden, der ein Haus mit eigener Auffahrt hat. Er fragt sich, wie Jacquis Familie ihn aufnehmen wird.

Sie klopfen an die Tür. Ein hochgewachsener Gentleman öffnet und stellt sich als Jacquis Vater vor. Dann erscheint die Mutter. Sie ähnelt Jacqui sehr, sie könnte fast ihre Zwillingsschwester sein. Jacqui umarmt ihre Mutter, beide fangen sofort an miteinander zu reden. Drinnen sind noch Ian und sein jüngerer Bruder Adam.

„Bitte, setzen Sie sich", sagt Jacquis Vater. „Möchten Sie einen Drink?"

Entgegen Jacquis Befürchtungen ist die Atmosphäre sehr entspannt. Während der freundlichen Plauderei kommt Noël unwillkürlich ins Grübeln, wie er Stabilität in ihre Beziehung bringen und dieses Mädchen glücklich machen kann. Er möchte sie nicht enttäuschen. Seine Gedanken kreisen immer wieder um die Fahrt mit Pledge nach London.

Während Jacqui ihren Vater zum Abschied umarmt, kommt der Moment, auf den Noël schon die ganz Zeit mit Unbehagen gewartet hat. Jacquis Mutter nimmt ihn zur Seite und geht mit ihm zum Wagen.

„Ich bin froh, dass meine Tochter Sie kennen gelernt hat", flüstert sie ihm zu. „Sie braucht noch so viel im Leben." Wie Glück, Freude, Stabilität. Ja, er weiß, was sie meint.

Er versichert ihr, dass er alles für Jacqui tun wird. Die Mutter drückt seinen Arm, als ob sie ihm danken wollte.

4

Am nächsten Montag trifft er sich mit Pledge in der New Street Station. Zu seiner Überraschung sind einige Jungs dabei, die er kennt. Insgesamt sind sie zu siebt. Im Zug nach London sagt keiner ein Wort. Nach der Ankunft trennen sie sich.

„Bis morgen", sagen sie.

Noël bleibt allein mit Pledge zurück, der ihm immer noch nicht erzählt hat, was sie tun werden.

„Vertraue ihm, wie er dir vertrauen würde", sagt sich Noël.

Pledge läuft los, Noël hinterher. Sie gehen eine Stunde durch die Straßen, offensichtlich sucht Pledge ein Hotel. Schließlich finden sie eins für 25 Pfund die Nacht. Noël geht auf sein Zimmer und wartet.

Pledge klopft an und tritt ein. Beide schweigen.

„Hier ist mein Plan, um dich wieder auf die Beine zu bringen", sagt er schließlich. „Im Sozialsystem gibt es eine Lücke, die wir zu unserem Vorteil nutzen können."

„Was denn?"

„Du musst bei der Sozialhilfe Unterstützung beantragen."

„Aber das hätte ich auch in Birmingham machen können", sagt Noël.

„Ja, aber dort bekommst du maximal 45 Pfund die Woche."

„Ich dachte, das kriegt man überall."

„Nein. Die Obdachlosen in London erhalten viel mehr. Deswegen sind wir in diesem Hotel. Wir bekommen für die Übernachtung eine Quittung, die wir zur Sozialbehörde bringen. Ich habe mit der Hotelmanagerin bereits alles besprochen."

„Was besprochen?"

„Sie überlässt dir ein Zimmer, das von der Sozialbehörde bezahlt wird. In Wirklichkeit wohnst du aber gar nicht hier. Die Hotelmanagerin vermietet das Zimmer an weitere Leute, die das Gleiche tun wie du. Und darüber hinaus vermietet sie ihre Zimmer an ganz normale Hotelgäste, die den üblichen Preis bezahlen."

„Wie viel Geld bekomme ich von der Sozialbehörde?"

„Heute bekommst du 400 Pfund für diese Woche."

„Das kann nicht sein."

„Hier ist deine Quittung", sagt er. „Komm mit und ich zeige dir, wie es funktioniert."

„Aber was erzähle ich den Leuten von der Behörde?"

„Mach dir keine Sorgen. Du erzählst ihnen, dass du aus Birmingham gekommen bist, um nach Arbeit zu suchen. Du hast im Hotel gewohnt und nun ist dir das Geld ausgegangen und du bist zahlungsunfähig."

„So einfach ist es?"

„Ja."

Sie gehen zur Sozialbehörde. Noël ist ziemlich nervös, weil er sich nicht vorstellen kann, dass dieser Plan funktioniert. Sie betreten eine große Halle, in der viele Leute warten.

Sie setzen sich und rauchen. Nach einiger Zeit wird seine Nummer aufgerufen.

„Was haben Sie für ein Problem?", fragt ihn der Beamte.

Er suche in London Arbeit, wohne im Hotel und habe jetzt kein Geld mehr. Genauso wie Pledge ihn instruiert hat.

„Wo wohnen Sie?"

„Äh ... wohnen ... wohnen?" Er ist so nervös, dass er kaum sprechen kann. Der Beamte muss wohl denken, dass er ihn nicht verstanden hat.

„In welchem Hotel übernachten Sie?"

Noël nennt das Hotel.

„Können Sie das belegen?"

Seine Hände zittern, als er die Quittung aus der Hosentasche hervorzieht. Er gibt sie dem Beamten, der das Papier eingehend prüft. Dann schaut er Noël eindringlich an.

„Wie lange beabsichtigen Sie, in London zu bleiben?", fragt er.

„Bis ich eine Arbeit gefunden habe."

„Haben Sie einen Identitätsnachweis?“
„Was benötigen Sie?“
„Eine Monatskarte oder einen Führerschein. Irgendetwas, worauf Ihr Name steht.“
Noël zieht sämtliche Papiere aus seiner Tasche.
„Das Rezept da“, sagt der Mann. „Das genügt. Nehmen Sie bitte dort Platz, Sie werden aufgerufen.“
Pledge wartet schon in dem Bereich, in den ihn der Beamte verwiesen hat.
„Das war ja einfach“, sagt er zu Pledge. „Anscheinend hat er meinen Antrag angenommen.“
„Es kommen Leute von überall her“, sagt Pledge. „Sie kommen für einen Tag, um einen Antrag zu stellen. Dann holen sie sich ihr Geld ab und fahren sofort wieder nach Hause.“
Nach einer Stunde wird Noël aufgerufen.
„Kann ich Ihren Identitätsnachweis sehen?“, fragt die Frau am Schalter.
Noël zeigt ihr seine Arztkarte und sie händigt ihm einen Scheck über 399 Pfund aus.
„Ich danke Ihnen sehr. Sie haben mich gerettet.“ Sie sieht ihn an, als ob diese Angelegenheit die normalste Sache der Welt wäre.
Pledge und Noël gehen sofort zur Post, wo sie sich das Geld auszahlen lassen. Dann kehren sie ins Hotel zurück und jeder gibt der Managerin 50 Pfund. Sie besteigen den nächsten Zug nach Birmingham.
„Was ist mit den anderen Jungs?“, fragt Noël. „Wo sind sie?“
„Alles in Ordnung. Sie verspielen gerade ihr letztes Geld.“
Nach diesem Ausflug kann Noël einige Rechnungen bezahlen. Eine große Erleichterung.
„Beim nächsten Mal suche ich mir wirklich Arbeit“, sagt er Pledge. Er fährt wieder nach London und nach einer Woche geht er zur Sozialhilfe. Nach einigen Monaten erhält er tatsächlich einen Auftrag, in Welwyn Garden. Jetzt kann er einen Großteil seiner Schulden bei der Bank abzahlen.

5

In der Zeit, als er in Welwyn Garden arbeitet, wird in der Finchley Road im Birminghamer Stadtteil Handsworth ein Mann ermordet. Noël hört davon, als er bei Freunden in London fernsieht. Alle fragen sich, ob sie den Mann gekannt haben.

Er ist seit einem Monat nicht mehr zu Hause gewesen. Er vermisst Jacqui. Deshalb entschließt er sich, nach Birmingham zu fahren. Dort angekommen fährt er nach Handsworth, um sein Auto bei Pledge abzuholen. Er entscheidet sich spontan, bei Pat in Hockley vorbeizufahren, weil er sie lange nicht mehr gesehen hat.

Als er von der Hockley Road in die Nursery Road einbiegen will, kommt ihm ein Polizeiauto entgegen. Der Polizist glotzt ihn an, aber das ist nicht ungewöhnlich. Noël denkt sich nichts dabei.

Er plaudert mit Pat eine Weile. Sie schaut nach einiger Zeit aus dem Fenster.

„Wieso sind draußen so viele Polizisten?", fragt sie.

„Vorhin waren keine da", sagt er.

Noël sieht auch aus dem Fenster.

„Es muss etwas Ernstes sein", sagt er. Die Polizisten klingeln an jeder Tür und durchsuchen alle Häuser.

Bald klopft es auch an ihrer Tür. Pat macht auf.

„Wem gehört der BMW vor dem Haus?"

„Das weiß ich nicht", sagt Pat.

„Sind Sie allein hier im Haus?"

„Nein, mein Freund ist da."

Der Polizist drängelt sich an ihr vorbei und geht ins Wohnzimmer.

„Fahren Sie einen blauen BMW?", fragt er Noël.

„Ja. Warum?"

„Wenn Sie nicht die Person sind, die wir suchen, dann brauchen Sie sich keine Sorgen zu machen."

Noël steht auf und folgt dem Polizisten. Im Hausflur werden ihm Handschellen angelegt.

„Das ist nicht nötig", sagt Noël. „Ich habe nichts getan."

„Das werden wir sehen."

Sie bringen ihn nach Smethwick auf die Wache und stecken ihn in eine Zelle. Dann verlesen sie ihm seine Rechte: Nach zwei Stunden darf er telefonieren oder mit einem Rechtsanwalt sprechen.

Er wartet in der Zelle. Nichts passiert. Er klopft an die Tür, ein Polizist erscheint.

„Ich möchte telefonieren", sagt er.

„Der zuständiger Offizier ist momentan nicht da, wird aber gleich zurück sein", antwortet der Polizist.

„Na gut", denkt er. Aber eine weitere halbe Stunde verstreicht, und es passiert nichts. Er klopft. Ein anderer Polizist erscheint, und als Noël seine Bitte wiederholt, knallt der Polizist die Tür zu.

Die Zeit beginnt, still zu stehen. Er hat keine Uhr. Er weiß nicht, warum er hier ist. Wirre Dinge gehen ihm durch den Kopf. „Nicht abdriften", sagt er sich. „Du musst einen klaren Kopf behalten."

Er klopft wieder an der Tür.

„Wir haben Schichtwechsel. Sie können jetzt nicht anrufen."

„Ich habe das Recht zu telefonieren."

Sie knallen die Tür wieder zu.

Drei Polizisten kommen herein und er sieht sofort, dass sie keine Identifikationsnummer tragen.

„Ich möchte telefonieren ..."

„Dazu haben wir keine Zeit. Wir bringen Sie auf eine andere Wache. Dann können Sie vielleicht anrufen."

Sie fahren Richtung Birmingham City.

„Dieses Mal werden Sie lange weg sein", sagt der Polizist, der neben ihm sitzt.

„Könnte lebenslänglich werden", sagt ein anderer.

„Taktik", denkt er, „das ist alles Taktik. Sie wollen mich knacken, damit ich einknicke und etwas zugebe, was ich nicht getan habe. Schweigen ist das Beste. Auf die Straße starren. Sobald du mit ihnen sprichst, verlierst du den Kampf."

Sie kommen in Steel House Lane an, dem größten Gefängnis von Birmingham.

„Mein Anruf", erinnert er seine Begleiter.

„Später, wenn wir nicht so viel zu tun haben."

Zwei Stunden später ist immer noch nichts passiert. Dann wird er noch einmal verlegt.

Er versucht, ruhig zu bleiben. Er besteht darauf, dass sie ihn – dem Gesetz entsprechend – nach 24 Stunden freilassen müssen. Inzwischen ist es fast Mitternacht. Noël wird müde, aber es scheint eine lange Nacht zu werden. Alle schweigen während der Fahrt nach Aston. Dort halten sie vor der QueensRoad-Wache. Er macht sich Sorgen, weil er aus eigener Erfahrung weiß, dass hier Gefangene geschlagen werden.

„Sie werden heute Nacht kein Glück haben", denkt er, „weil mir nicht danach ist, irgendetwas zu gestehen."

„Sind Sie vorbestraft?" wird er gefragt.

„Ich will telefonieren und einen Anwalt sprechen. Ich habe ein Recht darauf."

Einige Polizisten lachen.

„Neger haben keine Rechte", sagt ein junger Polizist. Noël starrt ihn an.

„Ach, bring ihn in die Scheißzelle", sagt ein anderer, „und bereite das Säurebad vor."

Noël schweigt. „Was auch immer passiert", denkt er, „es ist das Beste, wenn ich nichts sage. Lass sie spüren, dass ich eine harte Nuss bin, die sich nicht so leicht knacken lässt."

Die Tür der Zelle wird zugeschlagen. Ab und zu schaut ein Polizist durch das Guckloch. Inzwischen hat er jedes Zeitgefühl verloren. Auf dem niedrigen, in den Boden betonierten Bett liegt eine schmutzige Decke. Es ist so niedrig, dass sie dich treten können, wenn sie in die Zelle kommen und du gerade schläfst. Dann bist du ihren Stiefeln gnadenlos ausgeliefert und kannst nicht zurückschlagen.

Er rennt auf der Stelle, macht Liegestützen. Er will sich abhärten, falls sie ihn schlagen. Er trainiert, bis er völlig verschwitzt ist.

Der Schlüssel im Schloss. Diesmal kommt eine Polizistin herein, hinter ihr ein männlicher Kollege.

„Wollen Sie eine Tasse Kaffee?", fragt die Polizistin.

„Ja, mit Milch und Zucker. Sonst behalten Sie ihn."

„Warum so aggressiv?"

„Was glauben Sie?", fragt er. „Warum bin ich hier? Wie lautet die Anklage?"

„Ich klage Sie nicht an", sagt sie.

„Dann kann ich wohl gehen?"

„Ich fürchte nicht", sagt sie, dreht sich um und geht.

Nach kurzer Zeit bringt die Polizistin eine Tasse Kaffee. Er vergisst, nach seinem Telefonanruf zu fragen.

Noël nimmt einen Schluck Kaffee. Er ist fast kalt und schmeckt nicht besonders. Er sieht sich in der Zelle um.

„Wie könnte hier jemand Selbstmord begehen?", fragt er sich. Nicht, dass er sich umbringen will, aber er hat schon oft von Gefangenen gehört, die sich angeblich in ihren Zellen getötet haben. Glatte Wände, hohe Decken. Die Lichter sind in die Decke eingelassen und mit verstärktem Glas abgedeckt. Die Toilette in der Ecke hat keinen Deckel, der Knopf für die

Spülung befindet sich auf dem Flur. Sie können dir den Kopf in die Toilette stecken, während sie dich schlagen. Aber Selbstmord begehen kannst du hier nicht. Wer untersucht eigentlich diese vermeintlichen Selbstmorde? Die Polizei oder die Freunde des Toten?

Wieder Schlüsselklappern. Hör auf mit diesen Gedanken. Konzentrier dich.

Zwei Polizisten kommen herein. Jeder ist mindestens 1,80 groß und wiegt über 100 Kilogramm.

„Darf ich telefonieren?"

„Kommen Sie, Sohn, Hände ausstrecken", sagt einer, als ob er die Frage nicht gehört hätte. Er legt Noël Handschellen an.

„Beweg dich." Sie führen ihn zum Parkplatz und setzen ihn in einen Wagen. Fahren ihn wieder zur Wache in der Steel House Lane.

Inzwischen ist es fast hell. In der Wache hängt eine Uhr an der Wand. Es ist sechs Uhr morgens. Sie nehmen ihm die Handschellen ab, schließen ihn in eine Zelle ein. Ein anderer Mann sitzt schon da.

„Wobei haben sie dich erwischt?", fragt der Mann.

Nicht antworten. Er könnte ein V-Mann sein. Soll herausfinden, ob Noël irgendetwas sagt, was als Geständnis aufgefasst werden könnte. Also schweigen und den Mann nicht beachten.

„Mein Telefonanruf", sagt er, sobald sich die Polizisten wieder blicken lassen.

Wieder Handschellen, wieder ins Auto. Dieses Mal bringen sie ihn auf die Wache in Thorn Hill Road in Handsworth. Zehn Meilen vom Zentrum entfernt.

„Ein Freund möchte Sie sehen", sagen sie.

Er ist todmüde und schläft ein, sobald er in die Zelle gesteckt wird.

Nach einiger Zeit wecken sie ihn und führen ihn in einen kleinen Raum. Auf dem Tisch steht eine Lampe. Zwei Vernehmungsbeamte in Zivil kommen herein. Einer bietet ihm eine Zigarette an, und Noël freut sich, weil er schon lange nicht mehr geraucht hat.

Name? Adresse?

4 Bellefield Road. Das ist die Adresse seiner Mutter.

„Warum wurde ich verhaftet und wie lautet die Anklage?", fragt er.

Einer der Männer dreht das Blatt Papier, auf dem er den Namen und die Adresse geschrieben hat, zu Noël hin und gibt ihm einen Kugelschreiber. Er soll unterschreiben.

Nein. Das wird er nicht tun.

„Unterschreiben Sie“, drängt ihn der Polizist.

„Nur über meine Leiche“, sagt Noël.

„Warum haben Sie es gemacht?“, fragt der andere.

„Was gemacht?“

„Warum haben Sie es gemacht?“, fragen sie wieder und wieder. Fordernd, hartnäckig. Bis sie Noël in die Zelle zurückbringen lassen.

„Zumindest konnte ich eine rauchen“, denkt er. Er döst fünf Minuten vor sich hin, dann merkt er, dass jemand durch das Guckloch sieht. Es geht zurück zu den Beamten in Zivil. Sie bieten ihm eine weitere Zigarette an, außerdem Kaffee. Die Fragen werden wiederholt. Wo er sich an einem bestimmten Tag aufgehalten habe, wollen sie wissen.

„Ich kann es nicht sagen“, sagt Noël „weil ich gar nicht weiß, welchen Tag wir heute haben. Ich bin völlig durcheinander.“

Er raucht weiter.

Die Fragen werden ständig wiederholt. Noël hört gar nicht mehr zu.

Mit der Lampe auf dem Tisch kommt er sich vor wie in einem Mafia-Film. Während die Gangster dem Gefangenen ins Gesicht leuchten, werden ihm die Nägel aus den Fingern gerissen.

„Warum haben Sie es gemacht?“

Immer wieder dieselben dummen Fragen. Zurück in der Zelle kann er die Augen kaum noch aufhalten. Die Tür geht auf.

„Sie können gehen“, sagt der Polizist.

„Wie spät ist es?“

„Gleich vier Uhr.“

Also war er 24 Stunden in Haft. Deswegen lassen sie ihn jetzt gehen. Es wäre rechtswidrig, ihn länger festzuhalten. Aber dass sie ihn nicht telefonieren ließen, das war ein klarer Verstoß gegen die Vorschriften.

Auf dem Weg nach draußen sieht er sich in einem Spiegel. Ungepflegt sieht er aus. Die Haare nicht gekämmt, das Hemd weit aufgeknöpft. Er riecht nach Schweiß. Ein Polizist öffnet die Doppeltür und Noël stolpert die Treppe hinunter auf die Straße. Keine Fußgänger, nur wenige Autos. Müde ist er. So müde, dass ihm die Augen zufallen, aber er reißt sich zusammen. Zupft an seiner Kleidung herum, damit er einigermaßen ordentlich aussieht. Durch die Glastür sieht er die Polizisten an ihren Schreibtischen. Sie grinsen ihn an. Er läuft los. Zwei Polizisten kommen ihm entgegen. Als er sich umdreht, sieht er weitere Beamten.

Muss wohl Schichtwechsel sein, denkt er. Was solls. Er freut sich, endlich frei zu sein.

Plötzlich wird er von hinten gepackt, seine Arme auf den Rücken gedreht.

„Was zum Teufel machen Sie?", fragt er. „Gibt es ein Problem?"

„Kein Problem", sagt jemand. „Sie sind verdammt noch mal verhaftet!"

Er will nicht wieder in die Zelle. Er versucht sich aus dem Griff der Polizisten zu befreien, aber sie überwältigen ihn und legen ihm Handschellen an. Zerren ihn – halb auf dem Bauch liegend – in die Polizeistation. Dieselbe Zelle. Derselbe Befragungsraum. Dieselben Fragen.

„Wo wohnen Sie?"

„4 Bellefield Road." Das ist nicht gelogen. Ab und zu übernachtet er wirklich bei seiner Mutter. Seine richtige Adresse will er nicht nennen, weil Jacqui und er noch neu sind in dieser Gegend und es wäre peinlich, wenn die Nachbarn mitbekommen würden, dass ihn die Polizei verhaftet hat. Außerdem will er Jacqui das nicht zumuten. Er weiß, dass sie ihr Haus durchwühlen werden.

„Wir haben die Bellefield Road schon durchsucht", sagen sie. „Aber das Messer nicht gefunden. Auch nicht die blutigen Kleidungsstücke. Wir wollen wissen, wo Sie diese Sachen versteckt haben."

Er weiß nicht, worauf sie hinauswollen.

„Kannten Sie Joel Brown?", fragen sie.

„Nein."

Sie fragen ihn wieder, wo er an dem bestimmten Tag gewesen ist.

Er war an diesem Tag in Welwyn Garden City in London und in Eastham. Und er hat gearbeitet.

Sie bringen ihn wieder in die Zelle. Freunde haben ihm erzählt, dass man Gefangenen Tüten über den Kopf stülpen würden. Dann würden sie mit Matratzen zugedeckt und mit Knüppeln geschlagen. Auf diese Weise sollen keine blauen Flecken entstehen.

Er ist wieder in dem Raum mit der Lampe. Die Fragen werden wiederholt. Die Beamten schlagen mit der Faust auf den Tisch, um ihn einzuschüchtern. Aber er hat schon lange keine Angst mehr. Er ist nur noch müde. Er raucht die Zigaretten, die sie ihm anbieten.

Eigentlich lustig, diese weißen Polizisten mit ihren rassistischen Sprüchen. Wie sie einen „Affe", „Gorilla", „Neger" schimpfen, wenn man den Korridor entlanggeht. Sie stehen in Grüppchen herum und kratzen sich unter den Achselhöhlen und imitieren Affen. Aber wie war das gleich mit Charles Darwin und seiner Lehre, dass die Menschen von den Affen abstammen? Es gibt schwarze Gorillas und rote Orang-Utans, aber hast du schon einmal einen weißen Affen gesehen? Und wenn man nicht an die Evolutionstheorie glaubt, sondern an die Bibel, was steht dort? Gott hat den Menschen als sein Abbild geschaffen, und zwar aus Lehm. Welche Farbe hat Lehm? Er ist braun, manchmal auch rötlich, aber nie weiß. Wieso glauben die Weißen, dass sie etwas Besonderes sind? Und plötzlich wollen sie deine Freunde sein, wollen, dass du ihnen alles erzählst, und dabei weißt du noch immer nicht, was sie von dir wollen. Du weißt nur, dass du keinen „Neger“ bist.

Ein Polizist schlägt erneut mit der Faust auf den Tisch.

„Warum haben Sie den Mann in der Finchley Road umgebracht?“

Noël zieht tief an der Zigarette, bis er fast daran erstickt. Das ist es also.

„Welchen Mann umgebracht? Sie müssen verrückt sein!“

„Sie sind ein Schwarzer“, sagt er. „Sie tragen ein Messer bei sich.“

„Im Dschungel oder hier in England?“, fragt Noël.

„Versuchen Sie nicht den cleveren schwarzen Bastard zu spielen“, sagt der Polizist. „Sie können mir nicht in die Augen sehen. Sie sind schuldig wie sonst was und wir werden Sie hinter Gitter bringen, genauso wie die anderen Schimpansen.“

„Wann soll ich diesen Mann umgebracht haben?“, fragt er.

Sie nennen das Datum. Da fällt es ihm ein. Das ist der Tag, an dem er in Welwyn Garden gearbeitet hat und sie den Bericht über den Mordfall im Fernsehen gesehen hatten.

„Sie haben zehn Mal auf ihn eingestochen“, sagt der Polizist.

„Ich war in London“, sagt Noël.

„Aber Sie haben kein Alibi.“

„Sie haben mich nicht danach gefragt.“

„Ihr schwarzen Bastarde denkt, ihr könnt hier ins Land kommen und dann tun, was ihr wollt.“

„Ich darf Sie verbessern“, sagt er. „Wir sind von euch geholt worden, um euer Land sauber zu machen. Nachdem ihr jetzt saubere Krankenhäuser habt, glaubt ihr, dass ihr uns beleidigen könnt. Sie haben mir meine Rechte vorenthalten und beschuldigen mich jetzt eines Mordes. Daraus wird nichts. Ich werde Sie verklagen.“

Sie fangen wieder von vorne an.

„Wo wohnen Sie?“

Jetzt erzählt er es ihnen, weil alles aus dem Ruder läuft.

„Wohnen Sie allein?"

„Nein."

Er weiß, dass sie seinen Hausschlüssel nehmen und das Haus durchsuchen können. Vielleicht sogar fingierte Beweisstücke hinterlassen. Da sie einen Beweis verlangen, dass er nicht allein lebt, gibt er ihnen Jacquis Telefonnummer bei der Arbeit. Er hofft, Jacqui wird zu Hause sein, wenn sie kommen.

Das Verhör dauert weitere zwei Stunden. In die Zelle. Zurück in das Vernehmungszimmer. Bis um eins. Dann öffnen sie die Tür und führen ihn in den Eingangsbereich. Er hört Jacquis Stimme. Sie fordert seine Freilassung. Ruhig, aber nachdrücklich.

„Wenn er nicht innerhalb von fünf Minuten freigelassen wird", sagt sie, „rufe ich einen Anwalt an. Er ist ein unschuldiger, arbeitsamer Mann."

Da jetzt eine Zeugin im Raum ist, ändern die Polizisten ihr Verhalten.

„Vielen Dank für Ihre Kooperation", sagen sie. Ihr Sarkasmus entgeht ihm nicht.

„Warum sind Sie mit einem Schwarzen zusammen?", fragt einer Jacqui. Er mustert Noël voller Abneigung.

Aber Jacqui antwortet gar nicht, sondern umarmt Noël.

„Dieser Mann ist mehr wert als zehn von euch!", sagt sie.

„Wir werden Sie im Auge behalten", sagt ein dicker Polizist, als sie gehen wollen. „Wir bringen euch noch dahin, wo ihr hingehört."

„Ihr seid hinter diesen Gittern gefangen", sagt Noël. „Wisst ihr, dass ihr Narren seid? Glaubt ihr wirklich, dass ein Kerl, der so groß ist wie ich, zehn Mal auf einen Mann einstechen muss, um ihn zu töten?"

„Wenn Sie es nicht getan haben, wer war es dann?"

„Ist das nicht Ihr Job, das herauszufinden?"

Er und Jacqui gehen hinaus.

Sie fährt zurück zu ihrer Arbeit; er geht los, um sein Auto abzuholen. Wenn es noch dort steht, wo er es geparkt hat. Eigentlich hätten diese überaus schlauen Polizisten auf die Idee kommen können, das Auto für eine forensische Untersuchung zu beschlagnahmen. Aber das haben sie nicht getan.

Auf dem Heimweg hält er an einem Fish-and-Chips-Imbiss. Noël hat einen Riesenhunger. Während er eine Portion verdrückt, stoppt ein Polizeiauto vor dem Imbiss. Ein Polizist steigt aus und geht prüfend um Noëls Wagen herum. Sucht er ein gestohlenes Auto? Er ist gerade entlassen worden, sie können nicht schon wieder hinter ihm her sein.

Er geht auf den Polizisten zu.

„Möchten Sie das Auto kaufen?“, fragt er.

„Gehört es Ihnen?“

„Ja“, sagt Noël, „wieso?“

„Sie sind verhaftet“, sagt der Polizist. Weitere Polizisten kommen heran und legen ihm Handschellen an.

Die erste Mahlzeit nach langer Zeit, und jetzt muss er sie stehen lassen.

Sie bringen ihn auf die Polizeistation in der Bristol Road, eine vorwiegend von Weißen bewohnte Gegend.

„Sie wissen, dass ich gerade entlassen worden bin, nachdem man mich zwei Tage festgehalten hat? Ich bin unschuldig!“, sagt er.

„Das interessiert mich nicht“, sagt der Polizist. „Ich weiß nur, dass Sie gesucht werden.“ Warum ruft er nicht bei seinen Kollegen an und fragt nach? Es ist wohl wieder eine Schikane.

Der Polizist nimmt Noël die Schuhe und seine Jacke ab und schließt ihn in einer Zelle ein. Die Zelle ist geheizt, mit Kissen auf den Sitzen. Bequem. Kein Vergleich mit den Zellen in den schwarzen Vierteln. Hier gibt es keine in den Fußboden einbetonierte Holzbetten. Es scheint, als ob die weißen Gefangenen besser behandelt würden. Keine Gleichheit, selbst im Gefängnis nicht. Vielleicht schmeißen sie ihn raus, wenn sie merken, dass er schwarz ist.

Und tatsächlich, sie bringen ihn wieder in die Wache in der Thorn Hill Road in Handsworth.

„Warum bin ich schon wieder hier?“, fragt er.

„Sie waren nicht hier. Sie werden polizeilich gesucht.“

„Warum schauen Sie nicht im Register nach? Sie werden meinen Namen dort finden.“

„Ich mache gar nichts, bis der Mann von der nächsten Schicht kommt. Er will mit Ihnen sprechen.“ Das wird erst um vier Uhr sein. Er schläft, bis eine Polizistin hereinkommt.

„Möchten Sie etwas essen?“ Sie hat einen Teller mit Nieren, Schweinelunge und Kohl mitgebracht. Die Schweinelunge ist weiß, von blauen Venen durchzogen. Sie sieht so frisch aus, als ob sie gleich vom Teller springen würde. Darüber wurde eine braune Soße gekippt. Nur Kannibalen können so etwas essen, denkt er.

„Was ist – wollen Sie nichts essen?“, fragt sie.

„Das kann niemand essen. Würden Sie das essen?“

„Wieso?"

„Es sieht aus, als wäre gerade ein Gefangener gestorben und Sie hätten ihm die Brust aufgerissen. Niemand, der bei Sinnen ist, würde das essen."

Sie nimmt den Teller wieder mit. Macht nichts, denkt er. Er würde hier sowieso nichts essen, denn er hat gehört, dass sie manchmal in das Essen spucken oder sogar pinkeln.

Um vier kommt immer noch keiner. Er fühlt sich dreckig und schwach, denn er hat seit drei Tagen nichts gegessen. Damit er die Kontrolle über sich nicht verliert, macht er wieder Leibesübungen. Sein Magen fühlt sich leer an, wenn er die Bauchmuskeln trainiert. Also schreitet er stattdessen die Zelle ab. Seine Gedanken drehen sich im Kreis. Er überlegt, ob er das Verbrechen vielleicht doch begangen hat?

„Verdammt. Nein! Ich war doch in London."

Er atmet tief durch, damit sein Kopf wieder klar wird. Wenn man zermürbt ist, gesteht man alles. Damit diese Tortur aufhört. Vor Gericht kann man sich dann immer noch für unschuldig erklären, und mit etwas Glück wird man freigesprochen. Aber manchmal bekommt man auch lebenslänglich. Wie dieser Mann, der in diesem Gefängnis gestorben ist. Als seine Großmutter am nächsten Tag kam und sich nach der Todesursache erkundigte, hat man ihr gesagt, er hätte einen epileptischen Anfall gehabt. Dabei hat er vorher nie an Epilepsie gelitten, auch keiner aus seiner Familie. Als die Großmutter noch mehr wissen wollte, hat ihr ein Polizist den Arm nach hinten gedreht und gebrochen. Dieses Ereignis löste eine der größten Rassenunruhen in Birmingham aus.

Sechs Uhr. Schlüsselklappern. Vernehmungsraum. Zwei Polizisten, zwei Beamte in Zivil. Dieselben Fragen. Immer wieder und wieder. Noël erklärt, dass er schon am Morgen hier gewesen sei und alle Fragen beantwortet habe.

„Ah, Sie waren heute Morgen hier? Das haben wir vergessen. Dann dürfen Sie wohl gehen." Bevor sie ihn entlassen, fragen sie ihn, ob er einen orangefarbenen BMW fährt. Denn er sei in der Nähe des Tatorts in einem solchen Fahrzeug gesehen worden.

„Sie wissen, dass mein Auto blau ist", sagt er, aber sie fragen immer wieder nach. Ein anderer Polizist kommt herein.

„Sie können jetzt gehen", sagt er und begleitet ihn den Korridor hinunter. An verschiedenen Beamten vorbei.

„Wer hat Ihnen gesagt, dass er gehen kann?", wird der Begleiter gefragt.

„Ich denke nicht, dass er gehen sollte", sagt ein anderer.

Die Eingangstür wird geöffnet und jemand zeigt auf Noëls Auto, das sie dieses Mal mitgebracht haben.

„Woher haben Sie das Geld, um so ein Auto zu kaufen?"

„Sie haben den falschen Beruf", sagt Noël und geht.

Er kann nur noch an Essen aus der Karibik denken. Keine Fish and Chips heute. Das macht nicht richtig satt. Er fährt nach Edgbaston und geht in die Snookerhalle, in der sich seine Freunde regelmäßig treffen. Nebenan ist ein westindischer Imbiss. Es ist, als ob er zurück in seine Kultur getrieben worden wäre, zurück in das Loch, in dem die weißen Polizisten die Schwarzen sehen wollen.

Als er die Dudley Road erreicht, sehnt er sich nach Currylamm mit Reis. Er kauft sich eine Portion zum Mitnehmen und geht in die Snookerhalle. Er weiß, wie ungepflegt er aussieht. Natürlich fällt es allen auf, und er muss erklären, was passiert ist.

„Lass dich vom Bobby-Land nicht unterkriegen", sagt einer.

„Bleib standhaft", sagt ein anderer. „Die Bösen werden nicht endlos herrschen."

Nachdem er eine halbe Stunde lang berichtet hat, kommt ein Bekannter herein.

„Wer sind diese Leute hinter deinem Auto?", fragt er.

Noël hat seinen Wagen um die Ecke abgestellt. Durch das Fenster sieht er, dass sich zwei weiße Männer gegen ein Auto lehnen, das direkt hinter seinem steht. Es sind offensichtlich Polizisten in Zivil.

„Warum sind diese Polizisten so blöd? Sie sollen mir nachspionieren und dann parken sie direkt hinter meinem Auto."

Noël geht auf die Straße und seine Freunde folgen ihm.

„Wie können sie dir nachspionieren und direkt hinter deinem Auto parken?", ruft einer so laut, dass die Beamten in Zivil es hören können. „Sie müssen ja ganz schön blöd sein."

Alle lachen und zeigen auf die Polizisten. Denen scheint es peinlich zu sein. Sie steigen in ihr Auto und fahren davon.

Als er endlich nach Hause kommt, ist Jacqui schon da. Er erzählt ihr alles und sie regt sich furchtbar auf.

„Ich schäme mich, der weißen Rasse anzugehören", sagt sie.

„Ich schäme mich auch."

„Warum solltest du dich schämen?"

„Weil ich auch Teil der menschlichen Rasse bin."

„Du hast so ein gutes Herz", sagt sie. „Ich möchte nichts mit Leuten zu tun haben, die dich so behandeln."

„Es ist die Realität", sagt er. „Du kannst ihr nicht entkommen."

Er nimmt ein Bad und schläft danach auf dem Sofa ein. Am nächsten Morgen wird er vom Klingeln des Telefons geweckt. Jacqui schläft neben dem Sofa auf dem Fußboden. Als ob sie ihn beschützen wollte.

Er geht ans Telefon.

„Wir möchten mit Ihnen sprechen", hört er eine Stimme sagen. Es ist die Polizei.

„Rufen Sie meinen Anwalt an", sagt er und legt auf.

Belästigungen durch die Polizei wird er nicht mehr dulden. Um neun Uhr ruft er eine Anwältin an und erzählt ihr die ganze Geschichte. Die Anwältin telefoniert mit der Polizei.

„Noch eine weitere Belästigung", sagt sie zu dem verantwortlichen Kommissar, „und ich verklage Sie."

Es wirkt. Er muss nicht ins Gefängnis für eine Tat, die er nicht begangen hat. Dass so etwas vorkommt, hat er schon erlebt. Dieses schmutzige System ist in seinem Kern verfault. Der Rassismus wird niemals aussterben.

Bei dieser Gelegenheit spricht er mit seiner Anwältin auch über die Geschichte mit Mr. Singh. Gibt es eine Chance, das ihm zustehende Geld zurückzubekommen?

„Entweder Mr. Singh zahlt oder wir bringen ihn ins Gefängnis", sagt die Anwältin.

Noël lacht.

„Warum lachen Sie?"

„Sie kennen vielleicht das Gesetz, aber Sie kennen nicht die Straße. Dieser Mann hat sich bestimmt schon sechs oder sieben Mal für zahlungsunfähig erklärt, aber er ist immer noch im Geschäft."

Die Anwältin ist zuversichtlich, dass eine Klage Erfolg haben wird. Noël wird keine Prozesskosten übernehmen müssen, sagt sie. Er ist zwar nicht überzeugt, aber er willigt ein. Schließlich schafft sie es tatsächlich, dass Mr. Singh zur Rückzahlung der 9.000 Pfund verurteilt wird. Mr. Singh erklärt, dass er nur Raten in einer Höhe von zehn Pfund pro Monat zahlen kann. Das Gericht erklärt sich einverstanden. Die monatlichen Zahlungen bleiben jedoch aus.

„Wir müssen noch einmal vor Gericht gehen", sagt die Anwältin. Inzwischen hat sie auch gemerkt, wo dies hinführt. Sie stellt Noël ihre bisherigen Leistungen in Rechnung.

„Das entspricht nicht unserer Vereinbarung“, sagt er.

Er zahlt nicht, und die Anwältin kümmert sich nicht weiter um den Fall. Seine 9.000 Pfund bekommt Noël nicht. Mr. Singh geht einige Jahre später nach Indien und stirbt dort an einem Herzinfarkt.

Negus und Noël (rechts)

Gute Zeiten

1

Währenddessen geht das Leben am Dornie Drive weiter.

Noël lädt seine Eltern ein. Er will ihnen das Haus zeigen. Er hofft, dass sie ein wenig stolz auf ihn sein werden, auf das, was er erreicht hat. Sie genießen, was Jacqui für sie gekocht hat. Dann geht Vater mit Noël in den Garten. Er spricht wieder in Rätseln.

„Gesundheit und Kraft, Gesundheit und Kraft", wiederholt er mehrmals, aber Noël versteht nicht, was er damit sagen will. Einige Wochen später wird ihm klar, was sein Vater sagen wollte. Es ist schön, ein Haus zu kaufen, aber man muss hart arbeiten, um 25 Jahre lang den Kredit abzubezahlen. Dafür braucht man Gesundheit und Kraft.

So ist es. Aber noch ist er gesund und bei Kräften und er erlebt gute Zeiten mit Jacqui in dem Haus.

Als sie sich kennen lernen, stand Jacqui noch unter dem Eindruck eines großen Verlustes. Sie war vor einigen Jahren mit einem in Deutschland stationierten Soldaten verheiratet. Er kam bei einem Verkehrsunfall ums Leben. Ein Jahr später, fast auf den Tag genau und nur wenige Meter von der Unfallstelle entfernt, ist zudem sein Bruder getötet worden, ebenfalls bei einem Unfall. Mit ihm verband Jacqui eine enge Freundschaft. Manchmal weint sie nachts. Noël weiß zunächst nicht, was er machen soll. Er nimmt sie mit zum Joggen, hofft, dass die Bewegung gut für sie ist. Mit der Zeit kann sie über diese Ereignisse sprechen. Und Noël kann ihr helfen, ihre Trauer zu überwinden.

Sie hilft ihm, mit Enttäuschungen fertig zu werden. Sie macht ihm Mut, wenn der Weg schwierig ist.

„Tu einfach dein Bestes", sagt sie. „Du schaffst es. Du kannst erfolgreich sein."

Jacqui gefällt Noëls Aufgeschlossenheit, dass er bereit ist, sich auch außerhalb der jamaikanischen Gemeinschaft zu bewegen. Dass er neugierig ist und Leute aus verschiedenen Gruppen und Schichten kennen lernen will. Ihr gefällt die Initiative, die er aufbringt, um Arbeit zu finden, und sie unterstützt ihn voll und ganz dabei.

Denton will jetzt mit Noël zusammenarbeiten. Er hat einen Kleinbus, den sie gemeinsam für Aufträge nutzen können. Sie bekommen einen Job in Steveneage bei London.

Noël ist derjenige, der beim Finanzamt angemeldet ist und die Steuern abführt. Daher geht er davon aus, dass er die Bezahlung erhält und dann Dentons Anteil auszahlt. Am Zahltag besteht Denton jedoch darauf, dass er beim Auftraggeber als Zahlungsempfänger genannt wird.

„Das ist nicht richtig", sagt Noël. Aber Denton will das nicht hören.

„Dann arbeite für dich selbst", sagt Noël, und die Brüder beenden ihre Zusammenarbeit.

Nachdem Denton gegangen ist, hat Noël keinen Transporter mehr. Er schläft auf der Baustelle und kann nur alle zwei Wochen nach Birmingham zurückfahren. Nach einiger Zeit verdient er genug Geld, um ein kleines Wohnmobil zu kaufen. Das stellt er vor der Baustelle ab und wohnt darin.

Es kommen immer mehr Aufträge herein. In London wird in den achtziger Jahren viel gebaut, und Noël erhält lukrative Jobs, zum Beispiel als Subunternehmer in Steveneage auf einer Baustelle mit dreißig Häusern. Er arbeitet in den Docklands, in Kent, in Watford, dann wieder in London. Es gibt so viel Arbeit, dass er Hilfsarbeiter einstellen muss. Er gründet seine eigene Firma – Borderline Plasterers – in London. Aufträge kommen aus ganz England, schließlich auch aus Schottland und Holland.

Jacqui hat auch Ambitionen. Sie möchte ihren Job wechseln, vielleicht auf ein College gehen und sich weiterqualifizieren.

„In Ordnung", sagt Noël, „mach das. Ich werde die Stellung halten, so lange du Kurse besuchst."

Er kauft ihr eine neue Schreibmaschine und sie meldet sich zum College an. Außerdem fängt sie bei einer Zeitarbeitsagentur an. Sie wird an ShareLink vermittelt, eine Firma, die mit Wertpapieren handelt. In dieser Zeit wurde das Energieunternehmen British Gas privatisiert, und für den Verkauf der Aktien wurden zusätzliche Mitarbeiter benötigt.

„Können Sie verkaufen?", wird sie gefragt.

„Ja, sicher", sagt sie.

Und sie fängt an, Aktien von British Gas an den Mann zu bringen.

Damit hat sie großen Erfolg. Sie arbeitet viel, manchmal bis nachts um drei. Sie steigt in der Firma auf, bekommt ein eigenes Büro, wird Abteilungsleiterin und macht Karriere im Wertpapierhandel. Jacqui scheint für diese Arbeit begabt zu sein und ein gutes Gespür für Investitionen zu besitzen.

Nebenbei übernimmt sie Noëls Buchhaltung. Er kann sich jetzt auf die Akquise, den Einkauf und die Ausführung der Verputzarbeiten konzentrieren. Was er verdient, bekommt Jacqui – sie entscheidet, was auf die Bank kommt und was investiert wird. Noël kennt nicht einmal seine Kontonummer.

2

Manchmal ist es unheimlich, wie alles im Leben zusammenhängt. Er kauft ein Haus in der Rotton Park Road in Edgbaston. Später erfährt er, dass das Grundstück früher Mr. Calthorpe gehörte. Mr. Calthorpe war zu Beginn des 19. Jahrhunderts einer der reichsten Männer Birminghams. Er besaß Zuckerplantagen auf Jamaika und hielt Sklaven. Und zwar ganz in der Nähe von dem Haus, in dem Noël aufgewachsen ist. Der Urenkel von Mr. Calthorpe wurde bei Aufständen von Sklaven umgebracht – wer weiß, vielleicht von Noëls Großvater? Jedenfalls kaufte sich Mr. Calthorpe das große Anwesen in Edgbaston. Und gerade hier lässt sich Noël nieder. Seltsamer Zufall.

Noël und Jacqui suchen eigentlich ein Haus, das sie vermieten können. Es ist ein großes, viktorianisches Haus, aus rotem Backstein. Zwölf Zimmer auf drei Etagen, mit einem großen Garten. Bei der Besichtigung wird Noël klar: Das ist sein Haus.

„Eigentlich wäre es schade, das Haus zu vermieten“, sagt Jacqui. Sie hat sich auch schon in das Gebäude verliebt.

„Warum wohnen wir nicht einfach selbst darin?“

„Ja!“

Sie machen ein Angebot, aber es gibt andere Interessenten, die mehr bieten. Noël will ein Darlehen aufnehmen, aber seine Bank weigert sich.

„Dann kündige ich meine Konten und suche mir eine andere Bank.“

Die Drohung wirkt – er bekommt das Darlehen.

An dem Haus muss viel erneuert werden, aber das ist für Noël kein Problem. Den früheren Pferdestall verwandelt er in eine Küche, im Erdgeschoß baut er eine Toilette ein, das Dach wird komplett erneuert und alle Wände neu verputzt und gestrichen. Die viktorianischen Stuckdecken werden restauriert, ebenso die alten Marmorkamine. Selbst die Klingelknöpfe für die Diener kommen wieder zu Ehren. Im Wohnzimmer richtet er dekorative Nischen ein, mit Lampen, die ein weiches Licht ausstrahlen. An die Decken hängt er Kronleuchter. Er befreit den Garten vom Unkraut, pflanzt einen neuen Rasen und verputzt die Gartenmauern.

Jacqui ist stolz auf ihn.

Noël mit Hund im Garten

Sie träumen davon, das Haus vollständig im viktorianischen Stil einzurichten. Es fehlen nur noch Möbel.

„Lass uns ein bisschen Geld ausgeben", sagt Jacqui. Sie fahren aufs Land und stöbern in Antiquitätenläden, auf der Suche nach verzierten Himmelbetten, Tischen mit Einlegearbeiten, altmodischen Schränken, chinesischem Porzellan.

Das Haus ist riesig, und sie probieren alle Zimmer aus. Wenn Noël nachts nach Hause kommt, muss er Jacqui oft suchen, weil sie das Schlafzimmer schon wieder verlegt hat. Sie lieben das Haus, aber sie müssen einsehen, dass es viel zu groß ist für zwei Personen.

Sie entschließen sich, Zimmer zu vermieten, vor allem an Kollegen von Jacqui. Noël und Jacqui bieten einen Komplettservice und stellen eine Putzfrau ein, die die Zimmer täglich reinigt. Und neben ihrer eigenen Arbeit helfen Noël und Jacqui, Bettlaken und Handtücher zu waschen und zu bügeln. Der Service kommt gut an und nach kurzer Zeit sind alle Zimmer vermietet. Weil Jacqui es nicht über das Herz bringt, Interessenten abzuweisen, vermietet sie nach einiger Zeit sogar ihr eigenes Schlafzimmer und stellt ihr Bett ins Wohnzimmer. Und nach der nächsten Anfrage ziehen sie in ein kleines Zimmer hinter der Küche um.

Aber das macht ihnen nichts aus. Sie nutzen den riesigen Garten und toben mit den großen Hunden, die sie sich gekauft haben. Sie hören Musik und tanzen. Oder machen es sich gemütlich und schauen Jacquis Lieblingsfilme an. Es ist eine glückliche Zeit in der Rotton Park Road.

3

Weil sich Noël und Jacqui beide für Geschichte interessieren, machen sie Ausflüge nach Warwick Castle, wo sie über William den Eroberer und die Schlacht von Hastings lesen. Jacqui liebt außerdem Kunst und zeigt Noël die englischen Landschaftsmaler im Birminghamer Kunstmuseum. Constable, Turner und die Präraphaeliten. Jacqui liebt die präraphaelitische Malerei. Sie kauft Kopien der Bilder und schmückt damit die Wände ihres Hauses. Ihm ist es recht, denn er findet, dass Jacqui selbst eine gewisse Ähnlichkeit mit dem präraphaelitischen Frauentypus hat. Es ist fast, als ob überall Bilder von Jacqui hängen würden.

Sie verbringen viel Zeit miteinander. Sie probieren verschiedene Restaurants aus oder fahren auf das Land und essen einen Ploughman's Lunch in einem alten Gasthaus. Sie joggen zusammen, immer um den Stausee in Edgbaston herum. Oder fahren zum Reiten nach Wales.

Unter Jacquis Anleitung findet Noël zunehmend Gefallen an der englischen Küche. Er mag es, wenn sie sonntags Hähnchen brät. Oder an Weihnachten Truthahn mit schmackhaften kleinen Würstchen serviert. Und sie entwickelt einen Geschmack für die scharf gewürzten jamaikanischen Gerichte. Ziegenfleisch mit Curry, Fischsuppe mit Mehlklößen, grünen Bananen und Okra. Gebratener Fisch mit Pfeffer, grünem Paprika und Tomaten. Er zeigt ihr, wie die Jamaikaner mit dem Dutchpot kochen, diesem unverwüstlichen gusseisernen Topf mit Deckel, der aus Holland stammt und von den Sklavenhändlern in die Karibik gebracht wurden. Man tauschte dann Töpfe gegen Sklaven. Die Sklaven kochten gern damit, weil man den Dutchpot über offenem Feuer aufhängen konnte und das Kochen mit Deckel das Essen schmackhafter macht.

Nach wie vor geht er abends mit seinen Freunden aus, besucht Clubs, tanzt die ganze Nacht durch. Jacqui macht das nichts aus.

„Dich zu lieben bedeutet, dir den Freiraum zu lassen, den du benötigst", sagt sie. Und er hat das Gefühl, dass sie es ernst meint. „Geh ruhig aus, ich habe einen guten Film, den ich mir anschauen werde."

Jacqui ist eine echte Filmkennerin; sie hat schon viele Filme gesehen. Außerdem liest sie leidenschaftlich. Wenn Noël in den frühen Morgenstunden nach Hause kommt, findet er sie oft noch in einen Roman vertieft.

Sobald sie ein Buch durchgelesen hat, schlägt sie das nächste auf.

Wenn sie das Gefühl hat, dass er zu viel arbeitet und Erholung braucht, packt sie seinen Koffer und schickt ihn in Urlaub. Manchmal fordert sie ihn auch auf, mit Freunden auf eine Party zu gehen, obwohl sie weiß, dass er dort andere Frauen kennen lernen und mit ihnen tanzen wird. Manchmal kommt es ihm so vor, als ob sie ihn ermutigen würde, sich für andere Frauen zu interessieren. Sie macht ihn auf Frauen mit langem, vollem Haar aufmerksam, das ihm so gut gefällt. Und wenn Frauen in Jacquis Gegenwart mit ihm flirten, nimmt sie es mit Humor.

Denn sie weiß, was sie an ihm hat.

Wenn er unterwegs ist, ruft er sie jeden Tag an. Und wenn sie sich nicht wohl fühlt, schickt er ihr Blumen oder Teddybären, um sie ein wenig aufzuheitern. Er schickt so viele Blumen, dass ihre Arbeitskolleginnen schon ganz neidisch sind.

„As long as love comes home", sagt sie, „I have love."

Sie weiß, dass er sie liebt und dass sie sich auf ihn verlassen kann. Und wenn sie ihn braucht, wird er da sein.

Sie ist eine echte Lady, denkt er. Er hat noch nie eine Frau kennen gelernt, die so liebenswürdig, verständnisvoll und großzügig ist. Und mit der es so viel Spaß macht, zusammen zu leben. Sie ist alles, was er sich gewünscht hat. Seine Freunde sind auch der Meinung.

„Diese Frau ist eine Milliarde wert", sagen sie.

„Ich weiß", sagt Noël. „Ihr zu begegnen ist das Beste, was mir passieren konnte."

4

Leon, ein enger Freund von Noël, ist der Erste, der das Gespenst bemerkt. Sie haben sich in der Snookerhalle kennen gelernt. Die Halle ist ein beliebter Treffpunkt, aber normalerweise geht Noël dorthin, um in aller Ruhe Snooker zu spielen. An einem Abend sieht er einen Mann in der Ecke stehen, genauso ruhig und ernst wie Noël selbst. Mit einem seltsamen Leuchten in den Augen. Irgendetwas ist mit dem Kerl.

Später gehen sie alle zu Albert, einen Bekannten aus Noëls alter Kung-Fu-Gruppe. Albert besitzt ein Fitnessstudio und lädt manchmal Freunde ein. Beim Training beobachtet Noël Leon. Leon hat etwas Mysteriöses an sich. Angeblich saß er wegen fahrlässiger Tötung im Gefängnis. Noël weiß nichts Genaues, aber er hat das Gefühl, dass Leon einen Freund braucht.

„Wollen wir zusammen trainieren?“, schlägt er Leon vor.

„Okay“, sagt Leon. „Joggst du?“

Sie laufen zusammen, eine Strecke von dreizehn Meilen.

„Ich bin Gipser“, erzählt er Leon.

„Gut“, sagt Leon. „Kannst du meine Zimmerdecken verputzen?“

„Passt dir dieses Wochenende?“, fragt Noël.

„Großartig.“

Am nächsten Wochenende erledigt Noël die Arbeiten bei Leon.

„Was schulde ich dir?“, fragt dieser und holt einige Geldscheine aus seiner Hosentasche.

„Nichts“, sagt Noël. „Das ist schon in Ordnung.“

Er möchte kein Geld annehmen, weil er weiß, dass Leon nicht viel verdient. Leon arbeitet in einer Werkzeugfabrik.

„Danke“, sagt Leon. „Sag Bescheid, sobald du dein neues Haus gekauft hast. Ich helfe dir beim Renovieren.“

Seit dieser Zeit sind die beiden unzertrennlich. Leon ist regelmäßig zu Gast beim sonntäglichen Mittagessen, das Jacqui zubereitet. Und zu dritt gehen sie oft aus, zum Frühstücken oder zum Lunch.

5

Zwei Wochen nach dem Umzug in die Rotton Park Road kommt Leon zu Besuch. Er steigt mit Noël die Treppe hinauf ins oberste Geschoß.

„Hier ist eine Frau, die noch nicht gegangen ist“, sagt Leon plötzlich.

„Was bitte?“

„Hier wohnt ein Gespenst. Eine Frau.“

„Wie kommst du darauf?“, fragt Noël.

„Ich kann sie riechen.“

Es ist merkwürdig, wie Leon das so nebenbei erzählt. Zunächst überrascht Noël der Gedanke, dass es in seinem Haus spuken könnte. Obwohl ein Gespenst prinzipiell nichts Neues für ihn wäre. Denn in Jamaika kennt man sich mit Gespenstern aus. Früher hieß es, dass die Leute Angst hatten, nach St. Thomas zu kommen, wo Noël mit seiner Familie wohnte. Wegen der vielen Gespenster.

Er hat auch schon welche gesehen.

An einem heißen Nachmittag ging er am Friedhof entlang. Das ist eine einsame Gegend – nur der Bus von seinem Onkel fährt hier zweimal täglich vorbei. Plötzlich steht sie da. Am Hang oberhalb des Weges, mitten im Dickicht. Eine Frau in einem schwarzen Ballkleid mit langen Handschuhen. Sie starrt ihn an und er starrt sie an. Dann ist sie verschwunden.

Jahre später sieht er mehrere Gespenster, diesmal in seiner Wohnung in der Rawlins Street. Zwei Kinder – vielleicht sechs und acht Jahre alt – kommen die Treppe herauf. Sie sind altmodisch angezogen, wie zu der Zeit von Queen Victoria. Er sagt, dass sie verschwinden sollen, aber sie kommen zurück und halten Hufeisen in ihren Händen. Was sie hier machen, fragt er, und sie erzählen, dass man sie aus ihrer Wohnung vertrieben habe, wenige Häuser von hier entfernt.

Noël denkt nicht weiter darüber nach. Als er abends nach Hause kommt, hört er Geräusche vom Hof. Nachbarn beschweren sich wegen des Lärms. Seine Tür wird zugeschlagen, sodass die ganze Wohnung bebt. Sind es wieder diese Kinder? Und dann poltert mit schwerem Schritt ein Mann ins Zimmer. Der Kopf sitzt falsch auf seinem Körper. Verfaulte Zähne, leere Augen. Der Mann grinst ihn an. Noël kneift sich in den Arm. Er ist wach. Er versucht, den 23. Psalm aufzusagen – das soll Gespenster vertreiben. Aber er hat die Worte vergessen. Er flucht. Und dann verschwindet der Mann wieder. Später hört er, dass kurz vor seinem Einzug ein Mann in der Wohnung gestorben ist.

Also, Gespenster gibt es. Vielleicht hat Leon Recht, und es spukt tatsächlich in dem Haus in der Rotton Park Road. Man weiß ja nie.

Nachdem die ersten Untermieter eingezogen sind, merken Noël und Jacqui es auch.

„Ich habe das Gefühl, dass ich beobachtet werde“, sagt einer.

„Ich höre Schritte, obwohl ich weiß, dass keiner da ist“, sagt ein anderer. „Und irgendetwas klappert da oben.“

Noëls Cousine Elaine kommt zu Besuch. Sie berichtet, dass sie das Gefühl hatte, von einem schweren Gewicht erdrückt zu werden, als sie im Bett lag. Danach ist sie drei Wochen krank.

„Ich lag im Bett“, sagt David Lane, ein anderer Mieter. „Und unter der Zimmerdecke schwebte ein Gesicht, das auf mich heruntersah.“

David geht deswegen zu einer Hellseherin.

„Sie hat mir gesagt“, erzählt er Noël später, „dass neben mir eine Frau steht, und dass sie sehr unglücklich aussieht.“

David will es nicht glauben und sucht einen zweiten Hellseher auf. Und dieser bestätigt, dass neben ihm eine Frau stehen würde, die sehr böse zu sein scheint.

„In eurem Haus spukt es“, sagt David zu Noël und Jacqui.

„Das weiß ich doch“, sagt Jacqui. „Es ist eine Frau.“

Jacqui scheint das Gespenst auch schon gesehen zu haben.

„Ich nenne sie Rose“, sagt Jacqui. „Weil das Haus früher ‚Rose Villa‘ hieß.“

„Warum habe ich sie noch nicht gesehen?“, fragt Noël.

6

Er sieht das Gespenst erst, nachdem er zwei alte Gemälde gekauft und im Korridor aufgehängt hat. Die Besitzerin eines Antiquitätengeschäfts, das er und Jacqui oft besuchen, versucht schon seit langem, ihn zum Kauf dieser Ölgemälde zu überreden. Es sind zwei Porträts.

„Nehmen Sie die“, sagt die Händlerin, bestimmt zum zehnten Mal.

„Ich suche eigentlich einen Kleiderschrank“, sagt er.

„Aber schauen Sie. Sie sind etwas Besonderes. Aus Deutschland.“

Ein Bild zeigt eine altmodische ältere Dame, mit weißem Rüschenkragen und weißem Häubchen. Laut Rückseite eine „Copie nach der Königlichen Gemälde Gallerie zu Dresden“.

Das andere Porträt stellt einen älteren Herrn mit kahlem Kopf, schmalem Gesicht und Nickelbrille dar. Dieselbe Beschriftung auf der Rückseite.

„Sie sollten sie kaufen“, sagt die Antiquitätenhändlerin.

„In Ordnung, ich nehme sie“, sagt er.

Das Porträt des alten Herrn hängt er im Korridor auf und das Bild der Dame an der Wand gegenüber von der Wohnzimmertür. Merkwürdig. Wenn er durch den Korridor geht, hat er das Gefühl, dass die beiden ihn beobachten.

Eines Nachts liegt er im Bett und sieht eine Frau ins Zimmer kommen. Sie schaut ihn an. Er spürt, dass sie ihn begehrt, und das macht ihm höllisch Angst.

„Nein“, schreit er, „Nein, nein!“

Er schreit so laut, dass Jacqui aufwacht.

„Was ist los?“, fragt sie. „Was ist denn?“

Er sieht, wie die Frau aus dem Zimmer gleitet. Sie sieht genauso aus wie die Frau auf dem Gemälde.

Nun weiß er auch, dass es spukt.

Manches ändert sich nicht

1

Ende der achtziger Jahre gehen Noël und Jacqui zu einem Ehemaligentreffen an seiner alten Schule.

Er hat sich inzwischen sehr verändert. Der magere, kleine Junge, den die Lehrer nicht mochten, ist jetzt ein kräftiger, großer Mann und trägt italienische Anzüge und Seidenhemden.

Die Lehrer sind sichtlich überrascht, Noël Martin zu treffen. Sie erinnern sich wohl noch daran, wie sie ihn früher behandelt haben.

Einer der Lehrer fragt Jacqui, was früher mit Noël los gewesen sei.

„Er wurde missverstanden", sagt sie.

„Und welche Schule haben Sie besucht?", fragt der Lehrer.

„Die Selly Oaks Schule für Mädchen."

Jeder weiß, dass das eine gute Schule ist. Man kann fast dabei zusehen, wie die Lehrer ihre Meinung über Noël revidieren. So ein schlechter Kerl kann er doch nicht gewesen sein, wenn er heute so viel Erfolg hat und mit einer intelligenten und hübschen Frau zusammen lebt.

„Können wir Ihnen einen Drink spendieren?", fragen die Lehrer.

Niemals die Friedenspfeife annehmen. Lass dir von solchen Menschen keine Drinks spendieren. Bezahle ihnen stattdessen einen Drink. Auf diese Weise kannst du ihnen deine Verachtung zeigen, kannst ihnen zeigen, dass du sie überholt hast. Obwohl sie dir vorausgesagt haben, dass du im Knast enden würdest.

Sie haben ihm nichts zugetraut. Das sind bittere Erinnerungen.

Wie ausgeschlossen hat er sich damals gefühlt. Nur wenige schwarze Schüler durften damals an berufsvorbereitenden Maßnahmen teilnehmen. Sie gingen in Betriebe und konnten sich mit der Arbeit einer Mauers, Klempners oder Malers vertraut machen. Noël durfte nie mitgehen. Vielleicht weil er schwarz war, vielleicht weil ihn die Lehrer nicht mochten. Wie auch immer. Hätte er damals solch eine Gelegenheit erhalten, dann wäre sein Lebensweg vielleicht leichter gewesen.

Trotz alledem. Er hat es zu etwas gebracht. Er ist einer der besten Gipser im Land, und er wohnt in einem größeren Haus als die meisten seiner Lehrer. Er hat das Gefühl, dass die Lehrer sich dessen bewußt werden. Und dass sie sich ein wenig dafür schämen, wie sie ihn damals behandelt haben.

2

Der Rassismus in den Sechzigern und Siebzigern. Die Ungerechtigkeiten in der Schule. Die systematischen Belästigungen durch die Polizei. Es war schwer, damit zurechtzukommen. Man konnte nur darüber lachen. Das Lachen als einzige Waffe gegen ein rassistisches System.

Jetzt, Ende der Achtziger, hat sich einiges geändert, aber nicht alles. Diskriminierung durch die Polizei gibt es immer noch. Und Pledge weigert sich nach wie vor, in einen „weißen" Club zu gehen.

„Das ist Zeitverschwendung", sagt er. „Die werden mich sowieso nicht reinlassen."

Barry, Noëls Cousin, arbeitet als Koch in einem Club, der vor allem von Weißen besucht wird. Wenn er und seine Frau, die englische und pakistanische Vorfahren hat, dorthin zum Tanzen gingen, wurden sie nicht eingelassen.

„Warum nicht?", fragte Barry.

Weil der Club eine „Schwarzenquote" hat. Mehr als zwölf Schwarze dürfen sich nicht gleichzeitig in den Räumen aufhalten. Barrys Frau musste den Türstehern erst die Hölle heiß machen und sie lautstark als Rassisten beschimpfen, bevor sie eingelassen wurden.

Noël sieht auch nicht ein, warum er nicht in „weiße" Clubs oder Cafés gehen sollte. Er kümmert sich nicht um die Bemerkungen, die er zu hören bekommt. Wenn er sich mit einem weißen Mädchen unterhält, kommt es immer wieder vor, dass ein weißer Mann an seinen Tisch herantritt und ihm mitteilt, dass er es nicht gern hat, wenn schwarze Männer mit weißen Mädchen reden.

Und gleichzeitig haben diese Leute nichts gegen schwarze Musik. In den Clubs und Kneipen in weißen Gegenden wird Sam Cook, Otis Redding, Motown und Jazz gespielt. Black Music. Er sieht, wie die Weißen zu dieser Musik tanzen. Wenn sie meinen, dass Schwarze minderwertig sind, warum tanzen sie dann zu ihrer Musik? Manchmal wissen sie gar nicht, dass die Musik, die sie gerade hören, von Schwarzen komponiert und gesungen wurde. Die Leute können so ignorant sein. Der Rassismus ist so dumm wie die Leute, die ihn propagieren.

Es wird so viel über bessere Bildung für Schwarze geredet. Vielleicht, denkt Noël, sind es die Weißen, die besser ausgebildet werden müssten.

Die weißen Jungs aus der Schule, die Noël rassistisch beschimpft haben. Komisch, daran zu denken, was aus denen geworden ist. Mit einigen hatte sich Noël angefreundet. Mit Mark Healy zum Beispiel. Sie saßen nebeneinander im Unterricht. Als es kalt wurde, schenkte ihm Marks Mutter einen weißen Pullover. Einmal sollte er Mark zu Hause abholen. Als er kam, war Mark noch im Bett, obwohl es schon zwölf Uhr war. Seine Mutter hat ihm eine Tasse Tee angeboten. So schön ist es, weiß zu sein, hatte Noël gedacht. Er wünschte, er könnte auch weiß sein.

Als sie von der Schule abgingen, haben sie sich aus den Augen verloren. Bis sie sich – ungefähr 1987 – zufällig begegnen. Mark ist arbeitslos, nimmt Drogen und macht bei den Hell's Angels mit. Noël gibt ihm einen Job und vermietet ihm ein Zimmer im Haus in der Rotton Park Road. Und Marks Mutter, die ebenfalls arbeitslos ist, beschäftigt er als Putzfrau.

Mark soll im Haus nach dem Rechten sehen, während Noël in Urlaub fährt. Er möchte Mark das Gefühl geben, dass er ihm vertraut, aber Mark ist daran nicht gewöhnt. Er hat Angst, nicht zuverlässig zu sein. Noël ermutigt ihn und Mark macht seinen Job gut. Noël möchte ihm noch mehr Mut machen. Sie reden davon, eine Motorradwerkstätte in Jamaika zu eröffnen. Noël möchte Mark wirklich helfen.

Eines Tages kommt Mark nicht zur Arbeit. Als Noël ihn anruft, berichtet er von Schmerzen im Kopf und in den Beinen. Er kommt ins Krankenhaus. Noël besucht ihn dort. Mark sitzt vor dem Gebäude auf einer Bank, raucht und erzählt Witze. Eines Tages werde er an Krebs sterben, sagt er. Noël hält das für einen Witz.

Kurze Zeit darauf muss Mark wieder in die Klinik. Sie schneiden ihn auf, nähen ihn wieder zu und schicken ihn nach Hause. Drei Tage später ist er tot. Er wurde nur 32 Jahre alt. Noël kann es überhaupt nicht fassen.

Und was wurde aus Renny? Renny gehörte zu denen, die ihn übel beschimpft haben. Er war wirklich rassistisch gestellt. Später heiratete er eine Schwarze. Was hält er nun von all dem? Tut ihm sein früheres Verhalten leid? Und was bringt er heute seinen Kindern bei? Verheimlicht er ihnen, welche Einstellung er früher gegenüber Schwarzen hatte? Oder zeigt er ihnen, dass er seine Arroganz bereut und sie ohne Vorurteile erziehen möchte?

Wenn deine eigenen Kinder Mischlinge sind, kannst du Schwarze nicht mehr als „Neger" beschimpfen.

London

1

Wenn er in London arbeitet, wohnt Noël mit Bernie, einem Kollegen aus der Baubranche, zusammen in einem Haus, das sie renoviert haben. Als er anfing, Großaufträge anzunehmen, wurde ihm sein Wohnmobil zu eng. Im Norden von London fanden sie ein heruntergekommenes Haus, das für ihre Zwecke geeignet war. Zu dieser Zeit hatte jeder, der ein verfallenes, der Gemeinde gehörendes Haus übernahm und instand setzte, einen Anspruch darauf, dort zu wohnen. Und wenn man zwölf Jahre lang dort wohnte, erhielt man das Recht, das Haus zu verkaufen. Andernfalls fiel das Gebäude wieder an die Gemeinde zurück.

Von dieser Möglichkeit machen sie Gebrauch. Sie renovieren das Haus und ziehen ein. Jeder hat ein Schlafzimmer, es gibt eine Küche, ein Wohnzimmer, und weitere Zimmer, die sie vermieten können.

So lernt er Edwin kennen.

„Hast du ein Zimmer für einen jungen Mann, den ich kenne?", fragt ihn eines Tages ein Kollege. „Er ist gerade aus Jamaika gekommen und hat noch keine Bleibe."

„Ist recht", sagt Noël. „Komm mit ihm vorbei."

Der Gipser kommt mit einem jungen Mann.

„Das ist Edwin", sagt er.

„Danke, Don", sagt Edwin zu Noël.

Alles klar, denkt Noël. Zumindest zeigt der junge Mann Respekt. In Jamaika spricht man Respektspersonen nämlich mit „Don" an.

„Warum bist du nach England gegangen?", fragt er.

Edwin erzählt. Er wurde in England geboren, aber seine Eltern gingen zurück nach Jamaika. Seine Mutter machte in England eine Ausbildung als Krankenschwester und arbeitete dann in Jamaika. Edwin und seine Brüder sind nach der Schule immer ins Krankenhaus gegangen, um dort zu warten, bis ihre Mutter Feierabend hatte. Zwölf Jahre lebte Edwin in Jamaika.

Edwin ist bei einem anderen Gipser untergekommen. Die Arbeit gefällt ihm nicht, weil er früh aufstehen muss. Er beschwert sich darüber, wie kalt es in England ist. Und überhaupt scheint er ziemlich durchzuhängen. Die

Leute, mit denen er zusammen ist, machen keinen guten Eindruck. Sie sind auch gerade aus Jamaika gekommen und keiner kann Edwin etwas über das Leben in England erzählen. Sie haben nur ein Interesse: Gras rauchen. Edwin muss sich verloren vorkommen, denkt Noël.

Eines Morgens geht Edwin zu Noël: „Ich werde jetzt für dich arbeiten."

Noël sieht ihn überrascht an.

„Du willst für mich arbeiten?"

Edwin nickt.

„Du verstehst nicht genug von der Gipserei."

„Du könntest es mir beibringen. Bitte."

„Nun ja, wir können es versuchen."

„Danke, Don."

Es ist nicht einfach, Edwin auszubilden, weil er recht dickköpfig ist und meint, Dinge zu wissen, die er aber noch gar nicht kennt. Aber er ist Noël ans Herz gewachsen, und Noël möchte ihm helfen. Er wird Edwins Lehrer und väterlicher Freund. Nicht nur in beruflicher Hinsicht, sondern auch in Dingen des täglichen Lebens.

Edwin ist ihm dankbar dafür. Auch seine Brüder freuen sich über den guten Einfluss, den Noël auf Edwin ausübt. Wenn Edwin wieder in die falsche Richtung abdriftet, wenden sie sich an Noël.

„Bitte, Noël", sagen sie zu ihm, „sprich mit Edwin. Irgendetwas stimmt nicht mit ihm. Er wird wieder Ärger bekommen. Er respektiert dich. Vielleicht kannst du ihn wieder auf den richtigen Weg bringen."

Und wenn Edwins Eltern aus Jamaika kommen, statten sie Noël immer einen Besuch ab.

Natürlich lernt Edwin auch Jacqui kennen. Und über die Jahre entwickelt Edwin für beide eine große Zuneigung.

2

Noël wartet mit Edwin an einer Bushaltestelle. Neben ihnen sitzen mehrere Schülerinnen auf der Bank. Ein Mann läuft vorbei, starrt die Mädchen an und murmelt etwas wie „Die Puppen werde ich kriegen". Der Typ quetscht sich auf die Bank und betatscht eine der Schülerinnen. Die Mädchen springen auf, der Mann will hinterher. Noël geht dazwischen.

„Wenn Sie die Mädchen nicht in Ruhe lassen", sagt Noël, „werde ich Sie umbringen."

Er meint es ernst. Er wird ein solches Verhalten nicht tolerieren.

Der Mann glotzt ihn an, ein Bus fährt vor. Noël achtet darauf, dass alle Mädchen einsteigen.

Am nächsten Tag wartet er wieder an der Bushaltestelle. Jemand legt eine Hand auf seine Schulter. Er dreht sich um und sieht zwei der Mädchen von gestern.

„Meine Mutter dankt Ihnen", sagt ein Mädchen.

Er ist stolz auf sich. Es ist das Beste, was er in seinem Leben gemacht hat. Er weiß, dass er kein schlechter Typ ist.

Es sind gute Jahre, die er mit Bernie und Edwin in London verbringt. Einige der besten seines Lebens.

Eine Affäre

1

Noël hat gerade einen neuen Auftrag für zwölf Häuser in Surrey übernommen, als er Molly kennen lernt. Er fährt zur Baustelle und will sein Wohnmobil an der stark befahrenen Landstraße parken.

„Lass den Wagen da nicht stehen", ruft ihm einer der Männer von der Baustelle zu.

„Es ist ein Privatweg", erklärt ein anderer Mann, „und die Dame, die hier wohnt, wird dir sagen, dass du hier nicht parken kannst."

Es klingt, als ob sich dahinter eine Geschichte verbergen würde. Noël will es darauf ankommen lassen. Und siehe da, eine Frau kommt die Auffahrt herunterspaziert. Hübsch, schlank, um die dreißig. Blondes, kurz geschnittenes Haar. Rebellische Erscheinung.

„Sie können hier in der Auffahrt parken."

„Sind Sie sicher?"

„Ja, kein Problem."

Er fährt in die Auffahrt und geht an seine Arbeit. Abends parkt er das Wohnmobil auf der Baustelle. Am nächsten Morgen stellt er das Auto wieder in der Auffahrt der jungen Dame ab, weil es zu gefährlich ist, den Wagen tagsüber auf der Baustelle stehen zu lassen. Jeden Tag macht er das so. Eines Abends steht sie wieder da, als er das Wohnmobil abholt.

„Hallo", sagt sie.

„Polly put the kettle on", sagt er und hofft, dass sie ihn zu einer Tasse Tee einlädt.

„In Ordnung", sagt sie. „Wollen Sie eine Tasse Tee?"

„Könnten Sie einige Gipserarbeiten für mich erledigen?", fragt sie später. „Sie könnten mit dem Kamin anfangen."

„Ja, kann ich machen", sagt er und erledigt die Arbeit in seiner Freizeit.

Währenddessen übernachtet er in seinem Wohnmobil und duscht sich in den Sanitäranlagen auf der Baustelle. Er kocht sein Essen auf einem kleinen Gaskocher und schläft auf einer schmalen Matratze hinten im Wagen.

„Wollen Sie reinkommen und ein Bad nehmen?", fragt sie eines Tages.

„Das wäre großartig."

„Sie können im Haus schlafen, wenn Sie möchten. Ich kann hier unten ein Bett für Sie beziehen."

„Sehr schön“, sagt er, und wirklich, es fühlt sich gut an, wieder in einem richtigen Bett zu liegen.

Er schläft – wie immer – mit der Bettdecke über das Gesicht gezogen. Nachts spürt er auf ein Mal, wie jemand die Decke anhebt und ihn anblickt. Es ist ein Mann, den er hier noch nie gesehen hat. Der Mann sagt nichts und geht dann die Treppe hinauf, als würde ihm das Haus gehören.

Danach flirtet Molly mit ihm. Als sie merkt, dass er häufig Joggen geht, läuft sie mit ihm. Eines Tages kommen sie zum Haus zurück und dieser Mann steht da. Oben auf dem Balkon.

„Wo sind meine Champignons?“, fragt er Molly.

„Er hat sie aufgegessen“, sagt sie und zeigt auf Noël. Danach sieht ihn Noël eine ganze Weile nicht mehr.

Nachdem er mit den zwölf Häusern in Surrey fertig ist, hinterlässt er Molly seine Visitenkarte und zieht wieder nach London. Eines Tages ruft sie ihn an.

„Können Sie eine Arbeit übernehmen?“, fragt sie. „Das Treppenhaus muss verputzt werden.“

Er fährt abends nach Surrey, um sich die Sache anzusehen. Als sie die Tür öffnet, erkennt er sie kaum wieder, denn sie trägt ihr Haar jetzt schulterlang. Sie überrascht ihn mit einem leidenschaftlichen Kuss auf die Lippen.

„Ich habe dich vermisst“, sagt sie. Dann führt sie ihn ins Haus und stellt ihn dem Mann vor, der damals auf dem Balkon stand. Es ist ihr Ehemann Rusty. Er ist Mitarbeiter im Pressestab von Premierminister John Major.

Rustys Eltern sind auch da. „Er hat das Kommunikationssystem in der Alexander Station installiert.“ Mit diesen Worten stellt sie ihren Schwiegervater vor. Es klingt, als ob sie Noël beeindrucken wollte.

„Und er ist mein Gipser“, sagt sie und deutet auf Noël. Ein einfacher Handwerker, der für mich Arbeiten erledigt. Sozusagen mein Sklave. So klingt das, findet er.

Molly zeigt ihm die Arbeit, die gemacht werden soll, und plaudert mit ihm über ihre Freundin Jenny. Jenny fährt gern nach Gambia; sie war schon sieben Mal dort.

„Kann ich mit Noël zu Jenny fahren?“, fragt sie ihren Mann. Bevor sie losfahren, ruft Rusty ihn in sein Zimmer.

„Seien Sie vorsichtig“, sagt er. „Sie ist eine Menschenfresserin.“

Noël lacht. Aber wen meint er – Jenny oder Molly?

Noël fährt mit seinem Auto hinter Molly her. Sie stoppt vor einer Kneipe.

„Willst du einen Drink haben oder Jenny besuchen?“, fragt sie.

Er versteht nicht, wie sie das meint. Aber ein Drink wäre in Ordnung. Danach schlägt Molly vor, dass sie mit ihrem Auto weiterfahren.

Sie biegt nach einiger Zeit in eine Privatstraße ab. Hält an einer Stelle an, wo ziemlich viele Büsche stehen. Ein abgelegener Ort.

„Hier ist es gut“, sagt sie und stellt ihren Sitz zurück. „Möchtest du mit mir Liebe machen?“

Das hat er nicht erwartet.

„Möchtest du nicht lieber in ein Hotel gehen?“, fragt er.

„Ich kann nicht ins Hotel“, sagt sie. „Ich bin zu laut.“ Und sie zieht ihren Rock hoch, um ihm zu zeigen, dass sie keinen Slip trägt.

Er schlägt ihr noch einmal vor, ins Hotel zu gehen.

„Dann muss ich es eben selber machen“, sagt sie, „wenn du nicht willst.“ Sie fängt an, sich zu streicheln.

Er ist ziemlich verdutzt, aber er findet es erregend.

Dann fährt sie ihn zu seinem Auto.

Freitagabend ruft sie an. Ob er morgen wieder kommen wolle? Rusty werde in der Stadt sein.

„Das ließe sich machen“, sagt er.

Am nächsten Tag fährt er mit Edwin nach Surrey. Er sagt Edwin, er solle im Auto warten, und geht zu Molly in die Küche. Sie flirtet mit ihm. Er streichelt sie, bis Edwin am Fenster vorbeigeht und er Molly wieder loslassen muss. Edwin kommt herein und sie beginnen mit der Arbeit.

Nach einiger Zeit geht ihnen das Baumaterial aus. Noël schickt Molly zu einem Fachgeschäft, um verschiedene Dinge zu besorgen. Unterwegs ruft sie ihn mit ihrem Handy an. Sie flirtet mit ihm und erzählt ihm, wie gern sie Snooker spielt. So wie sie es sagt, ist die sexuelle Anspielung unüberhörbar.

Später, als das Baumaterial geliefert wird, scheint es Molly zu imponieren, wie Noël sich mühelos einen schweren Sack auf die Schultern wuchtet. Sie streichelt seinen Rücken.

„Was für Muskeln du hast“, sagt sie.

„Das macht die jahrelange Übung“, sagt er.

Rusty kehrt früher aus der Stadt zurück als erwartet.

„Sie spielen also gern Snooker?“, fragt er Noël.

Sehr merkwürdig. Woher kann Rusty wissen, worüber er mit Molly am Telefon gesprochen hat?

Molly geht zu Noël nach oben; Rusty ist bei Edwin, der gerade im Erdgeschoss Putz anmischt. Molly streichelt Noël, küsst ihn, als ob sonst keiner im Haus wäre. Später, nachdem Rusty auch nach oben gekommen ist, macht sie es noch einmal. Als ob ihr es egal wäre, ob er sie sieht oder nicht.

„Das ist gefährlich", sagt Noël. „Er weiß, dass wir von Snooker gesprochen haben. Wie ist das möglich?"

Sie zuckt nur mit den Schultern. Viel später, nachdem Rusty tot ist, sagt sie ihm, dass die Telefone aus Sicherheitsgründen abgehört wurden.

Er ist wieder in London, und sie ruft ihn an. Klingt sauer.

„Wo warst du gestern Abend?", fragt sie. „Du hast dein Telefon nicht abgenommen."

„War bei einer Dame", sagt er.

„Hast du sie geliebt?"

„Ja."

„Die ganze Nacht?"

„Ja."

„Ich komme. Ich werde in einer Stunde da sein", sagt sie. „Wo wohnst du?"

Er gibt ihr die Adresse der Kneipe, wo er gerade mit seinen Arbeitskollegen feiert. Die Kneipe liegt in einer Gegend, in der auch Schwarze wohnen. Durch das Fenster kann er beobachten, wie sie langsam vorbeifährt, aber nicht hereinkommt. Als ob sie Angst hätte, in diese Kneipe zu kommen, in der so viele schwarze Männer sind. Er geht hinaus zu ihrem Wagen.

„Wenn sie so viel Angst vor Schwarzen hat", fragt er sich, „was will sie dann von mir?"

Als sie in seiner Wohnung eintreffen, umarmt sie ihn stürmisch.

„Liebe mich", sagt sie, „die ganze Nacht, wie du diese Frau geliebt hast."

Sie scheint ängstlich und aufgeregt zugleich zu sein. Jenny, die ja nicht grundlos nach Gambia gefahren sein wird, muss ihr erzählt haben, wie es ist, mit einem Schwarzen Sex zu haben. Jetzt will Molly es auch ausprobieren.

Molly hat zwei Flaschen Chablis mitgebracht. Sie lieben sich die ganze Nacht. Und sie macht so viel Lärm, dass Bernie und Edwin nicht schlafen können.

Sie geht. Es regnet den ganzen Morgen. Sie weiß, dass er nicht verputzen kann, wenn die Luftfeuchtigkeit zu hoch ist. Sie kommt zurück, und sie lieben sich wieder.

„Wer passt auf deine Kinder auf?", fragt er. Molly hat zwei Töchter.

„Rusty. Er ist dran."

„Wieso machst du das mit mir?"

„Ich mache das, was alle tun", sagt sie.

„Das verstehe ich nicht."

„Du lernst einen älteren Mann kennen, heiratest ihn, bekommst Kinder. Du kriegst einen großen Wagen. Alles, was du tun musst, ist die Kinder zur Schule fahren. Die Männer gehen auf Geschäftsreisen, und dann kommen die Liebhaber. Wir sind in Surrey alle Prostituierte."

„Und wie ist es mit der Liebe? Hast du Sex mit deinem Mann?"

„Er ist ziemlich faul", sagt sie. „Er zieht es sehr schnell durch."

„Warum lässt du dir das gefallen?"

„Irgendeiner muss den Abwasch machen", sagt sie.

2

So entwickelt sich eine intensive, langjährige Affäre.

Es gibt viele verregnete Tage, an denen sie ihn morgens anruft und ihm sagt, sie werde kommen, sobald sie die Kinder in der Schule abgeliefert hat. So viele verregnete Tage, die sie in seinem Bett verbringt. Sie lädt ihn in Restaurants ein, möchte, dass er mit ihr und Jenny in schwarze Clubs geht – sie will erleben, wie es ist, unter so vielen Schwarzen zu sein.

Oft ist er bei ihr zu Hause, und dann lügt sie. Lügt ihren Mann an, lügt die Kinder an, lügt ihre Freunde aus der guten Gesellschaft an. Sie gibt ihn als Liebhaber von Jenny aus. Wenn der Vater von Molly kommt, muss sich Noël verstecken. Der Vater mag keine Schwarzen und will im Haus seiner Tochter keine sehen. Ansonsten scheint es sie nicht zu kümmern, was die Leute sagen. Sie nimmt ihn mit, wenn sie ihre Töchter von der Schule abholt. Dass die Leute sie anstarren, ist ihr egal. Er macht sich Sorgen, dass sie über Molly lästern, aber sie lässt das anscheinend kalt.

„Es macht nichts", sagt sie.

Molly wühlt ihn auf. Er empfindet Mitleid mit ihr. Mollys Ehe ist unglücklich, davon ist er überzeugt. Und das deprimiert sie. Sie erzählt, wie unsensibel ihr Mann ist. Dass er ihr nie Blumen schickt oder Geschenke macht. Sie haben viel Geld und wohnen in einer vornehmen Gegend, trotzdem gibt er ihr kein Geld für Kleider. Umso schlimmer, dass Rusty sie losschickt, um Geschenke für seine Geliebte zu besorgen. Molly ist einsam, sie weint viel. Aber die Blumen, die kleinen Geschenke von Noël machen ihr Freude, geben ihr das Gefühl, von ihm geliebt zu sein. Denn sie will von ihm geliebt werden. Bei jeder Begegnung scheint sich Molly noch mehr in ihn zu verlieben. Noël ist verwirrt, weil er sie nicht versteht.

„Ich möchte mit dir zusammen sein", sagt sie unter Tränen. „Ich werde meinen Mann verlassen und mit dir leben, wenn du es auch willst."

„Nein, nein, ich kann das nicht tun", sagt sie am nächsten Tag. Dann zieht sie sich für einige Zeit zurück. Bis sie es nicht mehr aushält und ihn wieder sehen will.

Sie wird waghalsig. Liegt neben Rusty im Ehebett und flirtet mit Noël am Telefon, als ob es ihr egal wäre, was Rusty davon hält.

Sie besucht Noël unerwartet auf Baustellen in sozialen Problemvierteln. Wie in Broadwater Farm, einem Stadtteil, wo Morde und Rassenunruhen stattfanden. Dort wurde ein Polizist enthauptet und sein Kopf auf eine Fahnenstange gesteckt. Ein Ort also, wo eine kultivierte Weiße aus guten gesellschaftlichen Kreisen nichts zu suchen hat. Noël weiß, dass sie eine Riesenangst hat, dorthin zu gehen, aber sie scheint ihn unter allen Umständen sehen zu wollen. Sie geht direkt auf ihn zu und fängt an, ihn leidenschaftlich zu küssen. Es macht ihr nichts aus, dass viele Schwarze sie anglotzen.

Wenn Noël längere Zeit in Birmingham arbeitet, fährt sie ihm nach. Und sie wird immer fordernder. Sie treffen sich heimlich in einem Hotel.

Er weiß, dass sie dies alles viel Geld kostet. Alles in allem muss sie für Babysitterin, Fahrtkosten, Restaurant und Hotel an einem Wochenende wohl 500 Pfund ausgeben. Aber das scheint ihr nichts auszumachen. Sie bezahlt mit der Kreditkarte ihres Mannes.

Molly ruft Noël regelmäßig auf dem Firmentelefon an und erteilt ihm so viele Aufträge, bis Jacqui Verdacht schöpft.

„Hast du eine Beziehung mit dieser Frau?", fragt sie.

Er muss Jacqui anlügen, weil er fühlt, dass es mehr ist als eine Affäre. Er ist sich seiner Gefühle nicht mehr sicher. Einerseits will er nicht, dass sich Molly in seine Beziehung zu Jacqui drängt, andererseits spürt er eine große Zuneigung zu ihr. Sie ist die einzige Frau, die für seine Beziehung zu Jacqui eine Gefahr darstellen könnte. Es ist fast so, als ob er Liebe für Molly empfinden würde.

„Ich bin schwanger“, sagt Molly eines Tages zu Noël.

„Du kannst dieses Kind nicht haben“, erwidert er.

„Ich will es aber.“

„Es geht nicht, Molly. Verstehst du das nicht?“

Sie muss die Konsequenzen doch sehen. Sie und ihr Mann sind beide weiß. Sie sind beide aus guter Gesellschaft. Es würde einen Skandal in ihren Kreisen geben, wenn dieses Kind zur Welt käme.

Sie weiß es. Sie hat ihm erzählt, wie einige Freunde reagieren würden, wenn sie wüssten, dass sie eine Beziehung mit einem Schwarzen hat.

„Negerfleisch“ würden sie Molly nennen. Ihr Vater würde sie enterben. Hat sie das vergessen?

Schließlich willigt sie in eine Abtreibung ein. Er bringt sie in die Klinik und bleibt bei ihr, bis sie wieder zu Kräften kommt.

Und dann ist Molly wieder schwanger. Von ihm. Sagt sie.

„Was wirst du jetzt machen?“, fragt er.

„Ich möchte dieses Kind“, sagt sie. „Mit meinem Mann kann ich kein Kind mehr bekommen. Wirst du mir beistehen?“

„Ja“, sagt Noël.

Er hat keine Ahnung, wie er mit dieser Situation fertig werden soll. Keine Ahnung, was er Jacqui erzählen wird. Aber wenn Molly dieses Kind wirklich so sehr haben möchte, dann wird er für sie sorgen. Er liebt sie. Er wird die Verantwortung übernehmen.

„Ich bin es los geworden“, sagt sie ihm nach einiger Zeit.

Das schmerzt. Warum behandelt sie ihn so?

3

Rusty ruft Noël eines Tages an. Er will sich mit ihm treffen.

Sie sprechen über Verschiedenes. Noël erwähnt die fortgesetzten Belästigungen durch die Polizei. Seitdem er Molly kennen gelernt hat, wird er verstärkt auf seinen Baustellen und beim Autofahren kontrolliert. In Mollys Haus halten sich hin und wieder Polizisten auf. Sie sollen wohl herausbekommen, ob er ein Verhältnis mit Molly hat. Außerdem hat er den Eindruck, das Molly von Sicherheitsbeamten überwacht wird.

„Haben Sie eine Affäre mit meiner Frau?“, fragt ihn Rusty. „Sie müssen es nicht abstreiten. Ich weiß es.“

Noël sagt nichts.

„Ich werde damit fertig", sagt Rusty. „Wir reden von Mann zu Mann."

„Können Sie damit wirklich fertig werden?", fragt Noël.

„Ist sie von Ihnen schwanger?"

Noël lacht.

„Vielleicht hat Molly Affären", sagt er. „Vielleicht ist sie von einem anderen schwanger." Aber er sagt nicht, dass er eine Beziehung mit ihr hat.

„Bitte", sagt Rusty. „Bitte, kann ich meine Frau zurückhaben?"

„Das ist ganz Ihnen überlassen", sagt Noël.

„Was meinen Sie?"

„Sie lieben Ihre Frau nicht. Fangen Sie an, sie besser zu behandeln, als Sie es all die Jahre getan haben."

Rusty schaut Noël direkt in die Augen.

„Werden Sie mit der Polizei fertig?", fragt er. Es kommt Noël so vor, als wäre Rusty bereit, seine „Hunde" zurückzupfeifen, wenn er die Affäre zugibt und ihn bittet, die Polizeikontrollen zu beenden.

Noël hat seinen Stolz. Er will weder Schwäche zeigen noch Rusty zu Dank verpflichtet sein.

„Ich komme schon zurecht", sagt er.

4

Molly fährt von Surrey nach London, um ihn aufzusuchen.

„Alles, was ich tun müsste", sagt Molly zu ihm, „wäre ein Jahr lang ein Trauerkleid tragen. Und dann könnten wir zusammenwohnen. Mein Mann ist gut versichert und ich könnte ein neues Haus kaufen. Aber du würdest zwei Frauen haben wollen", sagt sie, „also geht das nicht."

„Er hat nicht mehr lange zu leben."

Irgendetwas veranlasst ihn, das zu sagen. Noël hat von einem Skandal geträumt. In seinem Traum wurden Hunderte von Zeitungen durch die Luft gewirbelt. Er wachte auf mit dem Gefühl, dass etwas Furchtbares geschehen wird. Er ist sich sicher: Mollys Mann wird bald sterben.

Als er Molly davon erzählt, verlässt sie fluchtartig das Haus. Sie ist verwirrt, weil sie selbst diese Ahnung hatte. Aber einige Wochen später ist sie wieder da.

„Warum hast du das gesagt?", fragt sie ihn wütend.

„Um die Wahrheit zu sagen – er hat nur noch drei Monate", sagt Noël.

Molly geht wieder. Aber nach eineinhalb Wochen ruft sie ihn in Birmingham an.

„Er ist tot“, sagt sie. „Es war Selbstmord. Dein Name wird in dem Abschiedsbrief erwähnt.“

Sein Werkzeug fällt ihm aus der Hand. Sein Bauch schmerzt. Es kann nicht wahr sein. Es ist aber wahr. Es steht in allen Zeitungen. Freunde und Bekannte werden interviewt. Es gab Probleme in der Ehe, sagen sie. Es gab eine Affäre. Aber ein Schwarzer wird nicht erwähnt.

Auf Veranlassung ihrer Familie geht Molly für eine Zeit nach Frankreich, um ihr Leben wieder in Ordnung zu bringen. Als sie zurückkehrt, will Noël sie treffen, aber Mollys Freunde verhindern, dass sie sich allein sehen können. Ihre Freunde werfen Noël vor, dass er Rusty in den Selbstmord getrieben und Molly ins Unglück gestürzt habe. Womöglich wollen sie sogar seinen Tod rächen. Jedenfalls gibt man ihm keine Chance, sich zu rechtfertigen und seine Sicht der Dinge zu erläutern.

Ihm wird das alles zu viel. Er umarmt Molly ein letztes Mal und will gehen.

„Was willst du eigentlich noch von mir?“, fragt Molly.

„Wie meinst du das – was ich von dir will? Du wolltest Liebe und das ist es, was ich dir geben wollte.“

Noël denkt noch oft an sie. Molly war sehr widersprüchlich – auf den ersten Blick eine gebildete, kultivierte Frau, aber sie konnte auch sehr ignorant sein. Einmal drückte sie eine brennende Zigarette auf seinem Arm aus und betrachtete die Wunde. „Nanu, unten drunter ist deine Haut ja rosa“, sagte sie zu ihm. „Und wie ist es mit deinem Blut – ist es rot oder schwarz?“

Er glaubt sich verhört zu haben. Molly hat in Cambridge studiert, und jetzt stellt sie ihm solche Fragen?

„Natürlich ist es rot“, sagt er. „Was würdest du sagen, wenn ich dich fragen würde, ob du weißes Blut hast?“

Er fragt sich auch, welche Rolle der Rassismus in ihrer Beziehung gespielt hat. Hat sie ihn geliebt, so wie er war? Oder ging es vor allem um Sex? Um Sex mit einem Schwarzen? Wollte sie ihre Aufgeschlossenheit zur Schau stellen, indem sie sich einen schwarzen Arbeiter als Liebhaber nahm?

Gewiss gab es diese Wichtigtuerei. Die Prahlerei mit dem Einkommen und mit vermeintlich wichtigen Persönlichkeiten in ihrem Freundeskreis. Die Art und Weise, wie sie ihn als „ihren Gipser“ vorgestellt hat. Dabei hat er wahrscheinlich mehr Geld verdient als Mollys Ehemann. Wäre er von Molly und ihren Freunden anders behandelt worden, wenn sie das gewußt hätten? Hätten sie ihn trotzdem verdächtigt, hätten sie trotzdem die Polizei auf ihn angesetzt?

Viele Fragen, die offen bleiben.

Zurück in Jamaika

Noël und Jacqui in Jamaika

1

Die Geschäfte laufen gut. Noël hat sich in seiner Branche einen Namen gemacht. Er gehört zu den schnellsten Gipsern und wird eingeladen, an einem Verputz-Wettbewerb in Deutschland teilzunehmen. Das hält er aber für Zeitverschwendung. Er will lieber arbeiten.

Aus dem Ausland kommen immer öfter Aufträge. 1991 verputzt er drei Monate lang Squash-Anlagen in Spanien und lernt dabei die Costa del Sol kennen. Er verbringt Weihnachten und Neujahr mit Jacqui dort. Und 1992 arbeitet er mehrere Monate in den Niederlanden, erst in Oudewater und dann in der Nähe von Amsterdam. Das macht das Leben interessant, und es scheint, dass endlich alles in seinem Sinne läuft.

1993 plant er, nach Jamaika zu fahren. Er ist seit 23 Jahren nicht mehr dort gewesen. Seitdem träumt er von Jamaika.

Seit Jahren schickt er Miss Darling Kleider, die sie sonntags zum Kirchgang anzieht. Größe 10, denn Miss Darling ist immer noch so schlank wie eine Sechzehnjährige. Einmal hat er ihr eine Bibel zugesandt. Sie hatte ihn darum gebeten. Jetzt will er Miss Darling wieder sehen.

Noël benötigt einen Stellvertreter, der während seiner Abwesenheit die Geschäfte weiterführt. Er stellt Dougie, einen Bekannten, ein. Hofft, dass er ihm vertrauen kann. Noël kauft Baumaterial für laufende Aufträge und erstellt Unterlagen für kommende Anfragen. Er erteilt Dougie eine Vollmacht, damit dieser in seinem Namen und auf seine Rechnung weitere Einkäufe tätigen kann.

Sie fahren zu dritt, Leon übernimmt die Organisation der vierwöchigen Reise. Er war in den letzten Jahren mehrfach in Jamaika und kennt sich aus. Zumindest behauptet er das. Sie wollen die meiste Zeit in einer Hotelanlage in Negril verbringen, einige Tage campen sowie Noëls Familie in St. Thomas besuchen.

„Es wird ein wunderschöner Urlaub werden“, verspricht Leon.

2

Der Hinflug steht aber unter schlechten Vorzeichen. Als das Flugzeug Grönland erreicht, meldet der Kapitän, dass ein Passagier erkrankt sei und und sofort ins Krankenhaus gebracht werden müsse. Sie fliegen zurück nach Manchester. Die Hilfe kommt aber zu spät. Deshalb müssen die Fluggäste zwei Stunden lang im Flugzeug warten, bis der Leichnam abtransportiert und die Maschine neu betankt wird. Der Flug hätte acht Stunden dauern sollen; nach 16 Stunden landen sie endlich in Montego Bay.

Eine Hitzewelle überflutet ihn, als er aus dem Flugzeug steigt.

„Die Motoren sind ganz schön heißt", denkt er. „Sie sind wohl überhitzt." Aber im Terminal ist es auch heiß. Er schwitzt.

„Warum zum Teufel haben sie hier die Heizung so hochgedreht?", fragt er sich. „Es ist viel zu warm."

Er verlässt das Terminal, und eine zweite Hitzewelle überrollt ihn. Dann wird ihm klar: Er ist in Jamaika.

Er war 23 Jahre nicht hier. Er hat vergessen, wie heiß es in Jamaika ist.

Weil das Mietauto nicht sofort zur Verfügung steht, fahren sie in der ersten Woche mit einem Freund von Leon im Land herum. Meistens enden diese Ausflüge bei Leons Onkel.

Sie gehen in den Bergen wandern. Jacqui war noch nie in Jamaika und hat nicht genügend Ausdauer. Leon nimmt darauf keine Rücksicht und lässt Noël und Jacqui weit hinter sich. Außerdem regnet es jeden Tag um ein Uhr. Noël hat sich den Urlaub anders vorgestellt. Ihm gefällt es nicht in Negril, aber er kennt keine Ausweichmöglichkeit.

„Wann fahren wir nach St. Thomas?", fragt er Leon mehrfach. Die Antworten bleiben vage.

Die Stimmung wird immer schlechter.

Außerdem macht er sich Sorgen um seine Firma.

„Ruf Dougie an und frage ihn, wie es läuft", sagt Jacqui.

„Ah", sagt Dougie am Telefon, „ich arbeite mit dem Inder, mit dem du eine Vereinbarung getroffen hattest. Ich habe zwei Tonnen Putz bestellt, außerdem Gipsplatten und Nägel."

Nach dem Gespräch macht er sich noch mehr Sorgen, weil er keinen Auftrag von einem Inder angenommen hat. Und nun wird er auf zwei Tonnen sitzenbleiben.

3

Nach einer Woche haben sie immer noch kein Mietauto. Noël wird ziemlich ungeduldig, weil er endlich nach St. Thomas fahren will. Sie beschließen, nicht länger auf Leon zu warten, und fragen die Mitarbeiterin am Hotelempfang nach einem Leihwagen.

„Mein Freund vermietet Autos", sagt sie.

„Gut, wollen wir mal sehen, was er uns anbieten kann."

„Ein nagelneuer Geländewagen", sagt der Freund. „Nur 600 Pfund die Woche. Und 1.000 Pfund als Kaution."

„In Ordnung", sagt Noël. Er hat zwar gehört, dass Mietautos gelegentlich mutwillig beschädigt werden, damit die Autovermieter die Kaution behalten können. Aber er nimmt den Geländewagen trotzdem.

„Kommst du mit?", fragt er Leon.

„Ja, klar", sagt Leon.

„Schön", sagt Noël. „Wir fahren morgen früh um sechs Uhr."

„In Ordnung", sagt Leon.

Aber um acht Uhr ist Leon immer noch nicht zum Frühstück erschienen. Als er endlich auftaucht, gibt es noch eine Verzögerung.

„Hör mal", sagt er. „Ich muss meine Schwester vom Flughafen abholen."

Sie fahren zum Flughafen.

„Tut mir leid, aber ich muss sie zu meiner Mutter bringen", sagt Leon, nachdem die Schwester angekommen ist.

Wegen dieser Verzögerung können sie an diesem Tag nicht mehr nach St. Thomas fahren. Inzwischen hat Noël genug davon, seinen Urlaub mit der Familie von Leon zu verbringen.

„Ich fahren morgen", sagt er zu Leon.

„In Ordnung", sagt Leon.

„Sechs Uhr."

„Ja, ist gut."

Am nächsten Morgen ist Leon nicht zu sehen. Noël und Jacqui brechen allein auf.

Während der Fahrt fällt Noël auf, dass fast alle Ortsnamen in Jamaika aus England stammen: St. Thomas, Richmond, Manchester, sein Geburtsort Windsor Forest. Er weiß jetzt, dass diese Namen Relikte von Sklaverei und Kolonialismus sind. Seltsam, wie er seine Heimat jetzt mit anderen Augen sieht.

Er fährt langsam, weil er das Gefühl, nach Hause zu kommen, in vollen

In den Blue Mountains ca. 1993

Zügen genießen will. Auf der Strecke nach Morant Bay hält er einige Male an, bewundert die Aussicht, atmet die warme, feuchte Luft ein. Er ist überwältigt von der üppigen Vegetation und den Blue Mountains.

Als sie durch Portland fahren, sieht er am Straßenrand ein junges Mädchen. Erinnerungen überwältigen ihn. So ging er früher auch von der Schule nach Hause. Er hält an, um das Mädchen ein Stück mitzunehmen.

„Kommst du gerade von der Schule?“, fragt er sie.

„Nein“, sagt sie, „ich musste von der Schule abgehen.“

„Wieso?“

„Mein Papa konnte sich die Bücher nicht leisten“, sagt sie.

Er zuckt innerlich zusammen. Erinnert sich an seine Angst, dass seine Schiefertafel kaputtgehen könnte. Eine zweite Tafel hätte sich die Familie nicht leisten können. Er hatte Glück, dass Miss Darling und Onkel Hilton das Schulgeld zahlen konnten. Ihm wird schlagartig bewusst, wie weit er es geschafft hat, wie viel er geleistet hat. Und dass er dies harte Leben in Jamaika vergessen hat.

„Gib mir deinen Namen und deine Adresse", sagt er, als das Mädchen aussteigt. „Sobald ich wieder in England bin, schicke ich dir Bücher."

Es macht ihn traurig, dass dieses Mädchen sich den Schulbesuch nicht leisten kann. Er fängt an zu weinen, Jacqui muss ihn trösten. Die Kinder hier, denkt er, haben so wenig, und sie brauchen so viel. Sie brauchen eine Chance, damit sie aus ihrem Leben etwas machen können.

„Ich werde helfen", verspricht er sich selbst. „Ich werde dazu beitragen, dass diese Kinder eine anständige Ausbildung bekommen."

Llandewy. Der Name ist walisisch, wie er jetzt weiß. Damals war es nur ein Ortsname. Nun ist er wieder hier, und das Gefühl, endlich nach Hause zu kommen, rührt ihn zu Tränen. Eine Zeit lang dachte er, er würde niemals zurückkehren. Und nun ist er hier. Aber das Dorf hat sich verändert. Die Kirche, in der Miss Conny unterrichtete und wo Mr. Johnson seine Schüler in Angst und Schrecken versetzte, wurde abgerissen. Noël will keine Veränderungen sehen und muss noch mehr weinen. Jacqui tröstet ihn.

Auf der Straße kommen ihm einige Gesichter bekannt vor. Der Mann vor der Polizeiwache – als sie klein waren, haben sie zusammen Cricket gespielt. Er hält an.

„Erinnerst du dich an mich?", fragt er den ehemaligen Cricket-Jungen.

„Nein."

Nachdem Noël erklärt, wer er ist, sagt der Mann, er kenne einen Vetter von Noël.

Er geht in den Laden. Da ist noch ein bekanntes Gesicht.

„Du bist Lincoln Morgan", sagt Noël.

Lincoln Morgan ist erstaunt.

„Seit 20 Jahren hat mich niemand so genannt", sagt er.

„Erinnerst du dich an mich?", fragt Noël.

„Nein."

„Du nanntest mich früher ‚Little Joe'", sagt Noël.

„Sagt mir nichts", sagt Lincoln Morgan.

Noël fährt weiter nach Cocoa Walk und hält bei dem Onkel seiner Mutter an.

„Erinnert ihr euch an mich? Ich bin Noël", sagt er.

Keiner kann sich an ihn erinnern.

„Der Sohn von Imogene."

„Ach, ja“, sagen sie, „Imogene Murray. Das war eine schlechte Frau. Sie hat sich ständig beschwert und immer Streit gesucht.“

Seit 23 Jahren sind ihm diese Leute nicht aus dem Kopf gegangen. Er erkennt sie alle wieder. Umso schmerzlicher ist es, dass sie ihn anscheinend vergessen haben. Dass sie sich lediglich an seine Mutter erinnern.

Je weiter er fährt, desto mehr Erinnerungen kehren zurück. Er sieht fünf Jungen, die zusammen auf einem Fahrrad sitzen, so wie er es früher mit seinen Freunden auch gemacht hat. Dann kommt er zu einer Kreuzung. Hier hat er mit neun Jahren zugesehen, wie eine Beerdigungsgesellschaft vorbeikam.

Als er über die St. Thomas-Brücke fährt, sieht er einen Mann, der beim Gehen hinkt. Das muss Lloyd sein. Früher hat er nicht gehinkt.

In Finger Post biegt er in Richtung River Head ab, zum Haus von Ken Parseley. Das ist der Junge, mit dem er sich einmal geprügelt hat und deshalb von Mommy geschlagen wurde.

Ein Mann kommt aus dem Haus heraus.

„Ist Ken da?“, fragt Noël.

„Nein, aber ich bin der Buschdoktor“, sagt er, „falls du mich suchen solltest.“

Noël versteht. Das ist der Mann, der Ganja verkauft.

„Du bist Raymond Bull“, sagt er.

„Und wer bist du?“ Der Mann ist überrascht, dass Noël ihn kennt.

Dieses Mal hat Noël keine Lust auf Erklärungen. Er steigt in den Geländewagen und fährt weiter.

Zunächst sieht es nicht so aus wie zu Hause. Aber das Gefühl, zu Hause zu sein, ist da. Vier oder fünf Leute arbeiten oben am Hang und starren auf den Geländewagen. Noël steigt aus und geht ihnen entgegen. Plötzlich hat er Gene im Arm. Sie küsst ihn und kann es kaum glauben, dass ihr kleiner Vetter Noël nun so ein großer Mann geworden ist.

Sie führt ihn den Hang hinunter zum Haus, zu dem alten blauen Haus, das Mr. Mandeen gebaut hat.

Gene ist inzwischen 45 Jahre alt und lebt immer noch auf dem Grundstück der Familie.

„Wir kommen gut zurecht“, sagt sie. „Wir leben von der Landwirtschaft, so wie wir es immer getan haben.“

„Anscheinend hat sich nichts verändert“, sagt er.

„Es hat sich nichts verändert“, sagt sie.

„Willst du nicht Miss Darling besuchen?“, fragt Gene.

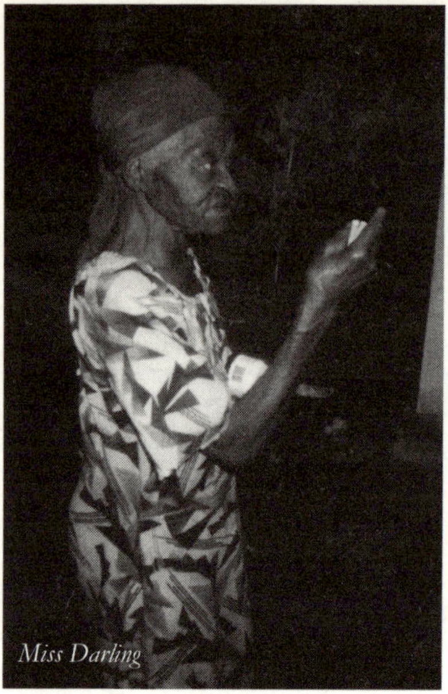
Miss Darling

„Natürlich. Wo kann ich sie finden?“

Miss Darling hat wieder geheiratet, nachdem Onkel Hilton vor einigen Jahren gestorben ist. Sie wohnt jetzt in River Head.

Noël fährt nach River Head. Miss Darling ist aber nicht da.

Er geht in einen Laden, um nachzufragen.

„Sie ist nicht zu Hause. Sie ist zur Arbeit gegangen“, sagt Miss Mini, die Ladenbesitzerin.

„Ich habe früher Lebensmittel bei dir eingekauft“, sagt Noël. „Kannst du dich an mich erinnern?“

„Nein, das kann ich nicht. Wer bist du?“

„Miss Darlings Patenkind.“

„Ach so. Nun, sie ist gerade aufgebrochen“, sagt Miss Mini und zeigt mit der Hand in die Richtung, die Miss Darling eingeschlagen hat.

Noël entdeckt sie nach kurzer Zeit auf der Straße.

„Ich bin es! Noël“, ruft er und schließt sie in die Arme, hebt sie hoch und küsst sie. Miss Darling ist wie benommen.

„Mein Noël ist ein ganz kleiner Junge“, sagt sie. Sie kann es kaum glauben, dass ihr kleiner Junge ein Mann geworden ist.

Es ist ein komisches Gefühl. In gewisser Weise erkennt sie ihn wieder. Aber sie scheint immer noch nach dem kleinen Jungen zu suchen. Als ob sie diesen erwachsenen Mann nicht mit dem Kind, das er einmal war, in Einklang bringen könnte. Das lang ersehnte Wiedersehen hinterlässt eine kleine Enttäuschung in seinem Herzen.

„Was meinst du?“, fragt er Jacqui, nachdem sie den Nachmittag mit der Familie verbracht haben.

„Es ist wunderschön hier“, sagt sie, „und sie sind alle so nett.“

Jetzt, wo er endlich zu Hause angekommen ist, möchte er noch eine Weile hierbleiben. Aber er ist sich nicht sicher, ob Jacqui das auch will. Ist sich nicht sicher, wie sie mit den Lebensverhältnissen, vor allem mit den primitiven Toiletten, zurechtkommen wird.

„Warum fährst du mich nicht nach Negril zurück", schlägt sie vor, „und kommst dann wieder her und bleibst ein paar Tage?"

„Bist du sicher?" Er ist froh, dass sie den Vorschlag gemacht hat, obwohl er sie ungern allein in Negril weiß.

„Ich habe gesehen, wie deine Augen leuchteten, als du Miss Darling wieder gesehen hast. Man sieht dir an, dass du hier länger bleiben möchtest."

Er ist ihr dankbar. Sie weiß immer genau, was er möchte.

Sie kommen um zwei Uhr morgens in Negril an. Er schläft einige Stunden und fährt dann nach St. Thomas zurück.

4

Seine Verwandten treffen sich an diesem Tag zu einer geselligen Runde beim Buschdoktor. Also fährt er dorthin.

„Da bist du ja!", sagen sie, als er eintrifft. Am Klang ihrer Stimmen hört er, dass sie nicht damit gerechnet haben, ihn wieder zu sehen. Wie es scheint, bleiben die meisten Leute, die aus England kommen, nicht besonders lange zu Besuch.

„Ich habe gesagt, dass ich kommen würde", sagt er und bestellt eine Runde Drinks. Der Buschdoktor bereitet Sardinen und Hähnchen zu. Sie essen und trinken und reden über die alten Zeiten.

„Du bist nicht zur Schule gegangen", sagt Noël zum Buschdoktor. „Wie kommt es, dass du einen Laden führst?"

„Wir sind hier in Jamaika. Hier braucht man keine Ausbildung, um einen Laden zu betreiben. Du kaufst Vorräte und machst einen Laden auf."

Noël bleibt bei Gene und ihrer Familie. Die Mutter von Genes Ehemann ist 103 Jahre alt. Noël kann es kaum glauben.

Er angelt mit Genes Sohn im Fluss. Sie bringen die Fische nach Hause, putzen und braten sie. Essen gemeinsam. Wie früher.

Er hat das Gefühl, dass in den Blue Mountains die Zeit stehengeblieben ist. Es kommt ihm vor, als wäre er in eine Zeitzone zurückgekehrt, die er vor 23 Jahren verlassen hat. Er sieht dieselben Berge, dieselben Felder, dieselben Bäume, dieselben Menschen. Sie reden von denselben Dingen. Nichts hat sich verändert. Er fühlt sich nicht mehr wie ein Fremder. Nein, es ist vielmehr so, als ob er wieder in einen Kokon hineingekrabbelt sei. Es fühlt sich so an, als ob dies der Ort sei, an den er hingehören würde.

Er kann aber nicht bleiben. Nach einer Woche muss er nach Negril zurück. Zurück zu Jacqui und seinem Leben in England.

5

Als er wieder in Birmingham eintrifft, muss er feststellen, dass Dougie alle Aufträge verloren und mit dem Geld für die Arbeiter die Reparatur seines Autos bezahlt hat. Alles in allem ein Verlust von mehreren 1.000 Pfund. Er muss einiges wieder ins Lot bringen.

Sie schicken dem Mädchen in St. Thomas Schulbücher. Sie schreibt höflich zurück und bedankt sich. Leider sind es die falschen Bücher – inzwischen benutzen sie welche aus den USA.

Danach fährt er noch zweimal nach Jamaika. Er will ein Grundstück kaufen, um später mit Jacqui dort zu wohnen. Neun Monate in England arbeiten und in den Wintermonaten auf Jamaika leben. Und als Ruheständler ganz dorthin ziehen. Aber er will nicht auf dem Familiengrundstück wohnen. Dann würde seine Familie das Gefühl haben, sie könnten jederzeit dorthin kommen. Nein, ein eigenes Grundstück sollte es schon sein. Wie man sagt: „Mutter hat, Vater hat. Gesegnet ist das Kind, das sein Eigenes hat."

Er findet ein wunderschönes Stück Land. Ein Traumgrundstück mit Blick auf den Ozean und die Berge. Aber bevor er das Land kaufen kann, kommt es zu dem Anschlag. Danach kann er nicht mehr nach Jamaika zurückkehren. Ein weiterer Traum wurde ihm genommen.

Noch mehr Ärger

1

1994.

Wenn er bloß die Belästigungen, die Diskriminierung, die Gewalt abschütteln könnte. Die Wellenschläge.

Das Ende der Affäre mit Molly hat ihn erschüttert, die Repressalien der Polizei sind nicht mehr auszuhalten. In einem Monat wird er 28 Mal kontrolliert. Er wirft sein Handy weg, weil er häufig Anrufe von der Polizei oder dem Sicherheitsdienst erhält. Als sich eine Möglichkeit ergibt, um einen Auftrag in Birmingham auszuführen, zögert er keinen Augenblick. Allerdings merkt er ziemlich schnell, dass die Polizisten dort nur auf ihn gewartet haben.

Auf dem Weg zur Arbeit fährt er zu einem jamaikanischen Imbiss in der Dudley Road. Auf dem freien Gelände dahinter liegt viel Müll herum. Er hofft, dass er ein paar Kisten finden wird, die er für die Arbeit benötigt.

Er entdeckt zwei leere Plastikkisten, wirft sie in seinen Kofferraum und biegt wieder in die Dudley Road ein.

„Scheiße." Da steht ein Polizeiwagen. Er ahnt schon, dass sie ihn anhalten werden. Er steigt aus dem Wagen aus.

„Was haben Sie hier abgeladen?", will der Polizist wissen.

„Ich habe gar nichts abgeladen. Ich habe zwei Kisten mitgenommen."

„Machen Sie keinen Ärger. Ich weiß, dass Sie Müll abgeladen haben."

„Nein, das habe ich nicht. Zeigen Sie mir, was ich abgeladen haben soll", schlägt er vor. Er will gerade zu dem Gelände zurückgehen, da stellt ihm der Polizist ein Bein und Noël fällt auf den Bürgersteig.

„Wo wollen Sie hin?", schreit der Polizist. Er dreht Noëls Arm auf den Rücken und fordert mit seinem Funkgerät Verstärkung an. Drei Polizeifahrzeuge treffen nach kurzer Zeit ein. Ein Polizist schlägt ihn. Noël schlüpft aus seiner Jacke und läuft davon, die Rotton Park Road hinauf. Weil er nichts getan hat, bleibt er schließlich stehen.

„Beruhigen Sie sich, beruhigen Sie sich", ruft eine Polizistin, die ihm nachgelaufen ist.

„Ich brauche mich nicht zu beruhigen", sagt Noël. „Ihr Kollege muss sich beruhigen." Sie hält seinen Arm und tätschelt seine Hand. Das ist die Beruhigungstaktik.

„Sagen Sie mir, was passiert ist", sagt sie. Die anderen Polizisten kommen hinzu. Sie greifen nach seinen Armen und Beinen, für einen Moment schwebt Noël in der Luft. In seinem Rücken knackt etwas. Dann wird er zu Boden geworfen. Ein Polizist drückt ihm seinen Stiefel in das Gesicht. Sie legen ihm Handschellen an.

„Steig ein, du verdammter Negerbastard“, sagen sie, als sie ihn in ein Fahrzeug zerren. Das Auto fährt an, hält aber gleich wieder, weil eine schwarze Frau die Straße überqueren will. Die Frau winkt ein freundliches „Dankeschön“, und die Polizistin wendet sich an den Fahrer.

„Ich wusste nicht, dass du solche Affen kennst“, sagt sie.

„Sie sind verdammt frech“, sagt Noël zu ihr.

„Wart mal ab, bis wir dich in der Zelle haben“, antwortet sie.

„Sie sind alle herzlich eingeladen“, sagt er.

2

Im Gefängnis spürt er, dass sich überall blaue Flecken bilden, außerdem schmerzt der Rücken. Er fragt nach seinem Arzt. Sie schicken ihm den Gefängnisarzt. Der Arzt sagt nicht viel. Sie lassen ihn bis zwölf Uhr in der Zelle sitzen.

„Ich brauche ein Foto als Beweisstück“, sagt er sich. Er ist wütend und will die Polizisten anzeigen.

Nachdem sie ihn freigelassen haben, geht er nach Hause, holt seinen Fotoapparat und macht Aufnahmen von dem Müllhaufen in der Dudley Road. Er spürt ein Zucken im Rücken und fährt deshalb ins Krankenhaus. Sie verpassen ihm ein Art Manschette, die er sich um den Körper wickeln soll. Aber sie hilft nicht besonders gut, und nach zwei Tagen schmerzt der Rücken so sehr, dass er kaum atmen kann.

„Ich muss zum Arzt“, sagt er, als er noch einmal das Krankenhaus aufsucht. „Warten Sie hier“, sagt eine Krankenschwester. „Der Arzt kommt gleich.“ Er wartet drei Stunden, aber der Arzt kommt nicht. „Sie wollen mich nicht behandeln“, denkt er. „Wegen mir machen sie sich keine Mühe.“ Er geht entmutigt nach Hause.

Dort wirft ihn ein brennender Schmerz zu Boden. Er hat Angst, sich zu bewegen, er hat Angst vor dem Schmerz im Rücken. Jacqui kommt nach Hause.

„Meine Güte, was ist denn los?“, fragt sie, als sie ihn auf dem Boden liegend findet. „Mein Rücken. Ich kann mich nicht bewegen.“ „Komm. Wir müssen dich ins Krankenhaus bringen“, sagt sie und vorsichtig hilft sie ihm, aufzustehen und sich in ihr Auto zu setzen.

„Er muss sofort zu einem Arzt“, erklärt sie in der Aufnahme. Diesmal erscheint ein Arzt und untersucht die Verletzung.

„Am unteren Ende der Wirbelsäule fehlt ein Wirbel“, sagt der Arzt. „Sie brauchen eine Physiotherapie.“

„Aber ich muss arbeiten“, sagt er. „Ich muss einen Auftrag ausführen.“ Er ist wütend auf die Polizisten, die ihm diese Verletzung zugefügt haben, und ruft einen Anwalt an, um Anzeige zu erstatten.

Der Anwalt scheint jedoch mit den Polizisten zu sympathisieren. Als der Anwalt einige Tage, nachdem Noël sein Foto gemacht hat, zur Dudley Road fährt, um sich den Müll anzusehen, ist der Haufen weg. Innerhalb kürzester Zeit wurde alles weggeräumt. Und bevor Noël weiß wie ihm geschieht, wird er verhaftet. Wegen Widerstand gegen die Festnahme. Und wegen Müllabladens.

Nach mehreren Sitzungstagen im Gericht soll entschieden werden, ob der Fall an das oberste Zivilgericht verwiesen wird.

„Wir wollen hoffen, dass wir keinen schwarzen Richter bekommen“, sagt der Anwalt.

Noël findet das zynisch. Es gibt in Birmingham keine schwarzen Richter. Und wenn es welche gäbe, dann hätte Noël sicher bessere Chancen. Offensichtlich will der Anwalt, dass er ins Gefängnis geht. Er hat die ganze Zeit schon das Gefühl, dass er Vorurteile gegen ihn hat. Deswegen hat er ihm sein Beweisstück auch noch nicht gezeigt.

„Dieser Müllhaufen war schon da, bevor ich dort hinging“, sagt er vor Gericht.

„Das stimmt nicht“, sagt ein Polizist.

„Natürlich war er da.“

„Dann beweisen Sie es.“

„In Ordnung“, sagt er. „Ich werde es beweisen.“ Und er legt das Beweisfoto vor, das er gemacht hat. Darauf sieht man einen großen Müllhaufen, der ganz offensichtlich schon längere Zeit vor sich hin gammelt. Das Gericht erkennt das Beweisstück an und Noël wird freigesprochen.

„Nun, da ich Recht bekommen habe“, sagt Noël zu seinem Anwalt, „kann ich auf Schadensersatz klagen.“

„Das haben wir nicht vereinbart“, sagt der Anwalt. Er weigert sich, den Fall anzunehmen.

Schicksal oder Zufall?

1

Manchmal telefoniert er mit Molly. Einmal – er ist gerade mit dem Auto unterwegs – merkt er, dass er über eine Kreuzung gefahren ist, ohne sich umzusehen. „Irgendwann baue ich einen Unfall", sagt er. Dabei fällt ihm ein Traum ein. Er erzählt Molly davon.

In diesem Traum zeigt ihm das Gespenst Rose, das in seinem Haus wohnt, die Zukunft. Er läuft in einer fremden Stadt durch die Straßen. In einem Club trifft er eine hübsche, schwarzhaarige Frau. Sie fordert ihn auf, eine Party zu besuchen. Sie gehen auf die Straße, wo er Leute „Neonazis, Neonazis" schreien hört. Dann laufen alle weg. Die Neonazis schleppen ihn in eine leere Fabrik. An einer Wand hängt Mark, ein Freund, der vor einiger Zeit an Krebs gestorben ist. Sein Bauch wurde aufgeschlitzt. Die Nazis lassen Wasser in den Raum strömen. Sie befehlen ihm, Hose und Schuhe auszuziehen. „Engländer, Engländer", rufen sie mehrfach. Dann zwingen sie ihn, sich zu bücken, und werfen Flaschen ins flache Wasser, die zersplittern.

„Warum macht ihr das?", fragt Noël.

„Wir wollen dich nie wieder gehen sehen", sagen sie.

Noël kann sich befreien und verfolgt einen Nazi. Er steckt ihm seine Faust in den Mund und den Hals, ganz weit hinunter, bis er sein Herz fassen kann. Dann rennt er davon.

Es ist ein beunruhigender Traum. Er glaubt an die Bedeutung von Träumen. Und dieser Traum ist ein Hinweis darauf, dass etwas Schlimmes geschehen wird.

2

Eins kommt zum anderen, denkt er. Es scheint, als ob alle Zeichen nach Deutschland weisen würden. Der Aufenthalt in Deutschland sollte ihm zum Schicksal werden. Die Träume, die Zufälle. Sogar ein T-Shirt, das er sich in London kauft, deutet er als Zeichen für das, was kommen wird.

Das T-Shirt entdeckt er in einem Geschäft in London. Schwarz-weiß, mit einem stilisierten Vogel geschmückt. Er hat keine Ahnung, welche Bedeutung das Tier hat. Er kauft das Hemd, trägt es aber nicht. Erst als er zwei Jahre später nach Deutschland fährt, nimmt er es mit. Bei einem

Spaziergang entdeckt er auf einem öffentlichen Gebäude eine Fahne, die denselben Vogel zeigt. Er sieht an sich herunter und stellt fest, dass er den Bundesadler auf seiner Brust trägt.

Das Gleiche gilt für die Kopien der Dresdner Gemälde in seinem Flur. Es gibt Tausende von Bildern, die er hätte kaufen können. Aber nein, es waren diese deutschen Gemälde, für die er sich entschied. Das muss doch irgendeine Bedeutung haben. Und dann Rose, die aussieht wie die Frau auf einem der beiden Porträts. Sie erscheint ihm im Traum und warnt ihn vor dem, was in Deutschland passieren wird. Unvergessen auch der Traum aus seiner Kindheit, in dem er von Männern verfolgt wird, die mit Messern bewaffnet sind. All dies waren Zeichen.

3

Als das Angebot für einen Auftrag in der Kleinstadt Mahlow bei Berlin eintrifft, klingt es fast zu schön, um wahr zu sein. Aufgrund der ständigen Belästigung durch die Polizei ist es fast unmöglich geworden, weiter in England zu arbeiten. Außerdem fällt ihm das Verputzen wegen seines Rückens immer schwerer. In England ist Verputzen reine Handarbeit, in Deutschland kommen dafür auch Maschinen zum Einsatz. Das ist besser für seinen Rücken. Und es ist ein lukrativer Auftrag – mehrere Blöcke mit neuen Wohnungen. Zwei Bekannte, Michael und Arthur, sind schon vor Ort. Sie wurden von einer holländischen Firma, die als Subunternehmer für die Philipp Holzmann AG arbeitet, eingestellt. Noël soll jetzt auch für die Holländer tätig werden.

Er hat zwar den beunruhigenden Traum nicht vergessen, aber er fährt trotzdem nach Deutschland.

Deutschland

1

Die deutschen Zollbeamten beäugen ihn misstrauisch, als er in Hamburg mit seinem Jaguar von der Fähre rollt.

„Ist das Ihr Auto?“, fragen sie. Es klingt, als würden sie ihn verdächtigen, das Auto gestohlen zu haben.

„Ja“, sagt er.

„Ihre Papiere?“

Er zeigt seinen Pass und die Autopapiere. Sie scheinen überrascht zu sein. Sie haben wohl noch nie einen Schwarzen gesehen, der einen Jaguar besitzt.

Er fährt nach Mahlow, südlich von Berlin. Dort trifft er auf der Baustelle Michael und Arthur.

„Hey, Don, wie geht's?“

„Gut. Das ist es also?“ Noël sieht sich um.

„Das ist es“, sagen Michael und Arthur.

„Wie läuft es?“

„Naja, sie bezahlen uns nicht. Drei Monate sind wir schon hier und haben noch keinen Lohn bekommen. Du musst uns helfen, die Sache zu klären.“

„Wo schlafen wir?“, fragt er. Ihm wird schlecht, er muss dringend eine Toilette finden. Sein Magen. Auf der Fähre muss er etwas gegessen haben, was nicht in Ordnung war.

Er hat eine Lebensmittelvergiftung. Alles, was er tun kann, ist sich auf der Liege in dem schmuddeligen Container, den die Bauleitung zur Verfügung gestellt hat, zusammenzurollen. Er zieht sich nicht aus, dreht die Elektroheizung auf, deckt sich mit einem Federbett zu. Trotzdem zittert er vor Kälte. Zwischendurch muss er sich immer wieder übergeben. Ihm ist hundeelend.

„Ich wünschte, ich wäre zu Hause geblieben“, flüstert er vor sich hin.

Er bleibt im Bett und isst drei Tage lang nichts. Dann zwingt er sich, aufzustehen und nach draußen zu gehen. Am nächsten Tag bringt ihm Michael eine Suppe. Langsam kommt er wieder zu Kräften. Arthur, Michael und Punta, ein weiterer Gipser, zeigen ihm die Baustellen.

„Was ist nun mit der Bezahlung?“, fragt er, nachdem er alles besichtigt hat. „Ihr solltet alle acht Tage bezahlt werden.“

„Der Bauleiter hat aber gesagt, dass er uns nicht bezahlen kann", sagt Michael.

Noël beginnt zu arbeiten. Er bekommt auch keinen Lohn. Nach drei Wochen erkundigt er sich bei den Kollegen, wie viel Geld ihnen das Unternehmen schuldet. Es sind rund 30.000 Mark. Darüber hinaus gibt es weitere Subunternehmer in England, die auf Beträge in dieser Größenordnung warten.

„Das ist verrückt. Hört zu, Jungs, wir arbeiten nicht weiter, bis sie uns bezahlt haben."

„Aber was willst du machen?"

„Mit ihnen reden", sagt er. Mit dem Baustellenleiter reden, das Problem besprechen. Wenn das nicht hilft, zu der Firmenleitung gehen.

„Hören Sie zu", sagt er zu dem Baustellenleiter. „Wir sind nicht zum Spaß hier. Wir sind gekommen, um Ihnen zu helfen, Deutschland neu aufzubauen. Wir sind zum Arbeiten hier und wir erwarten, für unsere Arbeit bezahlt zu werden."

Nach weiteren Beschwerden erhalten die Männer ihren Lohn. Danach läuft die Arbeit wie am Schnürchen.

2

Arthur und Michael arbeiten schon seit eineinhalb Jahren in Deutschland und sprechen kein Wort Deutsch. So kann man das nicht machen, meint Noël. Er möchte Leute kennen lernen. Er kauft sich ein Sprachlehrbuch mit Kassetten und fängt an, sich die Sprache selber beizubringen.

Er geht in einen Laden, um Lebensmittel zu kaufen. Da er immer noch nicht erklären kann, was er haben möchte, zeigt er auf einen Krapfen.

„Doughnut", sagt er zu der Frau, die hinter dem Tresen steht.

Sie sieht ihn völlig verständnislos an.

„Doughnut. English."

„Aha!" Ihre Miene hellt sich auf und sie zeigt auch auf den Krapfen.

„Auf Deutsch: Krapfen."

Fast täglich geht er jetzt in diesen Laden und deutet auf das, was er haben möchte. Die Frau sagt ihm dann, wie es auf Deutsch heißt. Die anderen Kunden im Laden beobachten das Spiel mißtrauisch. Er hat aber seinen Spaß, und die Verkäuferin auch, und so helfen sie einander, die Sprache des anderen besser zu verstehen.

Arthur und Michael sind froh, dass Noël gekommen ist. Bisher sind sie nie ausgegangen, weil sie sich nicht sicher gefühlt haben. Sie kamen sich wie Ratten vor, eingesperrt in den Containern auf der Baustelle.

„Hier muss man immer zu zweit unterwegs sein", erklären sie ihm. Wegen der Neonazis. Sie erzählen ihm, was 1992 in Rostock-Lichtenhagen passiert ist. Wie Rechtsextreme, lautstark angefeuert von Anwohnern, die Wohnheime von Flüchtlingen angegriffen und mit Steinen und Molotowcocktails beworfen haben. Und wie die Polizei untätig zugeschaut hat.

Zu dritt ist man sicherer als zu zweit, das kann schon einen Unterschied ausmachen. Seitdem Noël da ist, fühlen sich Arthur und Michael besser. Sie verlassen sich darauf, dass er keine Angst hat. Er weiß, wie man sich verhalten muss.

Eines Abends beschließen sie, in einen Club nach Berlin zu gehen. Sie fahren mit der S-Bahn in die Stadt. Als sie die Station verlassen, sieht Noël ein Gebäude, das ihm bekannt vorkommt.

„Das ist der Club, von dem ich geträumt habe", sagt er. Er hat den Club nicht vergessen, den ihm Rose im Traum gezeigt hat, und auch die dunkelhaarige Frau nicht, die er dort kennen lernen wird.

„Das ist der Club, den wir besuchen wollen", sagen Arthur und Michael.

In dem Club gibt es einen Garten, mit blühenden Pflanzen in Kerzenbeleuchtung. Noël sieht sich nach der dunkelhaarigen Frau um. Sie ist nicht da. Stattdessen fällt ihm eine Blondine auf.

Sie folgt ihm in den Garten.

„Hast du Feuer, bitte?", fragt sie auf Deutsch.

„Ah – nichts verstehen", sagt er. „Ach", sagt sie auf Englisch, „du sprichst kein Deutsch. Hast du Feuer?"

„Ja, aber warum bist du mir gefolgt, und warum fragst du gerade mich nach Feuer? Gefalle ich dir?"

„Ich interessiere mich nur für Männer, die in einem bestimmten Monat geboren wurden", sagt sie.

Er gibt ihr Feuer.

„So wie ich", sagt er.

„Das kannst du nicht wissen", sagt sie. „Du kannst unmöglich wissen, woran ich denke."

„Glaub mir. Ich kann dir sagen, in welchem Monat du geboren wurdest", sagt er.

„Das glaube ich nicht."

„Du hast, lass mich mal überlegen, irgendwann zwischen dem 9. und dem 21. Januar Geburtstag. Habe ich Recht?"

Ihre Augenbrauen schießen in die Höhe.

„Ja, du hast Recht.“

„Gut. Nun versuchen wir noch etwas.“

Er führt sie an einen Tisch und sie setzen sich. Aus seiner Tasche holt er zwei Zettel.

„Auf diesen Zettel schreibe ich meinen Geburtstag“, sagt er, „und du schreibst auf den anderen Zettel den Monat, in dem der Mann geboren sein muss, mit dem du ausgehst. Okay?

„Okay.“

„Gut, zeig es mir.“

Sie zeigt ihm ihren Zettel, auf den sie „Juli“ geschrieben hat. Er grinst und zeigt ihr seinen Zettel – „23. Juli“. Er hat ein Gespür für solche Zusammenhänge. Schon oft hat er in ähnlichen Situationen intuitiv das Richtige erfasst.

„Nun, du hattest Recht“, sagt sie. „Lass uns tanzen.“

Bevor er zurückfährt, gibt ihm die Blondine ihre Telefonnummer. Fast hätte er die dunkelhaarige Frau aus seinem Traum vergessen.

3

Nach einigen Wochen hat er Heißhunger auf jamaikanisches Essen. Ohne scharf gewürztes Fleisch, Klöße, Jamswurzeln und grüne Bananen hält er nicht lange durch.

„Fahr nach Berlin in die Motzstraße“, sagt ein Bekannter. „Da gibt es ein karibisches Restaurant.“ Er fährt nach Berlin. Das Restaurant heißt „Carib“ und ist in den Farben der Karibik dekoriert. Während er etwas trinkt und auf sein Essen wartet, sieht er, wie ein Schwarzer aus einem hinteren Raum kommt. Ein Jamaikaner. Einen Landsmann erkennt Noël sofort.

Der Mann nickt ihm auf jamaikanischer Art zu.

„Gehört der Laden dir?“, fragt Noël.

„Ja.“

„Schön. Von woher stammst du?“

„Manchester. Aber ich habe viele Jahre in England verbracht. Ich heiße Johnny“, stellt er sich vor.

Gut, das er das Restaurant gefunden hat. Er fährt oft dorthin. Nicht nur wegen des Essens. Er redet gern mit Johnny, oft bis in die frühen Morgenstunden.

„Woher bekommst du die Zutaten, um jamaikanisch zu kochen?“, fragt er Johnny eines Tages.

„Im Asien-Laden“, sagt Johnny. „Sie verkaufen Jamswurzeln und Kassava. Mit den Gewürzen ist es schwieriger. Manchmal besorge ich sie in England.“

Bei seinem nächsten Besuch in Birmingham kauft Noël alle jamaikanischen Gewürze, die er finden kann. Nach seiner Rückkehr aus England parkt er sein Auto vor dem Carib und ruft Johnny.

„Ich habe etwas für dich“, sagt er. Und macht den Kofferraum auf.

„Was ist das? Gewürze? Für mich?“ Johnnys Augen leuchten.

„Ja, ich habe einige Einkäufe für dich erledigt“, sagt Noël.

„Was schulde ich dir?“

„Nichts“, sagt Noël. „Aber solltest du mich eines Tages verhungert in den Straßen von Berlin herumlaufen sehen, dann kannst du mir eine Mahlzeit spendieren.“ „In Ordnung“, sagt Johnny, „das mache ich.“

4

Es ist Johnny, der ihm vom „Blue Note“ erzählt.

Johnny führt ihn in die Berliner Szene ein. Sie waren im „Abraska“, im „Kit-Kat-Club“ und in weiteren Bars. Aber das Blue Note gefällt ihm am besten. Manchmal ist er dort der einzige Gast, und dann redet er stundenlang mit dem Barkeeper. Eine Kellnerin gibt ihm Tipps, was in Berlin sehenswert ist. Und wo er reiten kann: in Königswusterhausen.

Eine Freundin bringt ihn zu dem Reiterhof. Sie nehmen sich zwei Pferde, ein braunes und ein graues, wobei der graue Schimmel ruhig, das braune dagegen wild und schwierig zu reiten sein soll. Noël hilft der Freundin, die noch nie geritten ist, auf den Schimmel, und steigt auf den Braunen. Aber etwas stimmt nicht - sein Pferd ist zu ruhig. Als sie losreiten wollen, bäumt sich der Schimmel auf und versucht, die Reiterin abzuwerfen. Noël springt schnell ab und greift nach dem Zügel des Schimmels, streichelt ihn am Kopf, will ihn beruhigen. Offensichtlich ist dies das wilde Pferd.

Die Freundin hat keine Lust mehr zu reiten. Daher nimmt Noël die Zügel des Schimmels und besteigt das Pferd von der linken Seite. Sobald er aufsitzt und seine Füße in die Steigbügel gesteckt hat, fängt das Pferd an zu zucken. Das fühlt sich wie ein gutes Pferd an. Noël lässt es in Richtung Wald los und der Schimmel fliegt davon wie ein Vogel.

Noël kennt sich im Wald nicht aus, aber er weiß, dass er nur den Kopf des Pferdes gerade halten muss, dann wird es immer geradeaus laufen. Sie bewegen sich schnell. Das Pferd ist wohl seit geraumer Zeit nicht mehr geritten worden und tobt sich aus. Auf einmal biegt das Pferd scharf in einen Querweg ein, den Noël nicht bemerkt hat, und er stürzt. Verdutzt steht er auf, um nachzusehen, wo das Pferd geblieben ist. Es ist das erste Mal, seitdem er richtig reitet, dass ihn ein Pferd abgeworfen hat. Das Pferd steht ein paar Meter entfernt und frisst friedlich Gras.

In der Ferne ist der Reiterhof zu sehen. Da wollte das Pferd wohl hin. In seinen Stall zurück. Noël streichelt den Schimmel, nimmt die Zügel in die Hand und führt ihn zum Hauptweg zurück. Er will von links aufsteigen, aber das Pferd lässt ihn nicht. Immer wenn Noël einen Fuß in den Steigbügel steckt, bewegt sich das Pferd von ihm weg. Er versucht es immer wieder, aber das Pferd lässt ihn nicht aufsteigen. Vielleicht sollte er es einmal von rechts versuchen. Das ist zwar gegen die Regeln der Reitkunst, aber das macht nichts. Das Pferd lässt es zu.

Der Schimmel will wieder galoppieren, aber Noël zügelt das Tier, denn er möchte die Schönheit des Waldes genießen. In einem solchen Wald ist er seit einer Ewigkeit nicht mehr gewesen. Die frische Luft. Ein Hauch Wind, der durch die Bäume säuselt. Das Vogelzwitschern. Die Ruhe, der Frieden. Er könnte stundenlang hier bleiben. Nur ein Mann mit seinem Pferd. Fast kommt es ihm vor, als wäre er wieder in Jamaika.

Er und das Pferd. Sie gehen eine Weile, sie traben, sie galoppieren wieder, ruhen sich aus. Inzwischen frisst ihm das Pferd aus der Hand und es lässt Noël anstandslos von links aufsteigen. Langsam reitet er zum Hof zurück. Fest steht, dass er noch manches Mal zum Reiten hierher kommen wird. Noël, der Schimmel, der Wald. Sie sind gute Freunde geworden.

5

Das Leben in einer deutschen Kleinstadt wie Mahlow erinnert an Birmingham in den siebziger Jahren. Nur dass es hier – abgesehen von Arthur und Michael – überhaupt keine Schwarzen gibt. Hier wie dort – man muss lernen, über die eigenen Ängste zu lachen, wenn man überleben will.

Die Leute auf der Straße starren ihn an, als ob sie noch nie einen Schwarzen gesehen hätten. Noël ignoriert es einfach, wenn er angeglotzt wird. Er weiß, dass er auffällt, wenn er sich zum Ausgehen schick anzieht und mit seinem Jaguar unterwegs ist. Er weiß genau, was die Leute denken: „Woher hat dieser Neger diese schicken Klamotten? Woher hat er den Wagen?"

In ihren Köpfen passt das nicht zusammen. Genauso war es schon in England. Die Weißen dachten immer, dass schwarze Männer in vornehmen Anzügen nur Drogendealer oder Zuhälter sein können.

Man nimmt es am besten mit Humor. Über die Leute lachen. Und sie direkt ansprechen. Wenn er hört, dass man ihn als „Nigger“ bezeichnet, dreht er sich um und erklärt: „Nicht Nigger – Schwarzer.“

Den glatzköpfigen Neonazis mit ihren Springerstiefeln den Hitler-Gruß zeigen. Über ihre verdutzten Gesichter lachen. Lachen, wenn sie ihn zusammenschlagen wollen. Lachen, weil sie sich dann doch nicht trauen. Weil sie zu feige sind, ihn anzugreifen.

Nein, er wird sich nicht von ihnen terrorisieren lassen. Aber er weiß um die Gefahr. Sein Freund Eric, der vor dem ANC aus Südafrika geflohen ist und jetzt in einem Restaurant in Mahlow Teller wäscht, wurde von Neonazis angegriffen. Sie haben ihm nachts, als er aus dem Restaurant kam, aufgelauert und ihm den Lohn abgenommen. Und eines Tages haben sie ihn so zusammengeschlagen, dass er ins Krankenhaus musste. Als Passanten Eric zu Hilfe kommen wollten, zog ein Angreifer eine Pistole. In diesem Moment traf die Polizei ein, und die Neonazis flüchteten in den Bahnhof. Die Waffe ließen sie zurück. Daher weiß Noël, wie gefährlich die Rechtsextremen sind. Aber er ist trotzdem fest entschlossen, sich nicht unterkriegen zu lassen.

Und er wird nicht an die anderen Geschichten denken, die er gehört hat. Wie anders aussehende Menschen aus fahrenden Zügen geworfen wurden. Wie ein Schwarzer ein Bein verlor, nachdem man ihn aus dem Zug gestoßen hat und er unter die Räder des Zuges kam. Nein, er wird nur lächeln, wenn er nach Berlin fährt und die Glatzköpfe ihn provozieren wollen. „Scheiss Afrikaner, raus hier!“ Nur lächeln, auch wenn diese Kerle nicht besonders nett aussehen. Ihnen die Hand entgegenstrecken und sagen: „Kein Afrikaner. Ich bin Jamaikaner.“ Manche antworten dann „Ach so, Jamaika. Gut. Cool“, und schütteln ihm die Hand.

6

Wie damals in England scheinen die Leute hier völlig ahnungslos zu sein. Es überrascht ihn immer noch, dass viele Weiße gerne Black Music hören, schwarze Menschen aber ablehnen. Schwarze sind minderwertig, aber Reggaemusik ist cool und Michael Jackson ist der Größte. Das ergibt keinen Sinn.

Ein weißer Freund geht mit Noël in einen Club in Mahlow. Der Türsteher will ihnen den Eintritt verwehren, aber sie erklären, dass sie hineingehen werden, ob es ihm gefällt oder nicht. Schließlich sei dies ein öffentliches Lokal. Als Noël den Eintritt zahlen will, wirft die Kassiererin das Geld, das er ihr in die Hand drückt, auf den Boden.

„Neger", sagt sie.

Andere beschimpfen seinen weißen Freund, bespucken ihn, nennen ihn einen Verräter. Alle glotzen Noël an.

Sie gehen trotzdem hinein. Es läuft gerade Musik von Michael Jackson. Noël schaut sich um, während sein Freund etwas zu trinken holt. Im flackernden Licht sieht er vielleicht dreißig oder vierzig Leute auf der Tanzfläche, aber sie tanzen nicht richtig. Sie stehen da bloß rum, bewegen sich von einem Fuß auf den anderen. Der Song „Beat it" wird aufgelegt. Jetzt wird er ihnen zeigen, wie man tanzt.

„Gut, ab durch die Mitte", denkt er und geht auf die Tanzfläche. Alle hören auf zu tanzen und sehen vom Rand aus misstrauisch zu.

Er kommt gerade richtig in Stimmung, da sieht er ein Mädchen, das auf einem Stuhl sitzt und ihren Oberkörper zum Rhythmus der Musik bewegt. Er zeigt mit einem Finger auf sie, ruft sie. Sie schaut sich um, ist etwas irritiert, weil alle Leute sie ansehen. Dann steht sie auf und kommt zu ihm, fängt an, mit ihm zu tanzen. Zunächst wirkt sie ein wenig verloren, aber er zeigt ihr ein paar Schritte. Zeigt ihr, wie sie sich von der Musik tragen lassen kann. Sie tanzen, bis der Song vorbei ist, dann legt der DJ eine andere Musik auf, zu der man nicht gut tanzen kann.

„Sie könnten genauso gut Mozart spielen", ärgert er sich, als er die Tanzfläche wieder verlässt. Das Mädchen läuft kichernd zu ihren Freunden zurück.

Getanzt wird nicht mehr, weil seine Freunde lieber ein paar Drinks zu sich nehmen wollen. Macht nichts. Zumindest hat er diesen Leuten einmal gezeigt, wie Schwarze tanzen.

7

Jacqui besucht ihn regelmäßig in Deutschland. Er bucht dann ein Hotel für die Zeit, manchmal im Berliner Ringhotel, manchmal in Mahlow.

Er geht mit ihr in das Blue Note. Sie tanzen den ganzen Abend zu leiser Jazzmusik, halten einander fest. Jacqui hat ihre Arme um seinen Hals gelegt und sieht ihm in die Augen.

„Ich bin so glücklich, bei dir zu sein."

„Ich auch“, sagt er, und zieht sie fest an sich, legt sein Gesicht in ihr rotes Haar, das so weich und lockig ist und so gut riecht. Er fühlt sich wie im Himmel.

Eine Kellnerin gibt ihm den Tipp, mit Jacqui den Spreewald zu besuchen. Am nächsten Morgen stehen sie früh auf und fahren in den tiefsten Osten.

In einer Kleinstadt, in der sie Pause machen, starren alle Menschen sie an. Er fühlt sich wie in einem Gruselfilm, in dem sich die Dorfbewohner als Vampire entpuppen, die auf unschuldige Fremde warten, um sie zu töten. Dann fällt ihm ein, dass es ganz normal ist, wenn Fremde in einer Kleinstadt angestarrt werden. Vor allem, wenn man in Begleitung von so einem hübschen Mädchen wie Jacqui ist. Wenn du nicht hinschaust, siehst du nichts, und wenn du nichts siehst, kannst du nichts wissen. Also macht er sich keine Gedanken mehr darüber, dass sie angestarrt werden.

Noël und Jacqui wandern an einem Bach entlang. Sie kommen zu einem Haus, wo man Paddelboote mieten kann.

„Lass uns ein Boot nehmen!“, schlägt er vor.

Der Vermieter zeigt ihnen den Weg zum Fluss. Jacqui sitzt vorne im Boot, er hinten an den Rudern. Romantisch ist das, und er kann sehen, wie glücklich Jacqui ist. Ihre blasse Haut leuchtet auf, ihre Wangen blühen auf wie Kirschen.

Langsam rudert Noël den Kanal hinunter. Sie kommen an kleinen Läden vorbei, in denen Gurken und Waldhonig verkauft werden. Jacqui isst für ihr Leben gern Gurken, also hält Noël an und kauft ihr welche. Für sich nimmt er ein Bier mit – Gurken mag er nicht so sehr.

An einer Stelle, wo der Fluss breiter wird, begegnen sie einem größeren Boot. Die Leute winken ihnen zu und begrüßen sie. „Hallo“, rufen sie, „guten Tag!“ Sie scheinen alle sehr vergnügt und freundlich zu sein.

„So haben wir uns Deutschland vorgestellt“, sagt Jacqui.

Sie biegen in einen kleinen Kanal ein, neugierig, was sie dort finden werden. In einem weiteren Laden kaufen sie noch einmal Honig, Gurken und Bier. Dann rudern sie weiter, bis sie eine schöne Wiese entdecken. Sie spazieren durch den Wald bis zu einer Lichtung. Die Sonne scheint, der Himmel ist blau.

Sie legen sich ins Gras und schlafen ein. Als sie nach einer Stunde aufwachen, liegen sie eng umschlungen.

„Es ist himmlisch hier“, sagt Jacqui. „Vielleicht könnte ich auch hierher kommen und hier mit dir wohnen.“

Auf dem Rückweg will Jacqui rudern, aber sie hat Schwierigkeiten, das Boot auf Kurs zu halten. Macht nichts, denn sie haben keine Eile. Aber dann stellen sie fest, dass sie so oft abgebogen sind, dass sie die Orientierung verloren haben. Sie kommen zu einer Schleuse, die sie allerdings nicht öffnen können. Nach einiger Zeit treffen weitere Ausflügler ein, und gemeinsam gelingt es ihnen, das Hindernis zu überwinden. Dann rudern sie zusammen weiter, weil sie alle auf der Suche nach dem Weg zurück zu den Bootshäusern sind.

Bis sie zurückgefunden haben, ist es fünf Uhr. Ursprünglich wollten sie in Berlin im Carib essen gehen, aber auf der Rückfahrt kommen sie an einer Gaststätte vorbei, wo man Hähnchen am Spieß brät. Sie kehren dort ein und Jacqui stellt sich in die Schlange. Währenddessen beobachtet Noël die Menschen an den Tischen. Es kommt ihm so vor, als ob sie ihn nicht mehr so anstarren würden wie heute Morgen. Vielleicht ist er inzwischen kein Novum mehr.

Es war ein herrlicher Tag im Spreewald, finden sie. Aber Jacqui muss zurück nach England.

„Arbeite fleißig und komm bald nach Hause", sagt sie beim Abflug.

Als er wieder auf seinem Gerüst steht und Wände verputzt, singt und lacht er vor Freude. Das Leben kann so schön sein. Alles ist im Lot.

„Wie kann man bloß so glücklich sein?", fragt er sich. „Vielleicht bin ich zu glücklich. Kann man so glücklich sein, ohne eines Tages dafür bezahlen zu müssen?"

8

Nach eineinhalb Jahren sind die Arbeiten in Mahlow abgeschlossen. Noël, Arthur und Michael wollen an ihrem letzten Abend ausgehen. Am nächsten Tag fangen sie auf einer neuen Baustelle an, diesmal in Halle. Sie steigen in Noëls Jaguar und fahren nach Berlin in ihren Club.

Noël unterhält sich mit Johnny, den er gerade getroffen hat. Da wird er auf ein hübsches, dunkelhaariges, türkisch aussehendes Mädchen aufmerksam, das mit ihren Freunden auf der anderen Seite des Raumes steht. Sie geht an ihm vorbei, schaut ihn an und betritt die Tanzfläche. Er folgt ihr. Plötzlich lässt sie sich nach hinten fallen. Er fängt sie in seinen Armen auf. Sie tanzen miteinander.

„Ich dachte, du würdest nie kommen", sagt sie.

Sie tanzen lange miteinander.

„Kannst du mich nach Hause bringen?“, fragt sie ihn später.

„In Ordnung“, sagt er.

Er bringt sie in ihre Wohnung. Sie kocht Kaffee, wird zärtlich.

„Kommst du mich besuchen, wenn du wieder in Berlin bist?“, fragt sie.

„Das würde ich gern tun“, sagt er.

„Nimm diesen Schlüssel und komm, wann immer du willst“, sagt sie.

„Dann bis bald“, sagt er, als er die Treppe hinuntergeht, um wieder in den Club zu fahren.

Es ist gegen elf Uhr, als er Michael und Arthur im Club abholt und mit ihnen nach Mahlow zurückfährt. Sie wollen ihre Sachen holen und gleich nach Halle weiterfahren. Vorher halten sie an einer Telefonzelle am Bahnhof, um nach England zu telefonieren. Noël erzählt Jacqui, dass sie nach Halle fahren. Er legt auf.

Dann sehen sie die Neonazis.

„Nigger, Nigger!“ Sobald sie die schwarzen Männer bemerkt haben, fangen sie an, sie zu beschimpfen. Arthur und Michael wollen sich mit ihnen prügeln.

„Nein“, sagt Noël. „Steigt ein. Wir ignorieren diese Scheißkerle.“

Er fährt los, an einer Baustelle vorbei. Dort steht ein Mann mit einem Stein in der Hand. Noël denkt sich nichts dabei. Vielleicht haben Michael und Arthur den Mann auch gesehen, aber sie sagen nichts.

Dann rast ein Auto heran und will seinen Jaguar überholen. Noël sieht, wie Arthur sich auf den Fußboden kauert. Im Rückspiegel erkennt er, dass sich auch Michael auf den Boden duckt. Er hört ein knackendes Geräusch und denkt an die Pistole, die er bei den Neonazis gesehen hat. Dann hat ihn der Wagen überholt. Er fährt direkt vor seinem Jaguar auf die rechte Spur.

Das Letzte, woran er sich erinnern kann, bevor er gegen den Baum prallt, ist sein Versuch, nach links auszuweichen, damit er nicht gegen den Wagen fährt, der jetzt genau vor ihm ist. Er kommt von der Straße ab. Die linken Räder des Jaguars drehen durch.

Dann läuft ein Film in seinem Kopf ab, schwarz-weiß und im Zeitlupentempo. Er sieht unbekannte Personen am Auto vorbeilaufen. Szenen aus seinem Leben spielen sich vor seinen Augen ab – wie in einem Zeichentrickfilm.

Er spürt den Schlag in seinen Füßen.

9

„Spüren Sie, dass ich ihre Füße berühre?“, fragt ihn jemand.

„Nein“, sagt er.

Langsam aus dem Koma erwachend realisiert er, dass er bewegt wird. Er befindet sich auf dem leeren Korridor eines Krankenhauses, das irgendwie russisch aussieht. Diese Leere macht ihm Sorgen. Es ist nichts da. Er möchte etwas gegen die Schmerzen haben, aber das Mädchen neben ihm versteht ihn nicht.

Sie zeigt auf die Flasche, die über einen Schlauch mit ihm verbunden ist. Sie ist leer.

„Es gibt nichts mehr“, sagt das Mädchen.

Das Geräusch eines Hubschraubers durchstößt die Mauer seiner Bewusstlosigkeit.

Wie im Traum sieht er Jacqui, die mit ihren Eltern auf einer Brücke steht. Sie ziehen ihn aus dem Wasser. Und dann winken sie ihm zu.

„Er wird nicht sterben“, hört er Jacqui sagen, und dann kann er nur noch den Hubschrauber hören.

Er wacht auf und hat Angst. Es fühlt sich an, als ob sein Kopf nach unten hängen würde.

„Ich möchte aufrecht sitzen“, sagt er.

„Sie sitzen aufrecht“, sagt das Mädchen.

10

Er wurde verlegt, sagt die Krankenschwester. Von Ludwigsfelde nach Berlin-Neukölln. Sie öffnet die Tür und Jacqui kommt herein. Arthur und Michael sind bei ihr.

„Seid ihr verletzt?“, fragt er Arthur und Michael.

„Nur leicht“, sagt Arthur.

„Sie haben mich plattgemacht“, sagt er zu Jacqui.

„Sie können dich nicht plattmachen“, sagt sie. „du wirst immer gut aussehen.“

„Kannst du mir eine Zigarette geben?“, fragt er.

Sie schließt die Tür, damit keiner merkt, dass er raucht, und zündet ihm eine Zigarette an. Nach zehn Minuten kann er nicht mehr atmen.

Die Ärzte kommen und versuchen fieberhaft, ihm einen Schlauch mit Sauerstoff in Nase und Hals zu schieben.

„Ich werde sterben“, sagt er.

„Nein“, sagt Jacqui.

Er wird schnellstens in den Operationssaal gebracht.

11

Der Tod kommt.

Sie haben einen Luftröhrenschnitt gemacht, damit er durch einen Schlauch im Hals atmen kann. Weil er eine Lungenentzündung hat, versagen die Lungen. Die Maschine, an der er hängt, schlägt Alarm. Ärzte stürzen herein, stoßen die Geräte und Stühle zur Seite, um an ihn heranzukommen. Noël tritt aus seinem Körper heraus und dreht sich um. Er sieht, wie die Ärzte versuchen, den Körper, der auf dem Bett liegt, wiederzubeleben.

Jetzt merkt er, dass weitere Menschen im Zimmer sind. Sieben oder acht Personen sind dazugekommen. Einige tragen altmodische Kleidung. Wie sein Großvater in den Zwanzigern. Ein anderer trägt nur einen Lendenschurz. Einige sehen wie Sklaven aus.

„Dein Vater sagt, wir sollen uns um dich kümmern“, sagt einer von ihnen. Der Mann bewegt seine Lippen nicht; die Worte scheinen direkt aus seinem Kopf zu kommen. „Wir sind deine Verwandten.“

Er hat sie zwar noch nie gesehen, aber das überrascht ihn nicht, denn er kennt nicht alle Familienmitglieder.

„Komm mit uns“, sagt einer.

„Wohin?“, fragt Noël. „Ich kann im Moment nirgendwo hingehen.“

„Komm.“

Jetzt sieht er seinen Vater, der sich hinter dem Apparat für das Elektrokardiogramm versteckt hat. Das ist ziemlich merkwürdig, weil er genau weiß, dass sein Vater in Birmingham ist und dort in seinem Bett schläft. Und dennoch ist er hier. Seltsam. Da er nicht leibhaftig bei seinem Sohn sein kann, ist sein Geist im Traum in dieses Krankenhauszimmer gekommen. So muss es sein.

„Komm mit uns“, hört er den Mann noch einmal sagen.

Langsam regt ihn das auf, wie sie alle da stehen und ihn anlächeln und ihm sagen, er solle kommen, kommen, kommen. Wieso sollte er denn mit ihnen gehen? Und wie?

„Komm doch. Alles wird gut werden.“

Nein, er geht nicht mit ihnen. Das kommt nicht in Frage.

„Nein“, sagt er. „Noch nicht. Ich bin noch nicht so weit.“

Jetzt hört er die Ärzte.

„Kommen Sie zurück, Herr Martin, kommen Sie zurück.“

Und dann liegt er wieder in dem Bett und ist mit den Ärzten allein.

12

Eine Woche später wacht er auf. Sein ganzer Körper brennt, obwohl sie ihn mit Eis zugepackt haben. Eis um seine Stirn, an Armen und Beinen, auf Brust und Bauch.

Zunächst denkt er, dass er in England sein muss, denn Kenley steht neben seinem Bett.

„Du siehst gut aus“, sagt Kenley, aber Noël sieht ihm an, dass es nicht wahr ist.

Kenley berichtet von vielen Menschen aus Birmingham, die ihm alle gute Besserung wünschen. Sie werden Noël herzlich willkommen heißen, wenn er wieder nach Hause kommt. Und viele wären am liebsten mitgekommen, um den Neonazis den Krieg zu erklären.

Auch Johnny kommt ihn im Krankenhaus besuchen. Er sitzt neben seinem Bett.

Plötzlich rutscht etwas unter der Decke hervor und hängt seitlich am Bett hinunter. Johnny greift danach.

„Was ist das?“, fragt er.

Es ist Noëls Hand. Es wird ihnen erst nach ein paar Sekunden bewußt, weil sie so klein und abgemagert ist. Das kann doch nicht wahr sein, denkt Noël. Als ob sie nicht mehr mit mir verbunden wäre. Wie ein Gegenstand, ein Fremdkörper. Es kommt ihm vor wie ein Alptraum.

Er hat viel Gewicht verloren, sagt der Arzt. Nach dem Unfall hatte er innere Blutungen, die von einem Magengeschwür herrührten. Sie können ihn nur mit einem Schlauch ernähren.

„Werde ich meine Hand wieder bewegen können?“, fragt er.

„Es gibt eine einprozentige Chance“, sagt der Arzt.

„Diese Chance werde ich wahrnehmen“, sagt er.

Er ist vom Hals abwärts gelähmt. Die Wirbelsäule ist im Genick gebrochen. Eine Querschnittslähmung, von der Arme und Beine betroffen sind. Er fühlt nichts mehr. Er kann sich nicht bewegen.

13

Sie behalten ihn über einen Monat im Krankenhaus in Deutschland. Jacqui bleibt bei ihm. Sie hat mit Johnnys Hilfe ein Zimmer gemietet. Aber die meiste Zeit verbringt sie im Krankenhaus.

Zwei deutsche Freundinnen besuchen ihn. Sie haben Blumen mitgebracht.

„Wir werden dich nach Hause mitnehmen", sagen sie.

„Sein Zuhause ist in Birmingham", sagt Jacqui, „und ich bringe ihn dorthin zurück. Wenn Sie nach Birmingham kommen und ihn dort pflegen wollen, können Sie das gerne tun."

Er weiß nicht, wie Jacqui ihn pflegen will. Sie hat doch einen Job.

„Meinen Job gebe ich auf", sagt sie. „Du brauchst mich. Wir müssen irgendwie zurechtkommen."

Sie wollen sobald wie möglich nach Hause fahren, aber das ist ziemlich kompliziert. Der Transport ist teuer, und wer soll das bezahlen? Er hat keine Versicherung, die die Transportkosten übernehmen würde. Von deutscher Seite scheint es auch keine Möglichkeit zu geben. Rechtlich betrachtet hat er Anspruch auf einen Platz in einer Rehabilitationsklinik in Deutschland. Es gibt keine Vorschrift, die besagt, dass querschnittsgelähmten Opfern von rechtsradikaler Gewalt der Rücktransport in ihr Heimatland finanziert werden muss.

Jacqui wendet sich an die britische Botschaft in Berlin. Sie bitte um Hilfe, um Noël nach Hause zu bringen. Die Botschaft lehnt jegliche Unterstützung ab. Auch als sie nach englischen Büchern fragt, damit sie etwas zu lesen hat, helfen sie ihr nicht weiter. Jacqui und Noël fragen sich, ob sie überhaupt noch britische Staatsangehörige sind. Und ob es möglich sein wird, Deutschland zu verlassen.

Endlich bekommen sie eine positive Antwort: Die private Hilfsorganisation „Aktion Cura" ist bereit, die Transportkosten zu übernehmen. Aktion Cura, denkt er. Das klingt gut. Aktionen zählen mehr als Worte.

Vorher muss er noch die Täter identifizieren.

Ein Richter kommt mit einem Anwalt und mehreren Polizisten. Sie zeigen ihm ein Video. Zehn Männer aufgereiht, mit Nummern versehen.

„Erkennen Sie jemand?", fragen sie ihn.

Es sieht aus, als würde einer der Männer anfangen zu lächeln, als wollte er sagen, *hier bin ich, ich bin's gewesen*, und Noël fragt sich, ob das eine List sein soll. Ein weiterer Mann auf dem Foto scheint auch zu lächeln.

„Nein." Er schüttelt den Kopf. Nein, er erkennt keinen von ihnen.

Einer der Polizisten hat eine Pistole dabei, sie steckt in einem Halfter. Noël fragt, ob er sich die Waffe ansehen dürfe. Der Polizist lehnt dies ab, aber der Anwalt erklärt, er solle Noël die Pistole ruhig zeigen. Der Polizist entlädt sie, bevor er sie Noël reicht. Als ob Noël jemanden damit erschießen könnte.

„Wann kann ich nach Hause fahren?“, fragt er den Anwalt.

„Wir müssen Sie hier behalten, bis wir die Täter gefunden haben“, lautet die Antwort.

Michael erkennt die Neonazis wieder. In einer Nachrichtensendung werden Passanten in Mahlow interviewt. Unter den Menschen, die sich um den Fernsehreporter geschart haben, befinden sich auch Sandro und Mario. Michael erkennt sie sofort.

Sie zeigen Noël ein Foto von Mario. Er erinnert sich, Mario schon einmal gesehen zu haben. Es war in einem Restaurant in Mahlow, in dem Noël mit einer deutschen Bekannten zu Abend aß. Der Mann saß auf der anderen Seite des Raums mit mehreren Mädchen. Er hat Noël angestarrt und sich dann zu den Mädchen umgedreht. Er schien ziemlich verärgert gewesen zu sein. Später ist er aufgestanden und hat Noël so wütend angesehen, dass dieser glaubte, er würde gleich auf ihn losgehen. Die Mädchen hielten den Typ aber zurück. Ja, es war dieser Mann. Er war an jenem Abend am Bahnhof dabei. Dieser Mann muss ihn wirklich gehasst haben.

Die Täter kommen vor Gericht.

Sandro, der Steinewerfer, bekommt fünf Jahre. Mario wird zu acht Jahren verurteilt. Er hatte den Wagen gefahren. Er gibt offen zu, dass er Fremde und Schwarze hasst. Keiner zeigt Reue für das, was sie getan haben.

Ihr Opfer bekommt lebenslänglich. Lebenslänglich im Rollstuhl.

14

Dieses Mädchen im Club. Irgendwann fällt es ihm ein. Sie war das dunkelhaarige Mädchen aus seinem Traum. Er hätte wissen müssen, was geschehen würde.

Jacqui und Noël

Zurück in England

1

„Wirst du mit der Querschnittslähmung fertig werden?“, fragt ihn Jacqui mehrfach. „Wenn nicht, werde ich den Stecker ziehen.“

Er weiß, dass sie es kaum verkraften kann, ihn so zu sehen. Er, im besten Mannesalter, an diese Leben erhaltenden Maschinen angeschlossen. Schließlich wird er mit einem Ambulanzflugzeug nach England gebracht.

Ihnen ist klar, wie ungeheuer schwierig sein neues Leben sein wird. Sie müssen mit völlig neuen, völlig anderen Lebensumständen fertig werden. Sie denken, dass diese Paralyse das Schlimmste ist, was ihnen passieren konnte. Sie können nicht ahnen, dass es noch schlimmer kommen wird. Dass das Leben noch eine schlimme Wendung nehmen wird.

2

Sie bringen ihn in ein Krankenhaus in Southport, in der Nähe von Liverpool. Angeblich soll es ein fantastisches Krankenhaus sein. Als Noël und Jacqui dort ankommen, findet gerade eine Tombola statt.

„Möchten Sie ein Los kaufen?“, fragt jemand. „Sie können 50.000 Pfund gewinnen.“

Das klingt gut, denn sie könnten 50.000 Pfund jetzt gut gebrauchen. Jacqui kauft mehrere Lose. Zwei Tage später findet die Ziehung statt: Noëls Los ist dabei. Donnerwetter. Die Krankenschwester freuen sich für ihn. „Was für ein Glück er hat!“, rufen sie.

Aber als Jacqui das Preisgeld abholen will, wird ihr mitgeteilt, dass es sich bei dieser Ziehung lediglich um eine „Vorziehung“ gehandelt habe. Name und Losnummer werden jetzt in eine weitere Runde eingebracht. Es gebe noch kein Preisgeld. Danach hören sie nie wieder etwas davon, und es scheint klar zu sein: Es war gar nicht vorgesehen, dass jemand einen Preis gewinnt. So funktioniert das System.

3

Die Ärzte, die Krankenschwestern, die Mitarbeiter von der Sozialfürsorge – sie glauben, dass sie alles besser wissen als man selbst. Sie glauben, dass sie dir sagen können, wie du dein Leben zu leben hast. Sie drängen sich auf. Sie stellen Forderungen. Sie wollen, dass sich Noël und Jacqui einer psychologischen Betreuung unterziehen. Sie sagen, sie bräuchten eine spezielle Beratung, um mit dieser Situation zurechtzukommen. Noël und Jacqui wollen aber weder psychologische Betreuung noch Beratung. Das müssen sie den Ärzten, Krankenschwestern und Sozialarbeitern immer wieder erklären.

Sie möchten einfach in Ruhe gelassen werden und versuchen, ihr Leben wieder in den Griff zu bekommen. Jacqui besteht darauf, Noël zu pflegen. Er ist ihr sehr dankbar dafür. Er ist sich bewußt, welches Glück er hat, dass Jacqui für ihn da ist. Denn in seiner Umgebung sieht er Menschen, die eine Krankheit oder einen Unfall nicht verkraftet haben. Er sieht Frauen, die sich von ihren behinderten Ehemännern trennen. Mütter, die ihre Kinder im Stich lassen. Menschen, die mit Kranken oder Verletzten nichts zu tun haben wollen, die nicht einmal zu Besuch kommen. Es bricht Jacqui das Herz, so etwas zu sehen. Wenn sie ein paar Minuten Zeit hat, kümmert sie sich um ein zweijähriges Mädchen, deren Mutter sich nicht blicken lässt.

4

Nach einem Monat in Southport empfiehlt der Arzt ein anderes Krankenhaus. Für Rückenmarksverletzungen sei die Spezialkinik in Oswestry besser.

Kurz bevor sie Southport verlassen, macht Jacqui mit Noël einen kleinen Ausflug auf dem Krankenhausgelände. Weil der Rollstuhl nicht ausreichend gefedert ist – was Jacqui aber nicht weiß –, zieht sich Noël eine Druckstelle am Gesäß zu. Er muss danach vier Tage im Bett bleiben. Keinen Druck auf die geschädigte Stelle, befiehlt der Arzt. Sonst könnte eine Druckwunde entstehen. Die arme Jacqui ist verzweifelt und kann nicht aufhören zu weinen. Sie wollte ihm keinen Schaden zufügen.

Während des Ausflugs sieht Noël weit oben am Himmel einen Vogel. Es ist das erste Mal seit zwei Monaten, dass er etwas Lebendiges außerhalb des Krankenhauses sieht. Er weiß, dass er weiterleben möchte. Es wird Zeit, um sein Leben zu kämpfen.

Er ist sich mit Jacqui einig. Er wird sich acht Jahre Zeit nehmen, und wenn er dieses Leben dann nicht mehr erträgt, wird er um Sterbehilfe bitten. Aber als erstes muss er diesen Schlauch im Hals loswerden. Denn er kann sich nicht vorstellen, ständig durch einen Schlauch zu atmen. Er hat Männer im Krankenhaus gesehen, die seit fünf Jahren mit einem Schlauch im Hals leben. Es hat ihnen nicht viel genutzt. Noël und Jacqui sind sich einig. Der Schlauch muss weg.

„Entfernen Sie den Schlauch“, sagt Jacqui zu den Ärzten.

„Nein, das können wir nicht tun“, sagen sie. „Er wird sterben.“

Sie besteht darauf, und der Schlauch wird entfernt. Für die Nacht wollen die Ärzte den Schlauch aber wieder einführen.

„Nein.“

„Aber er wird sterben“, sagen sie wieder.

„Wenn er stirbt, dann stirbt er“, sagt Jacqui. „Das ist sein Wille.“

Er stirbt nicht. Wie in Deutschland fragt er den Arzt: „Wie hoch ist die Chance, dass ich meine Arme wieder bewegen kann?“

„Ein Prozent“, sagt der Arzt.

„Diese Chance werde ich wahrnehmen“, sagt Noël. „Eines Tages werde ich wieder laufen können.“

Der Arzt tritt einen Schritt zurück, schaut ihn eindringlich an und ergreift Noëls Hände.

„Das wünsche ich Ihnen von ganzem Herzen“, sagt der Arzt.

5

Sie bringen Noël im Krankenwagen nach Oswestry, eine Stadt in der Nähe der englisch-walisischen Grenze. Das Krankenhaus stammt aus der Kriegszeit, und es sieht so aus, als ob seitdem nichts mehr daran gemacht worden wäre. Es ist dreckig, heruntergekommen, zugig. Als sie den langen Korridor hinuntergehen, schauen sich Noël und Jacqui an: Das war ein Riesenfehler.

Noël erhält ein Bett in einem riesigen Saal, in dem rund 50 Patienten liegen. Das Bett befindet sich in der Mitte des Saales, weit entfernt von den Krankenschwestern. Von dort aus kann er sie nicht rufen, wenn er sie brauchen sollte. Und da er nichts allein machen kann, braucht er ständig jemanden. Er traut sich nicht, laut zu sprechen, weil sich das Pflaster auf dem Luftröhrenschnitt ablösen könnte. Und er hat Angst, mit einer offenen Wunde daliegen zu müssen.

Vom ersten Tag an ist klar, dass von dem Krankenhauspersonal keine Unterstützung zu erwarten ist. Die Mitarbeiter scheinen ohnehin der Meinung zu sein, dass er hier nichts zu suchen habe. Und die Ärzte sagen, dass sich eine Physiotherapie für ihn nicht lohnt. Am besten sei es, so geben sie ihm zu verstehen, wenn er zu Hause in seinem Bett liegen bleiben würde, bis er stirbt.

Manchmal können die Mitarbeiter in der vorgesehenen Zeit nicht alle Patienten waschen. Manchmal kommen sie nach dem Mittagessen, um das Waschen nachzuholen. Aber dann hat Noël nichts gegessen, weil er keinen Bissen herunterbekommt, wenn er sich schmutzig fühlt. Manchmal wird er überhaupt nicht gewaschen.

Jacqui teilt dem Krankenhaus mit, dass sie dort bleiben wird, um ihn zu pflegen, da das Personal offensichtlich überfordert ist. Sie überlassen ihr ein Zimmer im Studentenwohnheim. Als sie erklärt, dass sie weitere Hilfe benötigt und Noëls Schwester hinzuziehen möchte, weigert sich die Verwaltung, ein weiteres Zimmer zur Verfügung zu stellen. Jacqui muss sich also ganz allein um die Pflege kümmern – von morgens um sieben bis um Mitternacht. Sie wäscht Noël, sie füttert ihn, sie bringt ihn zur Physiotherapie. Sie geht mit ihm zur Toilette, wo sie ihm bei der Entleerung des Darms hilft. Die Krankenschwestern weigern sich, sie hierbei zu unterstützen. Er solle seine Notdurft in einer Bettschüssel im Bett verrichten, sagen sie.

„Nein, damit raubt man ihm jegliche Würde", sagt Jacqui. Er kann nicht mitten in dem großen Saal liegen und dort seine Notdurft verrichten. Das werde sie nicht dulden.

Wenn die Türen und Fenster des Saals offen stehen, schwitzt Noël stark. Er hat herausgefunden, dass sein Körper verrückt spielt – er schwitzt, wenn ihm kalt ist, und er merkt es nicht, wenn ihm zu warm ist. Nur wenn er sich ausgetrocknet fühlt, weil er nicht genug getrunken hat, weiß er, dass ihm zu warm war.

Ärzte und Krankenschwestern begreifen das nicht.

„Sie schwitzen, weil Ihnen warm ist", sagen sie, wenn er um weitere Decken bittet, um sich zu wärmen. Sie geben ihm keine weiteren Decken.

Die Ärzte versuchen es mit einem Bluttest, um die Ursache für das Schwitzen herauszufinden. Die Untersuchung liefert aber keine Hinweise, warum seine Nerven verrückt spielen.

Jacqui trägt Decken zusammen, und nachdem er sie durchgeschwitzt hat, macht sie sich wieder auf den Weg, um neue Decken zu finden. Außerdem durchsucht sie das ganze Krankenhaus nach Kissen, die sie ihm unter die Füße legt, damit das Blut besser zirkuliert. Die Kissen dienen auch als Stütze für seinen Kopf, damit er nicht zur Seite fällt. Er braucht die Kissen dringend, aber auf der Station gibt es nicht genug.

Das Essen im Krankenhaus ist entsetzlich. Obwohl die Ärzte wiederholt erklärt haben, dass er eine spezielle Diät bekommen müsse, liefert die Küche jedes Mal das übliche Essen. Er hat schon stark abgenommen und wiegt nur noch 40 Kilo, aber dieses Krankenhausessen bekommt er nicht herunter. Jacqui versucht, etwas für ihn zu kochen. Karibisches Essen. Was nicht einfach ist, da es im Studentenwohnheim nur eine Herdplatte gibt, die sie sich mit 28 Bewohnern teilen muss. Dennoch kocht sie Klöße und Bananen, damit er wieder zunimmt. Seine Freunde bringen auch etwas mit. Und Jacqui besorgt das Nährmittel Nutriment. Im Krankenhaus kennt man das Mittel nicht, das man in Jamaika unterernährten Kindern gibt. Eine nahrhafte Mischung aus allem, was der Körper benötigt. Mit Nutriment nimmt er wieder zu.

Eines Nachts fangen seine Augen an zu brennen. Er braucht dringend jemanden, um sie feucht auszuwischen. Er kann immer noch nicht laut rufen, aber sein Nachbar ist wach und drückt für Noël den Klingelknopf. Ein Pfleger kommt, und nachdem er Noël geholfen hat, streicht er ihm durch das Haar. Er ist homosexuell, davon ist Noël überzeugt.

„Ich kann alles mit dir machen, was ich möchte", sagt der Pfleger. Und Noël weiß, dass das stimmt. Er kann sich nicht wehren, er ist dem Mann und seinen Berührungen vollkommen ausgeliefert.

Am nächsten Morgen erzählt er Jacqui von dem Zwischenfall, und sie spricht mit dem Pfleger, bittet ihn, Noël in Ruhe zu lassen. Der Pfleger betrachtet dies als Verleumdung und zeigt Noël an, weil er ihn als Homosexuellen bezeichnet hat. Und als der Arzt kommt, droht er, die Polizei einzuschalten.

„Sie dürfen diesen Mann nicht als Homosexuellen bezeichnen", sagt der Arzt. „Er hat ein Recht darauf, mit Respekt behandelt zu werden."

„Was sollte ich tun?", fragt Noël. „Habe ich keine Rechte? Man hat meine Intimsphäre verletzt."

Der Arzt scheint dies nicht so zu sehen. Er kann sich wohl auch nicht vorstellen, wie es ist, wenn sich ein Mann nicht bewegen kann und dann gegen seinen Willen von einem anderen Mann gestreichelt wird. Der Arzt notiert in der Patientendokumentation, dass Noël eine gewalttätige Tendenz aufweist.

Noël fragt sich, worin seine Gewalttätigkeit bestehen soll, wenn er sich weder bewegen noch schreien kann. Außerdem hat er gehört, dass sich der Pfleger „Myra Hinley" nennt, nach der berüchtigten Kindermörderin aus den sechziger Jahren. Und dieser Pfleger soll keine gewalttätigen Tendenzen haben? Er versucht zu erklären, wie er sich dabei fühlt, aber es hört ihm keiner zu.

Am nächsten Tag muss Jacqui für einen Tag nach Birmingham. Der Pfleger tritt an sein Bett.

„Wo ist deine Freundin?", fragt er.

Noël sagt nichts. Er hat diesem Mann nichts zu sagen.

„Ach, ich verstehe", sagt der Pfleger. „Sie ist auf der Straße, um deinen Unterhalt hier zu verdienen."

Es ist unglaublich schmerzlich, solche Kommentare hören zu müssen. Noël kann nichts dagegen tun.

„Sei vorsichtig", kann er nur sagen. „Meine Freunde kommen mich am Samstag besuchen."

Am nächsten Tag ist Jacqui wieder da, und der Pfleger verhält sich ihr gegenüber besonders freundlich. Aber ein zweiter Pfleger, bei dem Noël auch eine homosexuelle Neigung vermutet, kommt auf ihn zu, starrt ihn an und macht eine Faust, als ob er zuschlagen wollte.

„Mach's ruhig", sagt Noël. „Schlag mich. Am Samstag kommen meine Freunde zu Besuch. Sie werden mit dir nach draußen gehen und dann mit dir das machen, was du mit mir machen willst."

Am Samstag arbeiten die beiden Pfleger auf einer anderen Station. Am Montag sind sie wieder da. Jacqui bleibt so lange wie möglich bei ihm, bis in die Nacht. Sie geht nur für ein paar Stunden ins Studentenwohnheim, um zu schlafen.

Dr. O'Masery, der Oberarzt, teilt Noël mit, dass er ihn am kommenden Donnerstag sehen will. Jacqui muss am Mittwoch nach Hause fahren und plant, zur Besprechung am Donnerstag wieder zurück zu sein.

Noël wird aber schon am Mittwoch zu Dr. O'Masery gebracht.

„Heute ist unsere Besprechung", sagt Dr. O'Masery.

„Nein, die sollte morgen sein." Noël kann kaum reden, deswegen sollte Jacqui dabei sein, um für ihn zu sprechen.

Dr. O'Masery ruft die Oberschwester und zeigt Noël einige Tabletten.

„Sie sollten diese Tabletten einnehmen", sagt er. „Sie helfen Ihnen, Wasser zu lassen."

„Nein", sagt Noël. Er hat von Patienten gehört, dass diese Tabletten ein neues Arzneimittel seien, das hier getestet werde.

Dr. O'Masery ist sichtlich verärgert und betont noch einmal, dass Noël die Tabletten einnehmen müsse.

„Das ist verboten", sagt Noël, „sie können mich nicht zur Einnahme zwingen."

Nun ist Dr. O'Masery so wütend, dass er mit der Faust gegen die Tür schlägt. Noël müsse das Krankenhaus innerhalb von fünf Wochen verlassen.

Fünf Wochen. Dabei kann er seinen Kopf nicht einmal allein halten. Er braucht noch viel Zeit für die Physiotherapie. Und er weiß von Patienten, die seit einem Jahr im Krankenhaus liegen, bloß weil sie Furunkel an den Beinen haben. Er ist der schwierigste Fall im Krankenhaus. Wie kann dieser Arzt ihm sagen, dass er in Kürze gehen muss?

„Warum?", fragt er.

„Weil wir – verdammt noch mal! – kein Hotel sind!", sagt Dr. O'Masery.

„Warum bringen Sie mich dann nicht einfach raus und erschießen mich?" Der Arzt hat Noël Angst gemacht. Es ist erschreckend, wie grausam die Patienten in diesem Krankenhaus behandelt werden. Dass hier möglicherweise mit Medikamenten experimentiert wird. Und vor allem ist es beängstigend, dass er das Krankenhaus verlassen soll, bevor er allein zurechtkommen kann.

„In Ordnung", sagt Noël, „ich nehme die Tabletten."

Er ruft Jacqui an und erzählt ihr von dem Treffen.

„Aber", sagt sie, „die Besprechung sollte doch morgen sein."

Als Jacqui wieder nach Oswestry zurückgekehrt ist, spricht sie Dr. O'Masery darauf an.

„Nein", sagt er, „es gab keine Besprechung."

Noël nimmt die Tabletten, nur um zu beweisen, dass er Recht hat. Er kann drei Tage lang kein Wasser lassen. Dann hört er auf, sie einzunehmen, und der Urin, der sich angesammelt hat, muss abgepumpt werden. Danach kann er wieder normal urinieren. Dr. O'Masery, der jeden Morgen auf der Station seine Visite macht, lässt Noëls Bett aus und schickt stattdessen den Assistenzarzt.

„Was können wir für Sie tun?", fragt der Assistenzarzt.

„Ich möchte die Tabletten nicht mehr einnehmen."

„In Ordnung, Sir", sagt der Assistenzarzt herablassend.

Als die Krankenschwester ihm am Abend Tabletten bringt und er fragt, wer sie verschrieben habe, weiß es keiner. Sie wissen auch nicht, was es für Tabletten sind. Vielleicht ein schmerzstillendes Medikament?

„Ich habe keine Schmerzen", sagt Noël. „Warum sollte ich dann schmerzstillende Medikamente einnehmen?"

Währenddessen werden in Deutschland die Täter verurteilt. Journalisten kommen mit ihren Kameraleuten ins Krankenhaus, um Noël zu interviewen.

„Soll ich an Ihrer Stelle sprechen?", fragt Dr. O'Masery.

„Nein, vielen Dank. Ich werde für mich selbst sprechen."

„Sie sollten wirklich versuchen, sich mit den Krankenschwestern anzufreunden", flüstert ihm Dr. O'Masery ins Ohr. „Damit sie sich um Sie kümmern."

Sobald in der Presse steht, dass Noël eventuell eine Entschädigung erhält, werden die Krankenschwestern plötzlich sehr freundlich. Wenn sie sich einen gelähmten Mann schnappen können, der eine dicke Entschädigung erhält, so ist wohl ihre Überlegung, dann müssen sie nicht mehr arbeiten und können sich ein schönes Leben machen. Einige Krankenschwestern scheinen es genau so gemacht zu haben.

Das Krankenhaus muss sich mit der Sozialfürsorge beraten haben, ohne ihn darüber zu informieren. Eines Tages kommt eine Schwester zu ihm und will verschiedene Alternativen mit ihm durchsprechen.

„Wir meinen, dass Sie in ein Pflegeheim gehen sollten“, sagt sie und erzählt ihm von einer neuen Anlage in Wales. Ein Pflegeheim für Behinderte.

Sie zeigen ihm das Heim. Die Behinderten wohnen in kleinen Wohnungen, mit Zugang zu einem Garten. Noël würde sich ein Zimmer mit drei oder vier anderen teilen. Aber das Zimmer, das er sich ansieht, ist so klein, dass er sich mit seinem Rollstuhl gar nicht darin bewegen kann.

Jacqui könnte ihn jedes zweite Wochenende besuchen, sagen sie. Und es gibt eine Pflegerin, die mit ihm einkaufen geht.

Der Druck auf ihn ist so groß, dass ihm schwindelig wird. Kein Wunder, dass Leute zum Psychiater müssen, denkt er, wenn sie vom System so behandelt werden. Er hat das Gefühl, völlig benebelt zu sein. Was soll er dort einkaufen? In Wales bekommt man keine Lebensmittel aus der Karibik. Außerdem ist Wales zu weit von Birmingham entfernt. Seine Freunde können ihn hier nicht oft besuchen. Sie werden ihn vergessen, und er wird sie nie wieder sehen. Es ist, als ob sie ihn in ein Gefängnis stecken wollten. Nein, so geht das nicht. Er möchte in seinem eigenen Haus wohnen.

„Ihre Sozialwohnung wäre nicht geeignet“, sagt die Schwester.

Woher weiß sie, wie und wo er wohnt, fragt er sich. Gehen sie einfach davon aus, dass er – weil er schwarz ist – in einer Sozialwohnung lebt?

Jacqui bringt Fotos von ihrem Haus in der Rotton Park Road und stellt sie auf den Nachttisch.

„Wessen Haus ist das?“, fragt die Schwester.

„Das Haus von Jacqui und mir“, sagt Noël.

Die Überraschung steht ihr ins Gesicht geschrieben.

Noël wird zu einem Mann namens Carl Ford gebracht, dessen Haus behindertengerecht umgebaut wurde.

„Lassen Sie sich bloß nicht in ein Pflegeheim stecken“, flüstert ihm Carl zu, als keiner in der Nähe ist. Die Sozialfürsorge hatte ihn gegen seinen Willen in ein Pflegeheim eingewiesen. Erst als er in seinem Rollstuhl von dort abgehauen ist und in einem anderen Bezirk einen Job gefunden hat, sind sie bereit gewesen, die Umbauten in seinem Haus durchzuführen.

„Wir könnten etwas ähnliches bei Ihnen machen“, sagen die Leute von der Sozialfürsorge zu Noël.

Allerdings würden diese Umbauten bei ihm nichts nutzen. Sie wären nur sinnvoll für jemanden, der seine Arme benutzen und seinen Rollstuhl selbst bewegen kann, so wie Carl.

Die Mitarbeiter der Sozialfürsorge sehen sich sein Haus in Birmingham an. Sie versprechen ihm alles, was er braucht, um mit der Querschnittslähmung zurechtzukommen. Sie bieten ihm 100.000 Pfund an, um das Haus umzubauen. Unten soll ein Badezimmer eingebaut werden, außerdem wird ein Lift benötigt.

Es wird Weihnachten und Jacqui und Noël wollen nach Hause. Aber das Krankenhaus will sie nicht entlassen.

„Ich möchte gehen, selbst wenn meine Freunde einen Transporter mieten müssen, um mich abzuholen“, sagt er.

„Das verstößt gegen die Krankenhausordnung“, wird ihm gesagt.

„Dann wird man mich ordnungswidrig entlassen müssen.“

Dr. O'Masery macht sich Sorgen, dass sein Krankenhaus eine schlechte Presse bekommt, wenn sich dieser Mann eigenständig entlässt. Er hat gesehen, wie viele Journalisten gekommen sind und Noël interviewt haben. Also bestellt er einen Krankenwagen und Noël wird entlassen.

Die Sozialfürsorge wird darüber informiert. Ein Spezialbett soll bereitgestellt werden. Als das Bett geliefert wird, stellt sich heraus, dass es 30 Zentimeter zu kurz ist. Und auch bei der Auszahlung des zugesagten Geldes gibt es plötzlich Schwierigkeiten. Mehr als 18.000 Pfund dürfen nicht ausgezahlt werden. Und selbst diese Summe bekommt er nicht. Dafür bieten sie ihm einen Jahresvorrat von Einwegtüchern an, die benutzt werden, um Patienten im Bett zu waschen.

Versteht es denn keiner? Immer wieder dieselbe Geschichte. Jedem muss er erklären, dass er seine Würde nicht völlig verlieren möchte. Dass es nicht in Frage kommt, dass er seine Notdurft im Bett verrichtet und anschließend mit diesen Tüchern gewaschen wird.

Da das behindertengerechte Badezimmer im Untergeschoss nicht zu finanzieren ist, lässt Jacqui die Seitenverkleidung der Badewanne entfernen, damit die Hebevorrichtung darunter passt und Noël in die Badewanne heruntergelassen werden kann.

„Es ist gesetzlich nicht vorgesehen, dass das Pflegepersonal Sie zur Toilette bringt“, sagen die Leute vom staatlichen Gesundheitsdienst. Warum

Kenley Jackson vor seinem Friseurladen mit seinem Ladennachbarn, dem Schlachter Moses

dies nicht möglich sein soll, können sie aber nicht erklären.

„Dann finden Sie eine andere Lösung für mich", sagt er.

Aber sie kümmern sich nicht darum.

6

Die schwarze Gemeinschaft heißt ihn willkommen, so wie Kenley es angekündigt hatte. Kenley eröffnet kurz nach Noëls Rückkehr einen Friseursalon in der Dudley Road und lädt zu einer Einweihungsfeier ein.

Noël ist stolz darauf, dass Kenley es geschafft hat, einen eigenen Laden aufzumachen. Es liegt ihm viel daran, bei der Eröffnung dabei zu sein. Er bestellt einen Krankenwagen, denn es gibt keine andere Möglichkeit, dorthin zu kommen. In Birmingham gibt es weder Taxis, die Rollstuhlfahrer transportieren können, noch spezielle Behindertentransporte. Also fährt er mit dem Krankenwagen zu „Jackson's" in der Dudley Road. Der Laden ist voller Menschen. Desmond, der jüngere Bruder von Kenley, schenkt Wein aus.

Noël geht es nicht besonders gut. Seit seiner Entlassung aus dem Krankenhaus hat er das Haus kaum verlassen. Die meisten Leute sehen ihn zum ersten Mal seit dem Angriff und sind schockiert, dass er im Rollstuhl sitzt. Sie verstehen auch nicht, was es bedeutet, querschnittsgelähmt zu sein, und erwarten, dass er ihnen die Hand gibt.

„How do you do?", fragen die Leute. „Wie geht es dir?"

Was soll er antworten – es geht mir gut, vielen Dank? *Wie geht es einem, wenn man gelähmt im Rollstuhl sitzt?* Das würde er sie am liebsten fragen.

„How do you do?" Ich kann nicht mehr gehen. Ich kann nicht einmal mehr „doo-doo machen", was auf Jamaikanisch „seine Notdurft verrichten" bedeutet. So schlecht geht es mir. Er sagt das aber nicht.

„Gut, danke. Es geht so", sagt er. Das ist es ja, was sie hören wollen.

Einige greifen nach seiner Hand.

„Respekt, Dada", oder „Respekt, Vater" sagen die Jüngeren.

Es ist ihre Art, ihm zu zeigen, wie viel ihnen seine Anwesenheit bedeutet. Und plötzlich stehen Leute um ihn herum, die er gar nicht kennt. Sie bezeichnen ihn als ihren Freund und sagen ihm, dass er ein wichtiges Mitglied der Gemeinde und eine Inspiration für die Menschen sei. Das ist alles ziemlich merkwürdig, er weiß überhaupt nicht, was er davon halten soll. Wie sollte er eine Inspiration sein?

Du hast am meisten von uns trainiert, hatte Kenley gesagt. Dein Körper war wirklich gut in Form. Noël schaut an sich hinunter auf seine gelähmten Glieder. *Er war schnell und er war stark. Wer voller Kraft ist, sagt man, hat im Leben Ausdauer. Ist das Leben jetzt für ihn vorbei?*

Er will eine Zigarette rauchen, aber man sagt ihm, dass er dazu nach draußen gehen muss.

Er war lange Zeit weg, erst im Ausland, dann in der Klinik. England hat sich verändert. Er erinnert sich an die verrauchten Geschäfte, Cafés und Clubs, in die er früher gegangen ist. Orte, wo Leute sich getroffen und beim Rauchen und Trinken miteinander geplaudert haben. Nun, sagen sie ihm, sei es nicht mehr erlaubt, an öffentlichen Orten zu rauchen.

Um auf die Straße zu kommen, braucht er eine Rampe. Zum Glück hat er eine dabei. Die Leute sprechen davon, dass jetzt alle öffentlichen Gebäude einen barrierefreien Zugang für Behinderte haben müssen. Das hier ist noch nicht behindertengerecht. Er starrt entsetzt auf die Rampe, weil ihm plötzlich bewusst wird, dass er jetzt einer von den Behinderten ist, für die man neue Gesetze erlassen will. Machen sie die Gesetze für mich, ändert sich die Gesellschaft meinetwegen? Damit ich das Hause verlassen kann? Hatte Kenley das gemeint, als er sagte, dass man ihn willkommen heißen würde?

Er findet es draußen kühl. Die anderen sagen jedoch, dass es ziemlich warm sei. Schlimm, dass er immer noch nicht versteht, wie sein Körper auf Temperaturen reagiert. Aber nun merkt er, dass andere nicht verstehen können, warum seine Körpertemperatur ein Problem darstellt. Dass sie kein Verständnis für seine Situation haben und nicht begreifen können, was er jetzt durchmacht. Früher fühlte er sich wohl, wenn er auf der Straße mit seinen Freunden plauderte. Das ist plötzlich nicht mehr so. Alles ist im Wandel, nichts ist mehr vertraut. Während er an der Zigarette zieht und den Rauch tief in die Lungen einatmet, sieht er sich auf der Dudley Road

Pledge in seinem Laden „The Elegant Empress" in der Dudley Road

um. Er war lange nicht mehr hier. Er betrachtet die kleinen Läden, deren Obst- und Gemüseauslagen auf die Straße hinauszuquellen scheinen. So viele Farben. Mehr Farben als früher.

Ein großer Teil seines Lebens hat sich in der Dudley Road abgespielt. Hier ist er mit Pledge und Kenley aufgewachsen. Die Dudley Road war ihre Welt. An kalten Winterabenden sind sie – lediglich mit T-Shirt und Hose bekleidet – losgezogen, um in einen weit entfernten Club zu gehen. Jedes Mal schworen sie, nie wieder durch die Kälte zu laufen, aber eine Woche später brachen sie wieder auf. Ins Gemeindezentrum von Winson Green, ins „Top Rank" oder „Rainbow". Sie saßen in Miss Mays Café und spielten Poker. Sie nannten die Gegend „Bitter Creek", weil sie sich wie die Helden in einem Western fühlten. Sie haben es in Bitter Creek ausgehalten. Bis sie erwachsene Männer wurden, bis jeder seinen Weg ins Leben gefunden hat.

Er zieht wieder an seiner Zigarette. In den zwei Jahren, in denen er weg war, sind viele Fremde in die Gegend gekommen. Viele Leute gehen an ihm vorbei, die meisten kennt er nicht. Äthiopier, Somalier, Pakistani, Sikhs, Chinesen, Weiße. Leute aus allen Schichten. Neben Kenleys Laden befindet sich eine arabische Metzgerei.

Er bittet Jacqui, seinen Rollstuhl zu drehen, damit er in die andere Richtung sehen kann, auf den Abschnitt zwischen Rotton Park Road und Chiswell Road. Hier geht es sehr geschäftig zu. Wie in einem Ameisenhaufen laufen die Menschen hin und her. Noël kennt zwei Gemüseläden, die Apotheke, die Tankstelle. Das Geschäft dort oben war früher ein Woolworth. Scheint jetzt etwas anderes drin zu sein. Dort die Reinigung und der Laden, der Reggae-Platten verkauft. Das Geschäft gehörte früher einem Weißen. Noël muss daran denken, wie sehr dieser Mann von der schwarzen Gemeinde unterstützt wurde. So, als ob er zur Familie gehören würden.

Weiter oben sieht Noël Mr. Shakespeare, einen Weißen, der vor seinem Eisenwarenladen steht. Noël kennt ihn, seitdem er als kleiner Junge nach England kam. Als er Gipser wurde, hat er hier sein Werkzeug gekauft. Mr. Shakespeare ist ein tüchtiger Mann, der gut für seine Familie sorgt. Und gegenüber Kunden immer hilfsbereit ist. Er ist einer, der die Wünsche und Nöte anderer Menschen versteht. Vielleicht ist das der Grund, warum er immer noch hier ist. Er hat sich dem Wandel auf der Dudley Road angepasst und sein Sortiment erweitert – von Hundetoiletten bis zu Schnittblumen. Neuankömmlinge hat er ohne Furcht und Vorurteile bedient. Er ist nach wie vor Teil der Gemeinschaft.

Neben dem Laden von Mr. Shakespeare ist der Asia-Shop, der auch schon lange hier ist. Die Kinder des Besitzers sind hier aufgewachsen, der Sohn hat die Universität besucht, jetzt ist der Inhaber ein alter Mann und wird den Laden bald dicht machen. Respekt demjenigen, der in Ehren von der Bühne abtreten kann.

Auf der anderen Straßenseite ist die neue Moschee. Sie steht jedem offen, der hineingehen möchte.

So viele verschiedene Menschen gibt es in der Dudley Road. So viele Sprachen. Die Dudley Road war seine Schule, sie hat ihn für das Leben ausgebildet. Man lernt hier mehr als auf der Universität. Hier findet man Wissen, Weisheit und Verständnis.

Er freut sich, dass Kenley den Salon jetzt eröffnet hat. Nach den bitteren Anfängen hier in Bitter Creek ist Kenley nicht einfach weggelaufen. „Respekt“ für Kenley, der in dieser multikulturellen Gemeinde seinen Platz gefunden hat. Und „Respekt“ für Kenleys Kinder. Sie werden hier vielleicht mit mehr Toleranz und weniger Hass aufwachsen können als er und Kenley und Pledge.

7

Sein neues Leben, gefesselt an den Rollstuhl, kommt ihm sinnlos vor. Jacqui und er wissen nicht, wie lange sie dies ertragen können.

Er kann nicht arbeiten, nicht tanzen, nicht joggen, nicht reiten. Er kann mit Jacqui nicht mehr schlafen. Sie kocht jamaikanische Gerichte für ihn, aber sie muss ihn füttern, bevor sie selbst essen kann. Es gibt keine gemeinsamen Mahlzeiten mehr. Alle Freude ist verschwunden.

Noël mit Jacquis Patenkind Schami

Und er ist der Welt ausgeliefert. Er ist von anderen Menschen vollkommen abhängig, ist auf ihr Verständnis und ihren guten Willen angewiesen. Außer Jacqui kann keiner verstehen, wie viel Angst ihm das macht.

„Wir könnten all dem ein Ende setzen“, sagen sie sich. Vielleicht wäre es besser, gar nicht zu leben. Einfach zusammen sterben, zusammen in eine bessere Welt gehen, wo es nicht so viel Leid und Schwierigkeiten gibt. In eine Welt, in der sie in Liebe zusammen sein können. Wenn die Zeit kommt, wenn es vollkommen unerträglich wird, wird Jacqui es für sie beide tun. So sehr liebt sie ihn.

Bis es soweit ist, müssen sie die neue Situation bewältigen. Das braucht jedoch Zeit. Denn der Alltag ist ein beständiger Kampf geworden.

Zunächst gilt es herauszufinden, wie sich die Lähmung auf seinen Körper auswirkt. Als er im Krankenhaus war, ist er jeden Morgen bewußtlos geworden. Keiner wusste, warum. Bis er schließlich feststellt, dass die Ohnmacht auf einen Flüssigkeitsmangel zurückzuführen ist. Außerdem ist er nach dem Morgenbad immer wieder eingeschlafen, manchmal bis nachmittags um vier. Jacqui bekam Angst, weil sie nicht wusste, was los ist. Sie weinte, und das tat ihm dann leid. Um seinen Körper zu verstehen, braucht es viel Geduld und Konzentration.

Fast schlimmer als der Kampf gegen die Lähmung ist der Kampf gegen die Sozialfürsorge und die Ärzte. Erst nach langem Hin und Her bekommt er einen Rollstuhl, der perfekt an seinen Körper angepasst ist. Genauso schwierig ist es, ein spezielles Gelkissen, ein geeignetes Bett, eine Rampe für den Rollstuhl, eine Hebevorrichtung und physiotherapeutische Geräte zu besorgen. Ein Querschnittsgelähmter benötigt viele Geräte. Das alles führt zu einem Papierkrieg, zu langwierigen Auseinandersetzungen mit desinteressierten Beamten. Keiner scheint zu verstehen, was es bedeutet, querschnittsgelähmt zu sein. Weder die Leute von der Sozialfürsorge, die ihm einen klapprigen Rollstuhl andrehen wollen, noch die Krankenschwestern, die ihn stundenlang in einem kühlen Raum sitzen lassen und dann empört sind, wenn er wegen seiner Kälteempfindlichkeit wieder gehen muss, ohne den Arzt zu sehen.

Die oberen Etagen seines Hauses kann er nicht mehr erreichen. Er muss sich auf das Schlafzimmer, das Badezimmer, das Wohnzimmer, die Küche und den hinteren Garten beschränken. Das ist jetzt seine Welt. Auf die Straße kann er auch nicht, weil es mehrere Stufen vor der Eingangstür gibt. Wenn er hinaus möchte, fährt er durch eine Seitentür in der Küche über den schmalen und holprigen Weg an der Hausseite entlang und dann die steile Auffahrt hinunter zur Straße. Aber er verlässt das Haus selten, weil er jedes Mal den Krankenwagen bestellen muss. Das kostet pro Fahrt 90 Pfund, auch wenn er nur zwei Straßen weiter will. Manchmal kommt es ihm vor, als wäre er in seinem eigenen Haus gefangen.

Wenn er wenigstens einen eigenen Kleinbus bekommen könnte. Ein Fahrzeug, in das er mit seinem Rollstuhl hineinfahren kann. Damit wäre schon viel gewonnen. Dann würde er mit Jacqui Ausflüge machen. Vielleicht könnte er auch seine Mutter besuchen, die nie zu ihm kommt.

Die Aktion Cura meldet sich. Er teilt den Verantwortlichen mit, dass er einen behindertengerechten Wagen gebrauchen könnte. Ein Chrysler Voyager wäre am besten, weil er sich gut umbauen lässt. Die Organisation startet eine Spendenaktion, und nach langer Zeit heißt es, Mercedes-Benz hätte einen Kleinbus für ihn. Schließlich wird ein weißer Van geliefert. Weil sich niemand nach den Abmessungen seines Rollstuhls erkundigt hat, passt er nicht in das Fahrzeug hinein. Die Rampe ist zu steil und die Decke zu niedrig. Er kann darin nicht aufrecht sitzen. Er kommt sich vor wie der Papst in seinem Papamobil. Darin fühlt er sich erst recht behindert.

Die Enttäuschung ist einfach zu groß. Er weint. Die Leute meinen es gut, das weiß er. Aber sie sind nicht in der Lage, die Bedürfnisse eines Behinderten nachzuvollziehen.

Bis er den Wagen erhält, ist es zu spät, um mit Jacqui Ausflüge zu machen. Denn ihre Krankheit ist schon weit fortgeschritten.

8

Jacqui kämpft schwer, aber die Nöte und Enttäuschungen der letzten Zeit haben sie zermürbt. Vielleicht hat sie sich zu viel zugemutet – mit der Pflege und der Arbeit im Haushalt.

Für die Pflege stellen sie Angie ein. Angie und Noël sind zusammen zur

Schule gegangen. Sie hat von seiner Situation gehört und da sie gerade arbeitslos ist, möchte sie ihm helfen. Jacqui zeigt ihr, wie man Noël morgens und abends aus dem Bett hilft und ihn ins Badezimmer bringt. Wie man ihn an- und auszieht. Sie haben das Gefühl, dass sie sich auf Angie verlassen können. Endlich findet Jacqui wieder Zeit, um Einkäufe für sich zu erledigen und ihre Mutter zu besuchen.

Aber 1999 fällt alles auseinander. Jacqui versucht noch immer, die Situation zu meistern, aber sie hat Krebs. Die Krankheit ist wahrscheinlich erblich bedingt, aber der Stress der letzten drei Jahre hat das Wuchern der bösartigen Zellen möglicherweise ausgelöst. Sie können es einfach nicht glauben. Sie dachten doch, dass Jacqui ihn für den Rest seines Lebens pflegen würde. Und nun hat sie Krebs.

Anfangs gehen die Ärzte davon aus, dass es sich um einen gutartigen Tumor handelt. Nichts Ernsthaftes, sagen sie ihr im Krankenhaus. Nachdem sie den Tumor entfernt haben, erklären die Ärzte, dass weiterhin krebsartiges Gewebe vorhanden sei.

„Aber machen Sie sich keine Sorgen. Es gibt eine 97-prozentige Heilungschance."

Sie haben keine Wahl, als den Pflegedienst der staatlichen Gesundheitsbehörde in Anspruch zu nehmen. In der ersten Nacht, in der Jacqui im Krankenhaus liegt, bringt Angie Noël ins Bett. Aber die Pflegerin, die kommen sollte, hat abgesagt. Und Angie muss sich um ihre Kinder kümmern. Er liegt die ganze Nacht in seinem Bett, und es ist keiner bei ihm. Danach entscheidet Jacqui, dass Angie bei ihnen einzieht. Angie bewohnt mit ihren drei Töchtern einige Zimmer in den oberen Etagen. Aber weil sie einen Freund hat, der einfach ins Haus hineinspaziert, ist die Situation nicht ideal. Weil Jacqui und Noël keine Fremden im Haus haben wollen, zieht Angie wieder aus.

Jacqui ruft Noël jeden Tag vom Krankenhaus aus an. Und er lässt ihr Obst und andere Lebensmittel, die sie haben möchte, schicken. Er kann sie nicht im Krankenhaus besuchen, weil der Van noch nicht zur Verfügung steht. Er fühlt sich wie ein Stein. Ein Stein, der in der Glut eines Feuers lodert und nicht zerspringen kann. Seine Augen brennen wie Feuer. Sein Herz rast. Er kann es nicht spüren, aber als eine Pflegerin es bemerkt, macht sie ihn darauf aufmerksam. Vor lauter Aufregung bekommt er Atembeschwerden. Dazu kommen Krämpfe. Seine Beine werden reflexartig nach oben geschleudert, sodass man überlegt, sie am Bett festzubinden.

Eines Nachts sieht ihn die Pflegerin an und schüttelt den Kopf.
„Darf ich Ihnen eine Frage stellen?"
„Ja."
„Wie kommen Sie und Ihre Frau zurecht?"
Er kann nicht sprechen, er kann nicht mit den Schultern zucken, er kann den Kopf nicht schütteln. Er liegt nur da und schweigt. Sie steht noch da, wartet auf eine Antwort. Dann überschwemmt eine Flut von Tränen seine Augen. Die Pflegerin nimmt den Waschlappen und wischt ihm die Tränen aus den Augen. Sie umarmt ihn.
„Tut mir leid", sagt sie.

Sie brauchen noch mehr zuverlässige Hilfe.
„Ruf Edwin an", sagt Jacqui.
Vielleicht hat sie Recht, denkt er. Nach allem, was er für Edwin getan hat, wird er ihm vielleicht helfen.
Edwin kommt. Was kann er sonst tun? Noël ist querschnittsgelähmt. Jacqui hat Krebs. Die ganze Erfahrung, die Edwin als Jugendlicher in den Krankenhäusern seiner Mutter gesammelt hat, kommt jetzt zum Vorschein. Edwin bleibt über ein Jahr bei Noël. Er kocht das Essen, reicht ihm Getränke und Zigaretten, arbeitet im Haus und kümmert sich um den Garten. Er unterstützt ihn, wo es nur geht. So wartet Noël auf das, was kommen muss.

9

Jacqui wird aus dem Krankenhaus entlassen. Man erklärt ihr, dass sie nichts Schweres heben soll, und zwar sechs Monate lang. Nach fünf Tagen kümmert sie sich schon wieder um die Pflege von Noël. Sie fürchtet, dass es sonst nicht richtig gemacht wird. Sie weigert sich, zum Schlafen nach oben zu gehen, wo sie ihre Ruhe hätte. Sie will unten schlafen, wo sie ihn hören kann, wenn er nachts um Hilfe ruft. Manchmal kommt sie in sein Zimmer, sitzt auf einem Stuhl neben seinem Bett und legt ihren Kopf auf seine Brust. Fängt an zu weinen. Er kann sie nicht umarmen, kann sich nicht bewegen. Dann weint er auch.
„Was ist passiert, Ginge", fragt sie ihn dann. „Was ist mit uns geschehen? Wie sind wir nur an diesen Punkt gekommen?"
„Mach dir nichts daraus", kann er nur sagen. Je mehr sie ihn drückt, um eine Antwort aus ihm herauszupressen, desto stärker werden die Krämpfe.

„Schau, was aus meinem schönen Mann geworden ist“, sagt sie.

„Rassismus.“ Sie sagt es immer wieder. „Rassismus. Nur wegen deiner Hautfarbe. Du bist ein besserer Mensch als diese Rassisten. Du hast ein gutes Herz, bist ein guter Mensch. Du bist ehrlich und hast deinen Lebensunterhalt mit harter Arbeit verdient. Wenn du sterben solltest“, sagt sie „würde ich mir keinen anderen Mann nehmen.“

Und manchmal fragt sie ihn, mit Tränen in den Augen: „Wenn ich querschnittsgelähmt wäre, würdest du mich überhaupt anschauen?“

„In gewisser Weise“, sagt er, „wäre es einfacher, wenn ich dich pflegen würde als umgekehrt.“ Er würde sie einfach in seine Arme nehmen, so klein und schmächtig wie ist sie. Einfach hochheben und sie ins Auto setzen. Sie würden keine Spezialgeräte benötigen, keine Hebevorrichtung. Er könnte mit ihr ins Ausland fahren und schöne Orte besuchen.

Aber sie könnte ihn niemals hochheben und irgendwohin tragen. Trotzdem ist es ihm lieber, dass er der Gelähmte ist. Sie tut ihr Bestes. Und sie ist stark, wenn sie stark sein muss. Immer wieder sagt sie ihm, dass sie ihn über alles liebt. Er glaubt ihr. Manchmal denkt er, dass sie ihn mehr liebt als sich selbst.

10

Ihr gemeinsames Leben ging so schnell vorüber, denkt er. Es gab keine Zeit, all das zu machen, was sie sich vorgenommen hatten. Er ist enttäuscht, dass sie nicht so heiraten konnten, wie sie sich es gewünscht hatte.

Jacqui träumte von einer Hochzeit auf Tahiti. Warum, hat Noël nicht so richtig verstanden. Es muss wohl die Ruhe und der Frieden des südlichen Pazifiks gewesen sein, die sie so angezogen haben.

Jedes Jahr sprachen sie davon, dass sie im Jahr darauf heiraten werden. Aber als es soweit war, gab es immer ein Grund, es doch nicht zu tun.

Als sie zwei Jahre zusammen waren, dachten sie über Kinder nach. Der Gedanke machte ihr Angst. Sie hatte Angst, es könnte ein Mädchen werden.

„Mädchen“, sagte sie, „bekommen Krebs und sterben.“

Merkwürdig, denkt er jetzt im Nachhinein. Damals konnte Jacqui doch nicht wissen, dass so viele Frauen in ihrer Familie an Krebs sterben würden. Ihre Mutter überlebte den Krebs, aber innerhalb von drei Monaten besiegte die Krankheit eine Großmutter, eine Tante und dann Jacqui selbst.

Endlich heiraten Noël und Jacqui. Am 10. April 2000.

Er plant die Hochzeit für sie. Ursprünglich sollte die Feier am 14. April stattfinden, in der alten gotischen Kirche um die Ecke. Man kann ihren spitzen Turm vom Garten aus sehen. Sie sollten in einer mit Blumen geschmückten Kutsche fahren, die von sechs weißen Pferden gezogen wird.

Die Gäste sind eingeladen, die Eheringe gekauft. Jacquis Hochzeitskleid ist fertig, in Farben, die diese Ehe symbolisieren – grün und golden, schwarz und rot. Die Farben Afrikas. Grün für das Land, golden für die Sonne, schwarz für die Menschen und rot für das Blut, das vergossen wurde. Die weißen Brautjungfern tragen weiß, die schwarzen dieselben Farben wie Jacqui.

Am 10. April liegt Jacqui wieder im Krankenhaus. Er bestellt einen Krankenwagen, um dorthin zu fahren. Er sitzt neben ihrem Bett, während der Pfarrer die Hochzeitszeremonie vornimmt. Durch seine Tränen kann er sehen, dass sie seine Hand in ihrer Hand hält. Er kann sie nicht spüren. Er kann seiner Frau keinen Kuss geben, er kann sie nicht in den Arm nehmen, um sie in ihrem Schmerz zu trösten. Zwei Tage später ist sie tot.

Er begräbt sie in ihrem schwarz-rot-grün-goldenen Hochzeitskleid hinten im Garten. Er lässt ein Grabmal errichten, pflanzt Rosen. Dichtet zwei Epitaphe und lässt sie in den Grabstein gravieren.

Hier ruht Jacqueline Veronica Martin
20. Januar 1956 – 12. April 2000
Die viele geliebt hat
Die von vielen geliebt wurde.
Das Geheimnis ihres Lebens ist das Glück
Das Geheimnis des Glücks ist die Liebe
Und das Geheimnis der Liebe ist
Denjenigen zu lieben, der dich liebt.
Geschrieben von N. Martin für Jacqueline Martin

Die hier wohnt hat einen Namen.
Die hier wohnt schützt sich vor dem Regen.
Die hier wohnt hat keine Schmerzen mehr.
Die hier wohnt ist nicht allein,
Weil die hier wohnt zu Hause ist.
Geschrieben von dem, der hier wohnt.

Er wünscht, er hätte mit ihr gehen können. Nun ist er allein zurückgeblieben. Niemand ist da, dem er vertrauen könnte, niemand, den er lieben könnte. Niemand, der es aus Liebe wagen würde, ihm das Gift zu geben, wenn er darum bitten würde. Er kann nur warten auf die Zeit, in der auch er hier zu Hause sein wird.

Ein Alptraum

1

Nach Jacquis Tod bleibt Edwin noch ein ganzes Jahr bei Noël.

„Du musst jetzt dein eigenes Leben führen", sagt Noël schließlich zu Edwin. „Du kannst nicht den Rest deines Lebens bei mir bleiben."

Bloß gut, dass Edwin damals nicht mit ihm nach Deutschland gehen wollte. Sonst wäre er auch im Auto gewesen, als es gegen den Baum prallte. Wer weiß, was aus Edwin geworden wäre? Als Noël England verließ, kam es ihm so vor, als ob Edwin die Orientierung verloren hätte. Er ist allein nicht gut zurechtgekommen.

„Du musst an deine Zukunft denken, du musst wieder arbeiten."

„Ich kann mit niemand anderem arbeiten."

„Du kannst."

Noël muss nach London fahren und mit seinen früheren Kollegen sprechen. Schließlich findet er jemanden, der Edwin einstellt. Er besucht Edwin, um zu sehen, ob er in London Fuß gefasst hat und ob es mit der Arbeit gut läuft.

„Du kannst es, Edwin", sagt er. „Bleib daran, arbeite, und du wirst es sehen. Eines Tages kannst du dich selbstständig machen."

Edwin geht also. Nun gibt es nur noch Angie.

2

„Heirate Angie, nachdem ich gegangen bin", hat Jacqui zu ihm gesagt. „Sie wird sich um dich kümmern."

Aber er heiratet Angie nicht. Sie ist eine gute Freundin, aber es gibt keine emotionale Beziehung. Er weiß aber, dass Angie Jacqui versprochen hat, sich seiner anzunehmen. Und sie gibt ihm, so sagt er sich, eine neue Lebensperspektive.

Angie übernimmt die Leitung der Pflege. Sie arbeitet mit den Pflegerinnen des staatlichen Gesundheitsdienstes zusammen, um eine Versorgung rund um die Uhr zu gewährleisten.

Die Pflegerinnen machen sein Leben zu einem Alptraum.

Er hat den Eindruck, dass jeden Tag eine neue Pflegerin in sein Haus kommt. Er kennt sie nicht, weiß nicht, ob er ihnen vertrauen kann. Die Pflegerinnen scheinen nicht besonders qualifiziert zu sein. Jedenfalls weiß keine von ihnen, wie sie mit einem Querschnittsgelähmten umgehen muss. Bei manchen fragt er sich, wie sie überhaupt einen Job als Pflegerin bekommen haben.

Einige sehen schmutzig und ungepflegt aus, manche riechen schlecht.

„Können sich diese Leute nicht waschen?“ fragt er Angie angeekelt. Wenn er früher so schmutzig und übel riechend aus dem Haus gegangen wäre, hätte er von seiner Mutter Prügel bezogen.

Es ekelt ihn, wenn er sieht, wie eine Pflegerin sich die Nase wischt und ihn dann füttert.

„Wasch dir zuerst die Hände“, muss er oft sagen.

„Ich habe mir bereits die Hände gewaschen“, sagt eine.

„Wann?“

„Zu Hause, bevor ich gekommen bin.“

Zu Hause. Die Frau wohnt zehn Meilen entfernt, ist mit öffentlichen Verkehrsmitteln hierher gefahren, hat Geld in ihrer Hand gehabt, um sich eine Fahrkarte zu kaufen. Und sie glaubt, dass ihre Hände noch sauber sind?

Sie bücken sich über ihn, um seine Kissen aufzuschütteln oder um ihn im Bett zu wenden. Er muss den Geruch ihrer ungewaschenen Achselhöhlen einatmen. Er merkt, wie sie aus dem Mund riechen.

„Putzen sie sich nie die Zähne?“ fragt er sich.

Einige, da ist er ziemlich sicher, nehmen Drogen. Und eine Pflegerin sagt ihm, dass sie kürzlich aus der Psychiatrie entlassen wurde.

Er kann sich dem nicht entziehen, er kann sie nicht aus dem Haus werfen, wenn der Frust unerträglich wird. Er kann ihnen nur sagen, was er denkt.

„Wasch dir die Hände“, sagt er ihnen wieder und wieder. „Benutz einen Deostift. Putz dir die Zähne. Wasch deine Klamotten. Schneid dir die Fingernägel, damit du mich nicht kratzt, wenn du mich massierst. Sei bitte vorsichtig, wenn du das Geschirr abwäscht. Und wenn du ein Glas kaputtmachst, sei so nett und sag es mir und kauf mir dann ein neues.“ Es ist, als ob er gegen eine Mauer reden würde. Anstrengend ist es, immer wieder das Gleiche sagen zu müssen, tagaus, tagein. Die Pflegerinnen an ihre Aufgaben erinnern. Eigentlich müssten sie von sich aus daran denken.

Lade die Batterie an meinem Rollstuhl nachts auf. Denn wenn die Batterie leer ist, sitzt er in der Klemme, weil er sich dann nicht mehr bewegen kann. Und seinen Rollstuhl kann man nicht schieben. Manchmal vergessen es die Pflegerinnen.

Mach die Lampen im Flur, in der Küche und im Bad aus, wenn keiner da ist. Sie lassen im ganzen Haus das Licht an, auch nachts. Seine Stromrechnung ist viel zu hoch.

Schau nach, ob die Tür zum Garten abgeschlossen ist, bevor ich schlafen gehe. Manchmal ist sie tagelang nicht verriegelt, und es grenzt fast an ein Wunder, dass noch kein Dieb ins Haus gekommen ist.

Vergiss meinen Ring nicht. Er trägt Jacquis Ring an einer Kette um den Hals, weil er ihn nicht am Finger tragen kann. Die Pflegerinnen, die ihn ankleiden, vergessen das regelmäßig.

Es gibt keine Privatsphäre. Die Pflegerinnen hören zu, wenn er telefoniert, sind anwesend, wenn er sich mit seinen Freunden unterhält. Und alles fließt in die umfangreiche Dokumentation des Gesundheitsdienstes ein. Sein ganzes Leben wird in diesen Akten erfasst, einschließlich der Angaben, die die Pflegerinnen über ihn machen. Dass er sie beleidigt und sie belästigt. Dass er gewalttätig ist und deprimiert. Dass er täglich vier bis fünf Flaschen Rum trinkt. Dass er weder physisch noch psychisch in der Lage ist, für sich selbst zu sorgen. Dass er besser in einem Heim aufgehoben wäre.

Es ist unmöglich, eine vertrauensvolle Beziehung zu ihnen aufzubauen. An einem Tag sind sie da, am nächsten nicht. Und manchmal kommen sie gar nicht wieder. Sie respektieren sein Eigentum nicht und kümmern sich nicht darum, wie er seine Sachen gepflegt haben möchte. Es ist ihnen egal, wenn etwas kaputtgeht – schließlich gehören die Dinge nicht ihnen. Sie interessieren sich nicht dafür, wenn etwas gestohlen wird. Sie gehen, sobald ihre Schicht vorbei ist, auch wenn die nächste Pflegerin noch nicht eingetroffen ist.

„Das ist nicht mein Problem“, sagen sie. „Mein Dienst ist vorbei. Auf Wiedersehen.“

Seine größte Sorge ist, dass sie ihn eines Tages allein im Haus zurücklassen und die Tür nicht abschließen. Vollkommen hilflos.

Und eines Tages passiert es. Die Pflegerin geht am Ende der Abendschicht. Niemand wird die Nachtschicht übernehmen. Niemand bringt ihn ins Bett. Er sitzt die ganze Nacht in seinem Rollstuhl. Er kann nichts tun. Niemand kommt am nächsten Morgen. Er sitzt dort, stinkend, in seinen Exkrementen.

3

Er kann es nicht länger ertragen. Er möchte lieber sterben, als weiterhin dieser Behandlung ausgesetzt zu sein. Das einzige, was er tun kann, ist das Essen verweigern. Und hoffen, dass er bald daran stirbt. Er beginnt mit einem Hungerstreik.

In dieser Zeit melden sich zwei Physiotherapeutinnen aus Deutschland, Biggi und Jenny. Sie haben von seiner Situation gehört und Spenden gesammelt, um ihn physiotherapeutisch zu behandeln.

Biggi ist entsetzt über die Lage, in der er sich befindet. Sie weiß keinen anderen Rat, als bei der deutschen Botschaft anzurufen.

„Sie müssen irgendetwas tun", erklärt sie einem Mitarbeiter der Botschaft. „Diese Leute bringen ihn um."

Eines steht fest – er muss sich vom staatlichen Gesundheitsdienst trennen. Noël nimmt Kontakt zu einem privaten Pflegedienstleister auf und engagiert neue Pflegerinnen. Nach einiger Zeit stellt sich heraus, dass es nicht viel besser ist als früher. Auch diese Pflegerinnen sind für die Arbeit mit Querschnittsgelähmten nicht ausreichend qualifiziert. Und wenn sie qualifiziert sind, verlassen sie nach kurzer Zeit den Pflegedienst. Man schickt ihm für die Nachtschicht Pflegepersonal, das er nicht kennt und zu dem er kein Vertrauen hat. Er fühlt sich unwohl – wer weiß, was diese Leute mit ihm vorhaben? Manchmal kommt niemand, weil der Pflegedienst gerade keine Pflegerin zur Verfügung hat.

„Ich muss meine eigenen Pflegerinnen finden", sagt er schließlich. „Das kann ich nicht länger ertragen."

Er kündigt dem Pflegedienst und Angie gibt eine Anzeige beim Arbeitsamt auf. Sie stellen ein Team von Pflegerinnen zusammen, und seitdem läuft es etwas besser. Aber es gibt immer noch Probleme – hohe Fluktuation, geringes Verständnis für seine hygienischen Bedürfnisse, schlechte Haushaltsführung, Unzuverlässigkeiten, plötzliche Absagen und infolgedessen Zeiten ohne Betreuung. Sie hören ihm nicht zu und er muss jeden Tag neu erklären, was zu tun ist.

Letztlich, überlegt er, hat der Pflegeberuf, in England „Caring" genannt, nichts mit aufrichtiger Fürsorge zu tun. Pfleger werden gesucht, und man bekommt schnell einen Job in dieser Branche. Jeder, der ein polizeiliches Führungszeugnis ohne Vorstrafen vorlegt, kann als Pfleger arbeiten. Wenn du Geld brauchst, wirst du Pfleger. Bis du genug Geld verdient hast, um deine Schulden abzuzahlen. Dann meldest du dich wieder arbeitslos. Wer

„Caring“ von einer Pflegerin erwartet, also richtige Fürsorge oder gar Loyalität, erwartet zu viel. Mit viel Glück findet man nach langem Suchen eine gute Pflegerin.

Die Probleme mit den Pflegerinnen hören nicht auf. Eine unendliche Geschichte. Ein Alptraum.

Er hasst es, von diesen Leuten abhängig zu sein.

4

Schlimm ist, wenn eine Pflegerin nicht kommt und er den ganzen Tag im Bett liegen muss. Dann ist er völlig von der Welt abgeschnitten. Er hat Angst, krank zu werden und wochenlang ans Bett gefesselt zu sein. Sein Immunsystem ist geschwächt, er muss darauf achten, dass die Pflegerinnen ihn nicht mit Viren anstecken, die sie ins Haus schleppen. Er muss immer auf der Hut sein. Aber dann passiert doch, was er immer befürchtet hat.

Mit seinem Körper stimmt etwas nicht. Er merkt es, weil er seit zwei Tagen schwitzt. Dieses Mal kann es nicht an der Kälte liegen. Das Schwitzen bedeutet, dass ihn irgendwo etwas schmerzt. Weil er nichts spüren kann, weiß er nicht, wo es schmerzt. Der Schweiß läuft ihm von der Stirn und vom Nacken hinunter und er muss mehrmals am Tag ein neues Hemd anziehen, weil jedes nach kurzer Zeit völlig durchnässt ist.

Nach drei Tagen bittet er die Pflegerinnen, ihn wieder ins Bett zu bringen. Sie sollen nachsehen, ob es eine entzündete Stelle gibt.

„Und kontrolliert das Kissen von meinem Rollstuhl. Liegt es richtig?“

Nein. Das Kissen liegt falsch herum. Er sitzt seit drei Tagen auf der harten Seite.

Angie entdeckt eine Druckstelle an seinem Gesäß.

„Wie groß?“

„Ungefähr so.“ Sie bildet mit Daumen und Zeigefinger einen Kreis.

„Hol den Arzt“, sagt er.

Der Arzt kommt und untersucht ihn.

„Eine Druckwunde“, sagt er. Ein Dekubitus. Es saß zu lange auf der falschen Seite des Kissens.

Genau das hat Noël befürchtet. Ein Dekubitus kann tödlich sein.

„Kein Druck auf die Wunde“, sagt der Arzt. „Sie müssen im Bett bleiben, bis die Wunde geheilt ist.“

„Wie lange?“

„Vielleicht drei Wochen.“

„Dann kann ich genauso gut tot sein“, sagt er. Er ist verzweifelt. Das ist das Schlimmste, was ihm passieren konnte. Den ganzen Tag im Bett liegen. Die Wand anstarren. Nichts sehen, nur was im Fernsehen läuft. Im Bett kann er nicht einmal selbstständig telefonieren. Die Minuten ziehen im Schneckentempo an ihm vorüber.

Wie konnte das passieren? Das Gelkissen sollte Druckwunden verhindern. Wer hat das Kissen auf den Stuhl gelegt?

„Die Nachtpflegerin“, sagt Angie, „hat den Kissenbezug neulich gewaschen. Sie muss das Kissen falsch herum daraufgelegt haben.“

Das macht ihn wütend. Seine Pflegerinnen wissen nicht einmal, wie das Kissen auf dem Rollstuhl liegen muss.

„Ach, diese Frauen sind so dumm“, sagt Angie.

Draußen scheint die Sonne. Es ist Mai, der Garten wird grün. Es kommen die wenigen Wochen im Jahr, in denen er draußen sitzen und die frische Luft und die Sonne genießen kann. Und jetzt muss er im Bett bleiben, Füße und Gesäß mit Kissen abstützen, damit er nicht auf der Wunde liegt. Er will nicht sehen, dass das Wetter schön ist. Er lässt die Vorhänge schließen. Er schläft. Die Wochen gehen vorüber.

Weil in einem regungslosen Körper das Blut nicht gut zirkulieren kann, erreicht es nicht alle Zellen. Daher heilt die Wunde nicht. Sie wird tiefer und tiefer, so groß wie ein Golfball. Das Fleisch fängt an zu faulen und fällt ab, bis der Knochen sichtbar ist. Es stinkt. Er liegt im Bett und riecht den Gestank seines eigenen Fleisches, das verrottet.

Die Krankenschwestern kommen jeden Tag, um das Pflaster zu erneuern, aber schließlich erkennt der Arzt, dass die Behandlung nicht anschlägt. Was nun? Alle scheinen ratlos zu sein.

Er ruft Biggi an, die Physiotherapeutin aus Deutschland.

„Wegen einer Druckwunde solltest du nicht wochenlang im Bett liegen müssen“, sagt sie. „Wie wird die Wunde behandelt?“

Er erzählt ihr, was die Krankenschwestern machen, und Biggi ist entsetzt. Eine Woche später ist sie in Birmingham. Sie behandelt die Wunde abwechselnd mit Eis und einem heißen Fön. Die Krankenschwestern finden das nicht gut.

„Diese Methode haben wir vor zwanzig Jahren angewendet“, sagen sie. „Wir haben festgestellt, dass sie nicht funktioniert.“

„Es scheint jetzt zu funktionieren“, sagt er.

„Wenn diese Frau die Behandlung fortsetzt, können wir keine Verantwortung mehr für Sie übernehmen“, sagen die Krankenschwestern.

Von da an versteckt sich Biggi, wenn die Pflegerinnen kommen. Sie tun so, als ob die Eis- und Fönbehandlung abgesetzt worden wäre. Und als die Wunde heilt und Biggi nach Hause fährt, führen die Krankenschwestern die Heilung auf ihre Behandlung zurück.

Insgesamt muss er 15 Wochen im Bett bleiben.

Nicht leben, sondern existieren

1

„Time is the master“, heißt es in einem Song von John Holt, den Noël gerne hört. „Die Zeit ist der Meister.“

Die Zeit nimmt für Noël eine neue Dimension an. Was andere an einem Tag erledigen können, dauert bei ihm eine Woche. Ein Tag wird zur Woche, eine Woche zum Monat, ein Monat zum Jahr. Das Leben beschränkt sich auf die Zeit, die zur Erledigung der nötigsten Aufgaben gebraucht wird.

„Ich hoffe, er wird ein normales Leben führen können“, schreibt einer der Täter fünf Jahre nach dem Anschlag. Mehr sagt er nicht in seiner Entschuldigung, die er unter dem Druck der Öffentlichkeit abgibt. Ein normales Leben? Es ist nicht normal. Es ist nicht einmal ein Leben. Es ist lediglich ein Existieren. Und jeder Tag ist ein Tag voller Leiden.

2

Wenn er nachts schlafen konnte, hat er ein wenig Frieden gehabt. Morgens um acht, wenn die Pflegerin die Vorhänge aufzieht und das Tageslicht hineinlässt, schlägt er die Augen auf. Wenn er verschläft, ist er verärgert, denn allein das Aufstehen dauert vier Stunden und er will früh damit beginnen. Die tägliche Tortur hinter sich bringen.

Der Fernseher wird eingeschaltet und eine Pflegerin fährt das Kopfende des Bettes in Schräglage. Stützt seinen Kopf mit Kissen, damit er nicht zur Seite fällt.

Die andere Pflegerin – morgens braucht er zwei – bringt ihm seinen Kaffee in einem grünen Becher mit goldenem Rand. Früher hat er seinen Kaffee erst getrunken, nachdem er sich das Gesicht gewaschen und die Zähne geputzt hatte. Jetzt muss er damit zufrieden sein, dass ihm eine Pflegerin mit einem Waschlappen über das Gesicht fährt und ihm den verkrusteten Schlaf aus den Augen entfernt.

Der Kaffee muss heiß sein, mit viel Zucker und Kondensmilch, so trinkt er ihn am liebsten. Die Pflegerin hält den Becher und er trinkt den Kaffee in kleinen Schlucken durch einen Strohhalm. Wenn das Bett nicht in der richtigen Lage ist, kann er sich verschlucken. Und vielleicht am Kaffee ersticken. Dann will er eine Zigarette rauchen. Die Pflegerin zündet sie an und hält sie ihm an die Lippen. Ein Schluck Kaffee, ein Zug von der Zigarette.

Er muss husten, seine Füße werden nach oben geschleudert. Er bekommt keine Luft und schreit auf. Ein Bein rutscht aus dem Bett, er liegt schief. Aufgrund der heftigen Bewegung machen sich seine Blähungen bemerkbar. Er schließt vor Scham die Augen. Auch wenn es eine natürliche Sache ist – früher wäre ihm das niemals vor anderen Menschen passiert. Jetzt fühlt er sich seiner Würde beraubt.

Die Pflegerinnen rücken seine Beine wieder zurecht, legen sie auf die stützenden Kissen, versuchen, es ihm wieder bequem zu machen. Wenn er richtig atmen kann, weiß er, dass er bequem liegt. Fühlen kann er es nicht. Noch ein Schluck Kaffee, mit geschlossenen Augen. Kaffee, Zigarette, Kaffee, Zigarette.

Er schwitzt leicht. Es kann nicht an der Zimmertemperatur liegen. Der Raum wird vom Kamin, zwei Elektroheizungen und seiner alten Gasheizung gewärmt. Zu kühl kann es also nicht sein, zu warm auch nicht. Die Wärme braucht er ja. Er schwitzt nicht wegen der Wärme.

Ein neuer Krampf schüttelt ihn. Wie bei einem Hund, der sich nach dem Aufwachen der ganzen Länge nach streckt. Dann plätschert etwas, wie ein Wasserfall. Von dem Katheter, der an seinem Penis – den er früher seine „Männlichkeit" genannt hat, jetzt aber zu nichts mehr zu gebrauchen ist, – befestigt ist, führt ein Schlauch zu einem Plastikbehälter. Wenn das Plätschern aufhört, legen sich die Krämpfe. Sein Körper entspannt sich wieder, und die Pflegerinnen stützen ihn mit Kissen. Er starrt währenddessen stur auf den Fernseher, als ob er an der laufenden Sendung äußerst interessiert wäre. Er will nicht zeigen, wie peinlich es ihm ist, vor den beiden Frauen urinieren zu müssen.

Kaffee, Zigarette, Kaffee, Zigarette. Inzwischen ist es halb neun. Eine Pflegerin schiebt das zweite Bett, das neben seinem steht, zur Seite. Seit Jahren ist das Bett leer, wenn er aufwacht. Nur seine Kissen werden dort gestapelt. Ein Lied geht ihm durch den Kopf. „Love don't live here anymore." Nein, die Liebe wohnt hier nicht mehr. Es ist undenkbar, dass eine Frau wieder in diesem Bett neben ihm schläft.

Nun ist es Zeit zum Aufstehen. Die Pflegerin fährt das Kopfende nach unten. Er zuckt. Seine Beine fliegen nach oben wie beim Kung-Fu. Die Pflegerin muss sie festhalten. Es ist ein Gefühl, als ob seine Brust auseinanderplatzen würde. Als ob seine Arme aus der Schulter gerissen würden.

Er schreit auf vor Schmerz. Jeden Morgen dasselbe. Jeden Morgen weiß er, was ihm bevorsteht. Manchmal, wenn er morgens aufwacht, ist er enttäuscht, dass er noch lebt, dass er diese Schmerzen erneut erleben muss.

Weil er schon so lange im Bett liegt, werden ihm jetzt die Füße massiert. Sie sind steif geworden, müssen vorsichtig gelockert werden. Langsam nach vorne biegen, langsam nach hinten. Die Pflegerin hat eine andere Körpertemperatur als er, und ihre kühlen Hände auf seiner Haut können wieder Zuckungen und Krämpfe auslösen.

Die Pflegerin zieht sein Bettlaken vorsichtig weg, weil eine heftige Bewegung zu weiteren Krämpfen führen würde. Sie hält seine Füße fest, während die andere die Kissen unter seinen Beinen entfernt. Eines Tages, denkt er, wird er von diesen morgendlichen Krämpfen eine Herzattacke bekommen.

Die Pflegerinnen bringen ihn in eine aufrechte Position. Mit Hilfe der Hebevorrichtung wird er aus dem Bett gehoben, bis er in der Luft hängt und seine Beine herunterbaumeln. Eine Pflegerin deckt ihn mit einer Decke zu und rollt ihn den Korridor entlang zum Badezimmer. Sie müssen zweimal abbiegen, was nicht einfach ist, weil der Flur eng ist.

Sobald sie die Hebevorrichtung so positioniert haben, dass er über der Toilette hängt, fängt er an zu schwitzen. Ein Tuch wird ausgebreitet, um den Schweiß aufzufangen, aber es reicht kaum, denn er schwitzt stark aus allen Poren. Es hört sich an, als ob dicke Regentropfen zu Boden fielen. Als ob ein Leck in der Wasserleitung wäre. Er verliert in kurzer Zeit so viel Flüssigkeit.

Über die Jahre haben sich am After Hämorrhoiden gebildet. Er hat sie nicht entfernen lassen, weil die Ärzte sagten, dass er nach der Operation inkontinent werden könnte. Das hätte er nicht ertragen.

Die Pflegerin zieht die Bandage ab und streift sich Einweghandschuhe über. Bis sie das Gel auf den Handschuhen verteilt hat, platzt eine Hämorrhoide auf. Man hört, wie das Blut herauszischt und in die Toilette tropft. An manchen Tagen verliert er auf diese Weise bis zu einem halben Liter Blut.

Die Pflegerin muss jetzt einen Finger in seinen After stecken. Noël presst sein Gesicht in ein Handtuch. Er will der Pflegerin nicht in die Augen schauen, während sie ihn – so kommt es ihm vor – mit ihrem Finger in seinem After vergewaltigen muss. Manchmal erzählt er Witze, damit er nicht weinen muss, manchmal singt er Freiheitslieder. Manchmal versucht die Pflegerin, ihn zu trösten. „Es ist bewundernswert, wie du dein Leben bewältigst", flüstert sie. Er kann nichts dazu sagen. Manchmal ist ihm alles so peinlich, dass er es nicht mehr aushalten kann. Dann bittet er sie, ihn eine Weile allein zu lassen.

Er spürt nichts, aber er weiß, dass der Finger da ist. Wenn sie fertig ist, zieht sie die Spülung und streift sich die Handschuhe wieder ab. Und er raucht zunächst eine Zigarette. Danach muss die Pflegerin kräftig gegen seinen Bauch drücken. Zehn bis fünfzehn Minuten lang. Er atmet mit den Druckbewegungen, bis sich der Darm entleert.

Dabei schwitzt er ständig. Er fühlt sich so schwach, fühlt sich einer Ohnmacht nahe. Am liebsten würde er jetzt einschlafen. Er blutet noch, die Pflegerin wäscht sein Gesäß. Wenn die Blutungen nicht aufhören, bittet er sie, die Wunden mit warmem Salzwasser auszuwaschen. Dann muss sie kontrollieren, ob sich der Darm vollständig entleert hat. Wieder mit dem Finger.

Die Spülung wird gezogen, dann wird er zur Badewanne gerollt und in das heiße Wasser gelassen. Manchmal fängt sein Körper an zu krampfen, wenn er mit dem Wasser in Berührung kommt. Er kann die Temperatur erst fühlen, wenn ihm das Wasser bis an die Brust reicht. Dort kann er noch etwas spüren. An einem Tag ist das Wasser zu heiß, am nächsten zu kalt. Jeden Tag muss er die Pflegerin bitten, ihm etwas Wasser über die Brust zu gießen, damit er die Temperatur kontrollieren kann. Manchmal wundert er sich darüber, dass es den Pflegerinnen nicht gelingt, das Wasser richtig zu erwärmen. Als ob sie kein Interesse an ihrer Arbeit hätten oder mit den Gedanken ganz woanders wären. Frustrierend ist das.

Er liegt in der Badewanne und raucht eine Zigarette. Eine der wenigen Freuden am Tag. Fast kann er seine Querschnittslähmung vergessen, jedenfalls für die Dauer einer Zigarette. Nach dem Rauchen wäscht ihm die Pflegerin das Gesicht. Wenn eine neue Pflegerin dabei ist, muss ihr gezeigt werden, wie es geht. Denn wenn er Wasser in Mund und Nase bekommt, kann er nicht mehr atmen. Die Seife brennt in den Augen. Er fühlt sich dann, als ob er ertrinken würde.

Seife fürs Gesicht und Duschgel für den Körper. Und zwei verschiedene Schwämme. Er muss fast jeden Tag erklären, welcher Schwamm für welche Körperteile zu benutzen ist. Die Pflegerinnen können sich das nicht merken. Für den Oberkörper benötigen sie fast eine ganze Flasche Duschgel. Dann die Beine anwinkeln, sodass die Knie aus dem Wasser ragen. Vorsichtig wird der Unterkörper gewaschen. Aufpassen, dass die Hämorrhoiden nicht aufplatzen. Wenn der Druck auf die Lenden zu groß ist, bekommt er Krämpfe. Und wenn die Beine von dem Krampf nach oben gepresst werden, könnte er nach hinten kippen und mit dem Kopf unter Wasser rutschen. Er weiß, dass die Pflegerinnen manchmal bei der Arbeit vor sich hinträumen, und er hat Angst, dass sie ihn nicht schnell genug aus dem Wasser ziehen.

Mit der Hebevorrichtung wird er aus dem Wasser gehoben. Er wird abgespült, in Tücher gewickelt und wieder zur Toilette gebracht. Manchmal zeigt sich im Bad, dass sein Darm noch nicht völlig entleert ist. Dann fängt die Prozedur wieder von vorne an: das schweißtreibende Warten, der kreisende Finger im After, das Abwischen des Hinterns. Die Scham.

Er hat alle Tücher durchgeschwitzt, sie müssen ausgewechselt werden. Dann geht es zurück ins Schlafzimmer. Er ist fast zwei Stunden im Bad gewesen.

Noch an der Hebevorrichtung hängend wird sein Gesäß trocken getupft und die Bandage angelegt. Dann erst kann er auf trockenen Tüchern aufs Bett gelegt werden. Er schwitzt weiter und sie reiben ihn trocken, decken ihn mit zwei großen Handtüchern zu. Legen die Kissen unter die Beine. Dann trinkt er ein großes Glas Wasser, um die Flüssigkeit zu ersetzen. Sie beginnen mit der Massage und reiben ihn vom Kopf bis zu den Füßen mit Öl ein, damit seine Haut nicht austrocknet. Sie machen eine Lymphdrainage, wie es ihnen Biggi und Jenny gezeigt haben. Lockern die Finger und Zehen, damit sie nicht anschwellen.

Manchmal schläft er dabei ein. Das ist gut, weil dieser Schlaf sehr erholsam ist. Er merkt gar nicht, dass sie ihm die Hose anziehen. Erst wenn sie ihm das Gesicht wieder trocken wischen, öffnet er die Augen.

Mit der Hebevorrichtung und verschiedenen Schlingen wird er in den Rollstuhl gesetzt. Das ist nicht einfach. Wenn er angehoben wird, fällt er oft in Ohnmacht. Er kommt dann erst wieder zu sich, wenn die Pflegerinnen ihm einen Klaps auf die Wangen geben. Manchmal gibt er Furcht erregende Laute von sich. Oder es besteht die Gefahr, dass er seine Zunge verschluckt. Im Rollstuhl sitzend hat er wieder starke Schweißausbrüche, denn nun sitzt er auf den Hämorrhoiden. Sie versuchen, ihn ein wenig zur Seite zu rücken, damit der Druck nachlässt. Sonst wird er womöglich den ganzen Tag schwitzen. Sie müssen aufpassen, dass er richtig im Stuhl sitzt, denn sonst kann er Atemprobleme bekommen. Und wenn die Hose nicht glatt ist, müssen sie die ganze Prozedur wiederholen und ihn noch einmal ins Bett legen.

Jetzt ist ihm zu warm. Die Ventilatoren werden eingeschaltet. Einmal noch den Oberköper trocken wischen, dann kann ihm das Hemd angezogen werden. Ohren und Nase werden mit Wattestäbchen gereinigt, dann das Gesicht eingecremt und die Haare gekämmt. Es ist jetzt nach zwölf. An schlechten Tagen kann das Aufstehen auch bis drei Uhr dauern.

Es sind diese langwierigen Prozeduren, die ihm bewußt machen, dass er seine Würde verloren hat.

3

Vom Schlafzimmer fährt er über den Flur ins Wohnzimmer. Er hält vor der Glastür, die zum Garten führt. Von hier aus kann er Jacquis Grab sehen: Er schweigt einen Moment, um ihrer zu gedenken.

Dann bittet er die Pflegerin, den „Computer" anzuschalten. So nennt er die Anlage, die ihm die Verbindung mit der Außenwelt ermöglicht. Über einen Knopf, der in der Kopfstütze angebracht ist, kann er das elektronische Telefonbuch öffnen. Mit weiteren Kopfbewegungen wählt er einen Namen in der Telefonliste aus und stellt die Verbindung her. Telefonieren ist ziemlich beschwerlich geworden.

Dreißig Nummern sind hier gespeichert. Dreißig Personen kann er selbstständig anrufen. So klein ist seine Welt geworden. Wenn er darüber hinaus andere Leute oder Firmen anrufen will, muss die Pflegerin die Nummer für ihn wählen. Mit einem anderen Knopf lässt sich der Fernseher bedienen. Oder ein Video oder eine DVD abspielen.

Zuerst erledigt er seine Telefonate. Dann macht er seine Post auf. Jeden Tag kommt eine Rechnung. Das ist fast ein Trost. Jedenfalls will man noch etwas von ihm. Er muss Geschäftliches erledigen, solange die dafür zuständige Pflegerin noch im Haus ist. Wenn sie krank ist, kann er sich um diese Dinge nicht kümmern. Er hat entschieden, dass nur die Pflegerin, der er am meisten vertraut, Zugang zu seinen privaten und geschäftlichen Unterlagen hat. Trotzdem bleiben unter dieser Umständen Privatangelegenheiten nicht mehr privat, weil er immer auf Hilfe angewiesen ist. Und Geheimnisse hat er auch keine mehr.

Fernsehen, mit Freunden telefonieren, rauchen. Viel mehr kann er nicht tun. Mit einem Strohhalm aus einem Wasserglas trinken. Hoffen, dass die Pflegerin in der Nähe ist, wenn Fliegen ins Zimmer kommen und ihn plagen. Sie muss die Fliegen verscheuchen. Wenn es ihn juckt, muss sie ihn kratzen. Wenn er einen Reiz im Hals verspürt, drückt sie seinen Bauch, sodass er richtig husten kann.

Eigentlich sollte er jeden Tag mit seinen physiotherapeutischen Geräten trainieren, um die Blutzirkulation in seinem Körper anzuregen. Aber nicht alle Pflegerinnen können damit umgehen. Kaum lernt eine Pflegerin, ihn bei seinem Training mit den Geräten zu unterstützen, ist sie schon wieder weg. Oder sie hat das Gelernte bis zur nächsten Trainingsstunde vergessen. In neun von zehn Fällen klappt es nicht, wenn er sich ein Training vorgenommen hat. Er muss damit zufrieden sein, was die Pflegerin, die gerade Dienst hat, ihm bieten kann. Manchmal ist mehr als ein Getränk reichen einfach nicht drin.

Am Abend fährt er in die Küche und sagt der Pflegerin, was sie kochen soll. Er verspürt keinen Hunger, aber er hat einen bestimmten Geschmack im Mund und weiß dann, dass sein Körper etwas zu essen haben möchte.

Die meisten jungen Frauen, so scheint es, können nicht kochen. Sie leben wohl von Gerichten zum Mitnehmen und aus der Mikrowelle. Jedenfalls haben seine Pflegerinnen keine Ahnung von karibischer Küche. Das musste er ihnen erst beibringen. Er hat Pflegerinnen aus verschiedenen Nationen und würde gern Gerichte aus ihren Heimatländern probieren, zum Beispiel aus Zimbabwe. Aber die Pflegerin aus Zimbabwe kann nicht kochen.

Nach dem Essen zurück ins Wohnzimmer. Fernsehen, rauchen, etwas trinken. Manchmal kommt Besuch.

Um 22 Uhr kommt die Nachtpflegerin, und eine halbe Stunde später macht er sich bettfertig. Er passt auf, dass die Außentüren abgeschlossen und Heizkörper heruntergedreht werden. Er wartet im Flur und sieht zu, wie sie das Wohnzimmer abschließt und den Schlüssel in seine Tasche hinten am Rollstuhl steckt. Er muss vorsichtig sein. Wenn morgen aus dem Wohnzimmer etwas fehlt, weiß niemand etwas davon.

Im Schlafzimmer wird das morgendliche Programm noch einmal abgespult, nur in umgekehrter Reihenfolge. Manchmal gelingt es der Pflegerin nicht, ihn gerade auf das Bett zu legen. Seine Beine hängen dann über die Bettkante hinaus. In solchen Momenten explodiert er vor Wut. Er schreit und schimpft, bis sie ihn richtig positioniert hat. Und dann kommt das Ausziehen. Kissen unter den Kopf und zwischen die Beine. Den Katheder wechseln. Die Bandage erneuern. Massage. Zudecken. Er hofft, dass er gleich einschlafen kann. Denn um drei Uhr wacht er meistens auf. Und dann fangen die Krämpfe wieder an.

Freunde?

1

Sein Vater kommt ihn nicht besuchen. Er kann den Anblick seines Sohnes im Rollstuhl nicht ertragen. Auch seine Brüder kommen nicht, ebenso wenig seine Mutter. Es kommen Freunde, aber Jacqui hat ihm geraten, aufzupassen.

„Sei vorsichtig bei denen, die sich deine Freunde nennen", hat sie ihm gesagt, kurz bevor sie starb. „Denn jetzt, wo ich dich verlassen muss, wird es den Leuten leichter fallen, deine Situation auszunutzen. Plötzlich bist du umringt von falschen Freunden."

Und tatsächlich, es tauchen Leute auf, die angeblich helfen wollen. In Wirklichkeit wollen sie sein Haus und sein Geld. Sie glauben, dass sie so mit ihm umspringen können, bloß weil er behindert ist. Sie werden alles tun, meint er, um seine Hilflosigkeit auszunutzen. Er muss wirklich vorsichtig sein.

2

Wie bei Prentice. Ein junger Mann, den Noël in London kennen lernt, kurz bevor er nach Deutschland fährt. Prentice ist ein lebhafter Junge, und viel jünger als die meisten Leute, mit denen Noël zu tun hat.

Nachdem Noël aus dem Krankenhaus entlassen wird, steht Prentice eines Tages vor der Tür. Noël begrüßt ihn wie einen Freund, obwohl er sich nicht sicher ist, ob man ihm vertrauen kann. Prentice kommt danach fast jeden zweiten Tag vorbei. Er scheint hilfsbereit zu sein, und schon bald erledigt er Besorgungen oder unterhält sich mit Noël, während Jacqui einkaufen geht.

Prentice ist wissbegierig und interessiert sich vor allem für Geschäftliches. Er fragt Noël, wie man Immobilien kaufen und verkaufen kann. Und er erkundigt sich nach Noëls finanzieller Situation.

Vieles von dem, was man ihm erklärt, stellt er jedoch in Frage. Oder gibt Ideen, die er von anderen gehört hat, als seine eigenen aus. Auf Prentice muss man also ein Auge haben.

Prentice sucht verzweifelt nach Arbeit. Bevor sie stirbt, drängt Jacqui Noël, Prentice zwei Tage Arbeit in der Woche zu geben. Prentice bringt Noëls altes Gipserwerkzeug zu einer Auktion und darf den Erlös behalten.

Er schwärmt für große Autos und erzählt, dass er einen Wagen gekauft und dann wieder eingetauscht hat, um noch ein größeres Auto zu kaufen. Komischerweise hat ihn aber niemand in einem großen Auto gesehen. Und Jacqui hört von Roselyn, der Freundin von Prentice, dass sie seinetwegen bald bankrott sein wird, weil sie ihm ständig Geld leihen muss. Und eines Tages, als sie ihm nichts mehr geben kann, verlässt er sie.

„Ich bin pleite", beschwert sich Prentice eines Tages. Er weiss, dass Noël gerade den gestifteten Kleinbus verkauft hat und auf die Überweisung des Erlöses auf sein Konto wartet.

„Ich stecke wirklich in den größten Schwierigkeiten", sagt Prentice einige Tage später. „Ich brauche Geld."

„Ich kann dir 200 Pfund geben", bietet Noël an.

„Das reicht nicht."

Prentice geht, aber am nächsten Tag ist er wieder da. Er sieht verzweifelt aus; seine Augen sind rot, als ob er geweint hätte. Er tut Noël leid. Vielleicht braucht Prentice wirklich Hilfe.

„Was ist das Problem?", fragt er.

„Ich brauche dringend Geld für eine geschäftliche Angelegenheit. Kannst du mir nicht mehr geben? Du hast gerade so viel bekommen."

„Aber ich brauche das Geld selbst. Ich muss mir einen anderen Wagen kaufen, damit ich mobil sein kann", sagt Noël. „Sonst bin ich ans Haus gefesselt." Und dabei reicht das Geld, das er für den Kleinbus bekommen hat, nicht einmal aus, um den neuen Wagen zu kaufen. Der Bus war nagelneu, aber keiner wollte ihm den vollen Preis bezahlen. Das wären 23.000 Pfund gewesen, aber man hat ihm nur 6.000 Pfund angeboten. Mit der Begründung, dass weiße Kleinbusse auf dem Markt nichts bringen würden. Gnadenlos, wie manche Leute die Lage eines Behinderten ausnutzen wollen. „Wie viel Geld brauchst du?", fragt er Prentice.

„1.000 Pfund."

„Ich kann dir 500 geben."

„Das reicht nicht."

Prentice sieht wirklich aus, als ob er in großer Not wäre.

Noël weiß, dass er ihm kein Geld geben sollte. Aber mit seinem großzügigen Herz fällt er auf die Mitleidstour herein.

„Wenn ich dir das Geld leihe", fragt Noël, „wirst du es mir innerhalb von zwei Wochen wieder zurückzahlen? Denn dann muss ich meinen neuen Wagen bestellen."

„Ja." Prentice schwört es.

Also leiht ihm Noël 1.000 Pfund, wohl wissend, dass es nicht einfach sein wird, es zurückzubekommen.

Und so kommt es auch. Ein Monat vergeht, Prentice lässt sich nicht mehr blicken. Er geht auch nicht ans Telefon. Erst als Pledge und Dennis einschreiten, erhält Noël sein Geld zurück. Zumindest den größten Teil – 950 Pfund.

Danach kommt Prentice wieder regelmäßig vorbei. Irgendwann tritt er einer christlichen Kirche bei und lässt sich taufen. Er redet auf Noël ein, sich ebenfalls zum Christentum zu bekennen.

Eines Tages blickt Prentice Noël etwas seltsam an.

„Was du säst, wirst du auch ernten", sagt er.

„Was meinst du damit?", fragt Noël.

„Du bist selber schuld an deiner Querschnittslähmung."

Nein, mit solchen Leuten will Noël nichts mehr zu tun haben. Prentice soll gehen und braucht nicht wieder zu kommen. Er will nicht vor Leuten, die sich Freunde nennen, ständig auf der Hut sein.

3

Weitere Menschen, denen er glaubte vertrauen zu können, lassen ihn im Stich. Gehen auf Distanz. Zeigen Verhaltensweisen, mit denen er nicht zurechtkommt.

Leon zum Beispiel. Leon besuchte ihn im Krankenhaus in Oswestry.

„Was wirst du jetzt machen?", hatte er gefragt.

„Ich habe eine Idee. Weißt du noch, als wir in Jamaika waren? Da gab's ein junges Mädchen, das wir ein Stück im Auto mitgenommen haben. Sie sagte, sie könne nicht zur Schule gehen, weil die Bücher zu teuer seien. Ich dachte, ich könnte vielleicht Bücher und Computer organisieren und sie nach Jamaika schicken, um Kindern aus armen Familien zu helfen. Sie brauchen eine Chance. Vielleicht kann ich ihnen diese Chance geben."

„Gute Idee", sagte Leon.

Später erfährt Noël von Bekannten, dass Leon eine wohltätige Aktion gestartet hat. Er sammelt Bücher und Computer, die er an bedürftige Kinder in Jamaika schickt.

„Er war jahrelang mein bester Freund", sagt Noël zu Jacqui. „Nun hat er meine Idee gestohlen und realisiert sie, ohne mir etwas zu sagen. Ich verstehe nicht, wie er so etwas machen kann."

Die Enttäuschung sitzt tief, und es kommt noch schlimmer. Als Jacqui stirbt, bleibt Leon der Beerdigung fern. Am ihrem ersten Todestag nimmt er zwar an der Gedenkfeier teil, aber danach sieht Noël ihn nie wieder.

Oder Leroy.

Sie sind seit dreißig Jahren befreundet. Nachdem Jacqui stirbt, ist er einer der Wenigen, denen Noël noch vertraut. Leroy geht für ihn zur Bank, um Geld abzuheben, und kümmert sich um alles, wobei Noël Hilfe braucht. Da er arbeitslos ist, stellt Noël ihn als Fahrer und Gärtner ein.

Plötzlich erscheint Leroy nicht mehr zur Arbeit. Ans Telefon geht er auch nicht mehr.

Er beschwert sich, dass sein Lohn zu niedrig sei, dass er zu viel arbeiten müsse. Obwohl ein Großteil der Arbeitszeit damit verbracht wird, sich mit Noël zu unterhalten, wie es alte Freunde eben tun. Davon abgesehen ist Leroy unzuverlässig geworden. Man kann nicht mehr mit ihm rechnen.

Damals, als sie zur Schule gingen, hat Noël Leroy ein Fahrrad geschenkt. Noël lebte zu dieser Zeit auf der Straße und besaß fast nichts. Weil Leroy sich so sehr ein Fahrrad wünschte, hat Noël ihm seins geschenkt. Und jetzt meint Leroy, dass Noël zu viel von ihm verlangen würde.

Er kann das nicht verstehen. Er muss weinen, wenn er daran denkt.

Oder Angie.

Angie war ihm eine gute Freundin und hat ihn lange gepflegt. Sie war immer da, wenn er sie brauchte.

Jetzt hat sie sich verändert. Sie war sehr krank und musste Anabolika nehmen. Seitdem verhält sie sich sehr aggressiv ihm gegenüber. Vielleicht kommt das von den Medikamenten. Sie hat kürzlich zum zweiten Mal geheiratet. Ihr Ehemann ist nicht damit einverstanden, dass sie für Noël da ist. Sie geht auch nicht mehr ans Telefon. Sie ist eigentlich für die Organisation der Pflegerinnen zuständig, aber im Notfall kann er sie nicht erreichen. Eines Tages stürmt sie aus dem Haus und kommt nicht wieder.

Was wird er tun, wenn sie ihn alle verlassen?

4

Molly. Fast zehn Jahre nach seiner Querschnittslähmung steht sie plötzlich vor seiner Tür. Sie trägt die Haare kürzer und hat etwas zugenommen.

Edwin hat einmal gesagt, dass sich nach Jacquis Tod Molly um Noël hätte kümmern müssen. Aber sie tat es nicht.

Nach dem Überfall hat Noël ihr geschrieben, aber nie eine Antwort bekommen. Eines Tages rief er sie an.

„Können wir uns noch einmal sprechen?", fragte er. „Ich würde gern mit dir reden."

„Nein. Nein. Nach allem, was uns passiert ist – uns allen. Nein. Ich komme damit nicht zurecht, wieder von dir zu hören. Die Unfälle, die du vorhergesehen hast. Das macht mir Angst. Als nächstes wird mir etwas zustoßen."

Das war das letzte, was er von ihr gehört hat. Und jetzt steht sie plötzlich vor ihm in seinem Wohnzimmer.

„Warum bist du gekommen?"

„Du wusstest, dass ich eines Tages kommen würde", sagt sie. „Ich habe dich doch wirklich geliebt."

Sie will aber nicht über die Vergangenheit reden, antwortet nicht auf Fragen. Erklärt ihm nicht, wie das mit den Schwangerschaften war.

Außerdem hat sie es sehr eilig. Sie schaut ständig auf die Uhr. Sie muss einiges erledigen, bevor sie das Land verlässt. Man hat ihr in Jordanien ein Angebot gemacht, das sie nicht ablehnen konnte. Nein, er werde nie begreifen, was sie durchgemacht habe. Eine zweite Ehe. Ein Selbstmordversuch. Psychiatrische Behandlung. Und die Töchter ahnen immer noch nichts von ihrer Affäre. Sie habe mehr durchgemacht als er. Den Rollstuhl, in dem Noël sitzt, beachtet sie gar nicht. Sie erkundigt sich nicht einmal, wie er mit der Querschnittslähmung zurechtkommt.

Es ist wohl ihre Angst, mit der sie fertig werden muss, denkt er. Eine Angst, die sie daran hindert, in ihrem Leben voranzukommen. Deswegen ist sie gekommen, denkt er.

Sie verabschiedet sich.

„Du wirst noch ein gutes Leben haben", sagt er.

Er weiß, dass er Molly nicht wieder sehen wird.

„Es gibt nur eine Rasse, und das ist die menschliche Rasse"

1

Wenn er von einer Brücke ins Wasser gesprungen oder von einem Pferd gestürzt wäre, dann wäre es eine andere Geschichte gewesen, ein tragischer Unfall. Es wäre seine Schuld gewesen und er hätte die Konsequenzen akzeptieren müssen. Aber er ist nicht von einer Brücke gesprungen, er ist nicht vom Pferd gefallen. Es waren Neonazis, ignorante Rechtsradikale, die sein Leben ruiniert haben. Deswegen ist es so schwierig, das Leben im Rollstuhl zu akzeptieren.

Fünf Jahre nach dem Anschlag erfährt er, dass der Jugendliche, der den Stein warf, bald aus dem Gefängnis entlassen werden soll. Er hört auch, dass es in Mahlow immer noch Neonazis gibt, die am Bahnhof herumlungern.

„Geh nach Mahlow", sagt er sich eines Tages. „Demonstriere gegen den Rassismus. Zeig den Leuten, wohin Ignoranz und Dummheit führt."

Der fünfte Jahrestag des Anschlags wäre ein gutes Datum für solch eine Aktion.

Mitarbeiter der Talkshow „Beckmann" rufen ihn an. Sie laden ihn ein, im Fernsehen aufzutreten. Er wird in einem Privatflugzeug nach Hamburg geflogen, weil sein Rollstuhl in die meisten Flugzeuge nicht hineinpasst. Er hätte es auf jeden Fall abgelehnt, auf einer Bahre wie ein Kranker transportiert zu werden, wie damals von Mahlow nach England. Mit Würde will er reisen.

Während er in Hamburg ist, besucht ihn Ines Sprenger, die stellvertretende Ausländerbeauftragte des Landes Brandenburg. Sie lädt ihn ein, im Juni nach Mahlow zu kommen. Er soll die Demonstration anführen, die dort für ihn organisiert wird.

2

Er hat endlich ein behindertengerechtes Fahrzeug bekommen. Mit dem Geld aus dem Verkauf des Van und einer weiteren großzügigen Spende aus Deutschland hat er einen Chrysler Voyager gekauft und umbauen lassen. Er kann seinen Rollstuhl jetzt über eine ausfahrbare Seitenrampe in den Wagen hineinfahren und vorne auf der Beifahrerseite sitzen. Die

Mit Pflegrin Donna im Flugzeug

Pflegerin braucht ihn nur anzuschnallen. Seitdem fühlt er sich nicht mehr ganz so eingeschränkt. Und da er nun den Wagen hat, kann er in Mahlow mobil sein.

Das Medieninteresse ist groß. Beckmann möchte einen Dokumentarfilm über seine Geschichte drehen, auch der Rundfunk Berlin-Brandenburg will einen Film machen. Kamerateams erscheinen in Birmingham und filmen sein Leben im Rollstuhl. Auch als er am 14. Juni 2001 auf dem Flughafen Berlin-Tempelhof landet, sind die Kameras da.

Er kann es gar nicht fassen, wie viele Menschen gekommen sind, um ihn zu empfangen. Sie stehen auf dem Rollfeld und sehen zu, wie er aus dem Flugzeug auf die Hebebühne eines Rettungswagens rollt. Ganz vorne die Journalisten. Blitzlichtgewitter, alle drängen zu ihm. Sein Rechtsanwalt Volker Ratzmann ist da, Almut Berger, die brandenburgische Ausländerbeauftragte, und ihre Stellvertreterin Ines Sprenger. Sie steigen zu ihm in den Wagen, um ihn willkommen zu heißen.

Andere offizielle Vertreter umringen ihn, wollen ihn begrüßen, ihm die Hand geben. Peinlich, als sie merken, dass sie ein lebloses Glied in der Hand halten, das ihren Druck nicht erwidern kann. Ein Mitarbeiter der britischen Botschaft drängelt sich nach vorne und will ihn sprechen.

„Willkommen!", sagt er. „Heute bin ich für Sie da."

„Vielen Dank", sagt Noël, „aber wo waren Sie, als wir ihre Hilfe gebraucht haben?"

Der Botschaftsangehörige senkt den Kopf, als ob er sich schämen würde. Ihm ist wahrscheinlich bekannt, dass die Botschaft damals jede Hilfe verweigert hat.

„Ich sehe Sie später, bei der Pressekonferenz", sagt er.

„Ach, wirklich?", fragt Noël. Er weiß, dass der Mann sich dort nicht blicken lassen wird.

Noëls Wagen steht bereit. Leroy hat ihn auf dem Land- und Seeweg nach Hamburg gefahren. Bevor Noël einsteigt, möchte er eine Zigarette. Die Journalisten starren ihn an wie einen Affen im Zoo. Die Pflegerin hält ihm eine Zigarette an die Lippen und zündet sie an. Die Kameras klicken. Von dieser Szene müssen sie unbedingt ein Foto haben.

Als nächstes geht es zu einem Hotel am Kurfürstendamm. Seine Leibwächter müssen die Zuschauer zurückweisen und für Platz sorgen, damit er mit seinem Rollstuhl ins Hotel fahren kann. Beckmanns Kamerateam filmt ihn, als er auf sein Zimmer geführt wird. Viele wollen ihn dort begrüßen, darunter Biggi und Jenny sowie einige Frauen, die er aus Mahlow kennt. Aber zunächst kommt der Arzt, denn in den letzten Tagen hat er Fieber gehabt und seine Beine sind angeschwollen. Möglicherweise eine Thrombose.

Eine Pressekonferenz ist für den Abend angesetzt. Die Journalisten stellen viele Fragen. Er raucht wieder. Das Rauchen, erklärt er ihnen, sei die einzige Freude, die ihm noch geblieben sei.

Freitag. Er hat einen Termin bei Manfred Stolpe, dem Ministerpräsidenten des Landes Brandenburg.

„Ich möchte ein Programm ins Leben rufen", sagt Noël, „und jugendliche Neonazis aus Mahlow nach Birmingham einladen. Ihnen zeigen, wie Menschen verschiedener Herkunft zusammen leben können. Ich möchte, dass sie sehen", sagt er, „dass Schwarze, Weiße, Inder, Chinesen, Muslime, Juden, Christen, Reiche und Arme alle derselben Rasse angehören. Der menschlichen Rasse. Ich möchte, dass sie lernen, dass sie keinen Hass gegenüber einem Menschen haben müssen, der eine andere Hautfarbe hat als sie selbst."

„Eine sehr gute Idee", sagt der Ministerpräsident, und in der darauf folgenden Pressekonferenz kündigt er an, dass er eine Summe aus Lottomitteln für das Projekt zur Verfügung stellen wird. Gut so.

Das Mahnmal in Mahlow

3

Freitagnachmittag. Leroy fährt ihn nach Mahlow. Zum Glasower Damm, wo er verunglückt ist. Die Bäume, die an der alten, kopfsteingepflasterten Straße stehen, sind grün. Die Sonne scheint, es ist warm. Aber er nimmt das nicht wahr. Er starrt auf das Mahnmal, das die Mahlower vor etwa zwei Tagen und unter dem Druck der Öffentlichkeit errichtet haben. Genau an der Stelle, wo der Baum einst stand. Der Baum, gegen den er gefahren ist. Jetzt steht da ein Granitstein, der scheinbar aus einem bronzenen, mit Blättern verzierten Baumstamm herauswächst. Hier, denkt er, ist sein Leben zu Ende gegangen. Nicht nur sein Leben. Auch Jacquis. Und auch für seine Freunde ist dort etwas gestorben; für jene Menschen, denen er nicht länger der Freund sein kann, der er einmal war. Beckmanns Kamerateam ist da. Sie halten fest, wie er weint.

Samstag, der 16. Juni. Der Tag der Demonstration. Es sind jetzt genau fünf Jahre her, dass ihm die Neonazis das Leben geraubt haben.

Sie führen ihn zur Gemeindeverwaltung, wo der Bürgermeister von Mahlow einen Empfang gibt. Großes Gedränge. Einwohner der Gemeinde, Lokalpolitiker, Journalisten. Schwierig, seinen Rollstuhl durch die Menge zu steuern. Reden werden gehalten. Der Bürgermeister. Der Vorsitzende des Gemeinderats. Robin übersetzt für ihn. Alle bedauern, was ihm in diesem Ort geschehen ist. Sie hoffen, dass so etwas nie wieder passieren wird. Aber Neonazis, sagt irgendwann der Bürgermeister, die gebe es in Mahlow nicht. Es gebe lediglich Jugendliche, die manchmal über das Ziel hinausschießen würden.

Hinterher fährt Noël zum Glasower Damm. Von dort aus soll die Demonstration starten. Die Menschen folgen ihm, bis zur Absperrung vor dem Stein. So viele Leute. Sie schauen schweigsam zu, während er wieder vor dem Mahnmal innehält. Gut, dass er gestern schon hier gewesen ist, ohne diese Menge. Er wendet sich ab und betrachtet die Menschen hinter der Absperrung.

Er ruft einige zu sich, um den Demonstrationszug anzuführen. Almuth Berger, Ines Sprenger, Marius Müller-Westernhagen mit seiner Frau, einer Schwarzen. Freunde aus seiner Mahlower Zeit. Der Rocksänger war zusammen mit Noël in der Talkshow von Beckmann.

Leroy breitet die grün-golden-schwarze Fahne von Jamaika über dem Wagen aus, daneben eine britische und eine deutsche Flagge. Damit will er der Welt zeigen, dass dies uns alle betrifft. Dann rollt er los. Neben ihm Angie und Donna, eine weitere Pflegerin. Die Leibwächter, aufmerksam

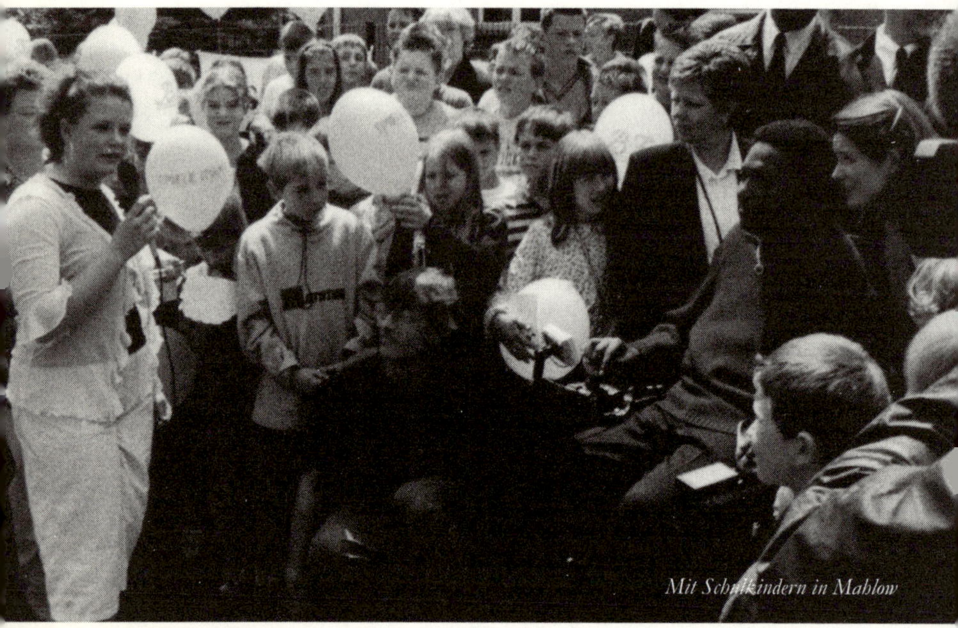

Mit Schulkindern in Mahlow

Mit Johnny und Mitarbeitern im Carib, Berlin

die Menge beobachtend, um eventuelle Angriffe von Neonazis abzuwehren. Leroy folgt ihm langsam mit dem Wagen, dahinter die Menschenmenge. Der Zug bewegt sich über den Glasower Damm bis zum Bahnhofsvorplatz. Dort findet die Kundgebung statt.

Er steht auf der Bühne und schaut in die Menge. Viele Leute sind gekommen. Soweit ist die Veranstaltung ein Erfolg. Almuth Berger spricht, danach treten weitere Redner ans Mikrofon. Jugendliche aus dem Ort. Dann ist er dran. Er sagt es ihnen. Wie sinnlos es sei, jemanden wegen seiner Hautfarbe zu hassen. Dass es nur eine Rasse gebe, nämlich die menschliche. Und der gehören wir alle an. Wir sind alle Menschen, und es kommt nicht darauf an, ob wir eine weiße, schwarze oder gelbe Haut haben. Seht mich an. Seht, wohin der Hass führt.

Dann singt Pato Banton. Pato ist mit Noël in Birmingham aufgewachsen und inzwischen ein Reggae-Star geworden. Er sagte sofort zu, als Noël ihn bat, mitzukommen, um die Botschaft an den Mann zu bringen. „Life is a Miracle", singt er, „das Leben ist ein Wunder". Die Menge jubelt ihm zu. Der Reggae-Beat scheint anzukommen. Das ist Black Music.

Am frühen Abend geht es zur alten Steinkirche von Mahlow. Dort findet seinetwegen ein Gottesdienst statt. Die Kirche ist voll von Menschen. Übersetzer erklären ihm den Ablauf. Die Pastorin spricht über die Attacke der Neonazis. Dann betet sie mit allen, dass so etwas nie wieder in Mahlow passieren möge.

Abends dann ein Konzert. Openair, mit Live-Übertragung im Fernsehen. Leute können anrufen und Geld spenden. Angeblich sind erhöhte Sicherheitsmaßnahmen getroffen worden. Einer der Organisatoren zeigt auf ein Mitglied der Sicherheitskräfte. Noël kennt ihn. Es ist einer der Rechten, die früher am Bahnhof herumlungerten. Außerdem, so erklärt ihm ein Journalist, der sich hier auskennt, ist der Mann mit dem Bürgermeister verwandt.

Während seines Berlin-Aufenthalts geht er im Carib essen. Es ist schön, wieder hier zu sein und Johnny zu treffen. Johnny macht ein Foto von Noël im Rollstuhl. Er hängt es in den Schaukasten neben der Eingangstür, zusammen mit den Fotos von seinen prominenten Gästen. Direkt neben Samuel Jackson und Buju Banton.

Von Berlin fährt Noël weiter nach Berchtesgaden. Er will unbedingt Norbert Hekele und seine Schüler besuchen. Norbert ist ein Lehrer, der nach dem Überfall Spendenaktionen organisierte. Er besuchte Noël in Birmingham, seine Schüler schicken immer noch Weihnachtskarten. In Berchtesgaden bereiten sie ihm ein herzliches Willkommen. Er besichtigt das Dokumentationszentrum am Obersalzberg und trägt sich in das Gästebuch ein. Oben auf dem Berg bewundert er die eindrucksvolle Aussicht. Dann muss er zurück nach England. Zurück in die Alltagsroutine.

Mit Schülern in Berchtesgaden

In Schottland

Die Jahre danach

1

Es gibt Zeiten, in denen er sehr unter der Einsamkeit leidet. Besonders an den Wochenenden, wenn seine Freunde bei ihren Familien sind und ihn keiner besucht. Die Sonntage sind besonders schlimm. Manchmal ruft ihn niemand an. Dann denkt er, dass er die Einsamkeit nicht mehr aushalten kann.

Dazu kommt eine Bitterkeit. Mit der Zeit wird ihm bewußt, dass er Menschen, die er liebt, nicht mehr helfen kann. Besonders schmerzhaft war dies, als er einen Anruf aus Jamaika erhielt und von seinen Verwandten erfuhr, dass Miss Darling brutal vergewaltigt wurde. Mit 94 Jahren. Die Nachricht bricht ihm das Herz. Miss Darling, die er so sehr liebt. Die Wut und das Gefühl, nicht helfen zu können, sind unerträglich. Er kann nicht zu ihr fahren, er kann sich nicht darum kümmern, dass der Gerechtigkeit Genüge getan wird. Er kann nur weinen.

Dennoch ist in diesen Jahren nicht alles schlecht. Es gibt auch gute Momente.

Er kann mit Miss Darling telefonieren. Bislang gab es kein Telefon in ihrem Haus. Ihre Familie hat sie jetzt zu sich geholt, und dort haben sie ein Telefon. Sie klingt munter, trotz des Geschehenen. Sie geht immer noch die zwei Meilen ins Dorf, um die Wäsche abzuholen, die sie für andere Leute wäscht. Er würde sie so gerne wieder sehen. Aber er weiß, dass dies nicht möglich ist. Das ist schwer zu ertragen.

Jacqui zu Ehren hat er das Haus renovieren lassen. Er hat es in jene elegante Villa im viktorianischen Stil verwandelt, von der sie immer geträumt hat. Er beauftragt einen Maler, im Treppenhaus ein Porträt von Jacqui in Fresko-Technik anzufertigen. Außerdem lässt er in den oberen Etagen luxuriöse Appartements einrichten, wobei er sich als kreativer Kopf erweist. Diese Räume sollen nach seinem Tod vermietet werden.

Die Einkünfte sind für seine Wohltätigkeitsorganisation gedacht, die zukünftig benachteiligten Kindern in Jamaika und Afrika eine Ausbildung ermöglichen soll.

Er realisiert das Projekt mit den Jugendlichen aus Mahlow. Der Noël-und-Jacqueline-Martin-Fonds hat bereits mehrere Jugendgruppen unterstützt. Nicht die rechtsradikalen Jugendlichen, die Noël ursprünglich einladen wollte. Trotzdem zeigt sich, dass der Austausch sinnvoll und ein wichtiges Erlebnis für die jungen Leute aus Brandenburg ist. Sie treffen schwarze Jugendliche, werden zu schwarzen Familien zum Sonntagsessen eingeladen und grillen bei Noël im Garten. Sie lernen jamaikanische und afrikanische Gerichte kennen, staunen über die Schärfe des Essens. Der Tag bei den Familien, sagen die meisten, sei der Höhepunkt der Reise gewesen. Gut. Das war der Sinn der Sache. Er hofft, dass sie nach ihrer Rückkehr ein größeres Verständnis für Menschen anderer Hautfarbe haben. Dass sie ihre Erfahrungen an andere Jugendliche weitergeben.

Seitdem er den Wagen hat, macht er öfter Ausflüge. Er besucht Orte, die er noch einmal sehen möchte. Warwick Castle, das Shakespeare-Haus in Stratford-on-Avon. Den blühenden Sommergarten fotografieren, am Ufer des Flusses Avon ein Picknick machen. Er fährt in das Landgasthaus, in das er früher mit Jacqui eingekehrt ist, um einen Ploughman's Lunch zu essen. Er entdeckt ein barrierefreies griechisches Restaurant und kann endlich wieder griechisch essen. Außerdem hat sein Vetter Barry ein ausgezeichnetes Restaurant im nah gelegenen Bearwood aufgemacht, das er gern mit Freunden besucht.

Sogar nach Schottland fährt er, zu Jim und Noreen. Ein ausgesprochen liebenswertes Ehepaar, das ihn besucht hat, als die beiden von seiner Situation hörten. Sie luden ihn ein, Urlaub in ihrem schlossartigen Haus in der Nähe von Glasgow zu machen.

Jeden Sommer kümmert er sich um den Garten. Die Rosen am Grab werden gepflegt, damit sie wieder blühen. Barry liefert kistenweise gelbe Ringelblumen und weiße Petunien vom Großmarkt, die die Pflegerinnen in Blumenkästen und Blumenbeete pflanzen. Er verbringt möglichst viel

Zeit im Garten, um den kurzen englischen Sommer richtig auszunutzen. Er hört seine Musik. Bob Marley, Mo Town, Reggae. Plaudert über Pferderennen mit dem graubärtigen Gärtner, der den Rasen schneidet. Er lädt Freunde zum Grillen ein.

Es kommt eine weitere Einladung zu einer Talkshow in Deutschland. Diesmal zu „Menschen bei Maischberger" in Köln. Er tritt zusammen mit einer Frau auf, die lange Zeit Neonazi war und dann aus der rechtsextremen Szene ausstieg. Sie musste sich eine neue Identität zulegen, um vor ihrem Mann, einem hochrangigen Neonazi, zu fliehen. Noël lädt sie und ihre Kinder zu Weihnachten nach Birmingham ein.

Und dann wird er zu den „Brandenburg-Tagen" in London eingeladen, um ein „Straßenfussballturnier für Toleranz" zu eröffnen. Er besucht einen Empfang in der deutschen Botschaft und wird von Ministerpräsident Matthias Platzeck begrüßt, dem Nachfolger von Manfred Stolpe.

„Brandenburg braucht Sie", sagt der Ministerpräsident.

„Sie machen uns Mut, Sie sind eine Inspiration für uns", sagen andere.

2

Er? Eine Inspiration?

Früher hat er oft eine Inspiration gebraucht. Als schlechte Zeiten kamen. Als er das Gefühl hatte, er käme nicht schnell genug voran. Als er enttäuscht war. Als er die Ergebnisse seiner Bemühungen nicht erkennen konnte. Dann pflegte er zu joggen, lief, bis er an seine Grenzen stieß. Dachte daran, was Miss Darling ihm früher gesagt hat.

„Schau mich nicht an", hat sie gesagt, „sondern sieh dir an, was ich dir zeige." Obwohl er noch ein Kind war, hat er verstanden, was sie damit sagen wollte. Öffne die Augen und versuche, die Dinge zu sehen, wie sie wirklich sind.

Ja. So muss man tatsächlich durch das Leben gehen. Öffne die Augen, betrachte die Dinge mit deinen Augen, ziehe deine Schlussfolgerungen. Steig auf einen Stuhl und sieh deinem Lehrer über die Schulter. Nimm seine Worte nicht für bare Münze.

Achte auf die Betrunkenen, wenn du um den Stausee von Edgbaston joggst. Rede mit ihnen. Hör ihnen zu, wenn sie in ihrer Trunkenheit nur Sinnloses reden. Lass es dir eine Warnung sein, damit du nicht anfängst zu trinken und dich verlierst – so wie sie.

Sieh dir die Obdachlosen an. Beobachte, wie die Leute ihnen aus dem Weg gehen. Dann sieh hinter die Fassade und versuche, ihre Geschichte zu verstehen. Vielleicht hatten sie früher einen gut bezahlten Job. Hör dir ihre Geschichten an. Lerne von ihnen, dass Reichtum nicht glücklich macht. Das macht dich stärker. Du gibst ihnen ein paar Münzen und gehst mit der Erkenntnis weiter, dass man vorsichtig sein muss. Damit niemand von dir sagen kann, dass du in Ungnade gefallen bist.

Geh ins Wettbüro. Betrachte die Menschen, die eine Wette nach der anderen abschließen, ohne daran zu denken, dass sie mehr Geld in der Tasche hätten, wenn sie umsichtiger vorgehen würden. Beobachte sie, wenn sie verlieren. Beobachte, wie sie andere anbetteln. Sie kommen seit Jahren in dieses Wettbüro, tragen immer dieselben Mäntel, immer dieselben Hüte. Wie sie die Zeitungen von den Wänden reißen, weil sie sich nicht mehr beherrschen können. Sie verlieren ihr Geld, ihre Arbeit, ihre Ehefrauen, ihre Kinder, schließlich sich selbst. Sie kommen aus der Kneipe auf der anderen Straßenseite, um im Wettbüro etwas Geld zu gewinnen. Dann gehen sie wieder zurück in die Kneipe, um ihre Sorgen in Bier zu ertränken. Schau sie dir an, wie sie dort an der Bar stehen. Lass es dir eine Warnung sein – damit du solch ein Leben nicht führen musst.

Und lass dich von Schwarzen, die um ihre Rechte gekämpft haben, inspirieren, von Martin Luther King, von Rosa Parks. Und von jenen, die große Leistungen erbracht und nützliche Dinge erfunden haben, aber nicht so bekannt wurden. Das ist Inspiration.

3

Endlich ein Ziel, Freude

Nachdem Jacqui gestorben ist, erinnern ihn Freunde an seinen Traum: Er wollte schon immer ein Rennpferd besitzen. Sie sagen: Realisiere jetzt deinen Traum. Damit Jacqui stolz auf dich ist.

An einem Oktobertag fährt er nach Newmarket. Das ist ein ganz besonderer Ort für den Pferdesport – seit 1174 gibt es hier Pferderennen.

Es fällt ihm auf, dass die Bewohner, die mutmaßlich alle mit Pferden zu tun haben, den Fremden höflich mit einem leichten Kopfnicken grüßen. Sie begegnen ihm mit Respekt.

Noël sieht sich in aller Ruhe verschiedene Pferde an. Er studiert Bücher und informiert sich über die Herkunft und Züchtung der Pferde. Über die Fohlen von berühmten Rennpferden. Wie oft sie bei Rennen gesiegt haben. Ob sie weiche oder harte Böden bevorzugen. Ob sie als Zwei- oder

Dreijährige bessere Leistungen bringen. Denn das Preisgeld ist bei Dreijährigen höher. Wenn sie in einem Derby-Rennen siegen und als Dreijährige Champion werden, dann kann man sie zu den großen Rennen ins Ausland schicken – nach Amerika, Frankreich, Australien, Hong Kong. Das Pferderennen ist eine Wissenschaft für sich und man muss alles ganz genau studieren.

Natürlich könnte er eine Agentur oder einen Trainer beauftragen, für ihn ein Pferd auszusuchen. Aber für Noël liegt der Reiz darin, sich selbst umzuschauen und das Pferd auszuwählen. Als kleiner Junge hatte er den Wunsch, Jockey zu werden. Und später hatte er immer den Wunsch, ein Rennpferd zu kaufen und zu trainieren.

Ihm fällt ein Fohlen auf, das in den Ring kommt. Lebhaft, mit einem gut gebauten Körper. Kurzer Hals, solide Brust, gut geformtes Hinterteil. Früher hat Noël einmal auf den Großvater dieses Fohlens gewettet. Ela-Mana-Mou, ein Champion, der als Vierjähriger das King-George-Rennen gewonnen hat. Dieses Fohlen will er haben. Er bietet mit und gewinnt. Noël ist völlig begeistert – solch ein Pferd zu einem guten Preis! Er nennt das Pferd „Baddam".

Er engagiert einen namhaften Trainer, der mit den Pferden eines arabischen Scheichs arbeitet. Seine Stallungen befinden sich in Arundel, einer Kleinstadt an der Südküste. Um Baddam zu sehen, muss Noël einen weiten Weg fahren. Er muss morgens um zwei Uhr aufstehen, um gegen elf Uhr in den Stallungen zu sein.

Bei jedem Besuch ist Baddam größer geworden. Er entwickelt sich prächtig. Noël denkt viel über Pferderennen nach. Im Mai ist es so weit, und der Trainer meldet Baddam zu einem kleinen Rennen an.

Noël fährt zur Rennbahn. Er geht zum „Paradering", einen abgesperrten Bereich, in dem sich die Besitzer mit dem Trainer und dem Jockey über die Rennstrategie austauschen. Für das erste Rennen hat Noël einen Star-Jockey engagiert: Johnny Murther aus Irland. Voriges Jahr hat er mehrere Spitzenrennen gewonnen. Er wird Baddam bestimmt gut führen. Ganz gleich, wie das Rennen ausgeht – Johnny soll sich vor allem ein Bild von der Leistungsfähigkeit des Pferdes machen.

Alle Rennpferde werden zusammen mit Jockey, Trainer und Besitzer den Zuschauern per Lautsprecher vorgestellt. Auch Noël wird schließlich ausgerufen: „Mr. Noël Martin." Wow – das zu hören macht ihn stolz. Stolz ist er auch darauf, dass Baddam in den Farben Grün, Gold und Schwarz laufen wird. In den jamaikanischen Farben.

Es ist merkwürdig, hier zu sein. Zusammen mit all den Pferden und Besitzern, die er aus dem Fernsehen kennt. Nun gehört er auch dazu. Ihm kommen fast die Tränen, und er weiß nicht, ob es Glück oder Traurigkeit ist. Seine Gefühle sind zwiespältig. Aber eins steht fest: Er besitzt ein Rennpferd, er ist hier angekommen, er gehört zu den Besitzern im Paradering. Er wird sich Mühe geben, so gelassen und professionell wie möglich zu sein.

Die meisten Besitzer schauen dem Rennen von der Tribüne aus zu. Dort kommt Noël mit seinem Rollstuhl jedoch nicht hin, deshalb verfolgt er das Rennen im Paradering auf einer großen Leinwand. Er sieht, wie die Pferde in die Startboxen gebracht werden, wie die Türen auffliegen und die Pferde losgaloppieren.

Es ist ein kurzes Rennen. Baddam kommt nur schwer voran, als ob er nicht wüsste, was man von ihm erwartet. Vier Längen hinter den anderen. Der Jockey bleibt gelassen, lässt Baddam alleine laufen. Er will ihm Freiraum lassen. Kurz vor Schluss holt das Pferd auf und kommt noch als Vierter über die Ziellinie. Noël eilt zu Trainer und Jockey, um ihr Urteil zu hören.

„Er wird ein Sieger werden", sagt Johnny Murther, „aber auf einer längeren Distanz."

Das ist eine gute Nachricht.

Das nächste Mal wird Baddam für ein längeres Rennen angemeldet. Er läuft ziemlich gut. Ebenso bei einem weiteren Rennen, die Leute wollen ihn zum Favoriten machen. Aber Noël und der Trainer entscheiden, dass das Pferd bis zur nächsten Saison ruhen soll. Sie wollen sehen, wie er sich als Dreijähriger macht.

Der Winter kommt, und alles dreht sich nur noch um den Rennsport. Plötzlich interessieren sich Noëls Freunde für Pferderennen und fiebern mit ihm der nächsten Saison entgegen.

Baddam läuft einige Male und wird Dritter. Ist wohl ein Spätentwickler, sagt man. Sie melden ihn für ein Rennen in Sandown an, wo es eine gute Rennbahn und harte Konkurrenz gibt. Zum Beispiel die Pferde von Scheich Muhammad. Das Rennen beginnt ruhig, mit Baddam unter den ersten drei. Kurz vor dem Ziel, als sie in die Kurve kommen, treibt der Jockey das Pferd an. Es ist eine lange Strecke, und jetzt geht es bergauf, aber es scheint Baddam zu gefallen.

„Komm Badd, komm!" Das ist Katie, das Stallmädchen, das sich um Baddam kümmert. Sie hat sich völlig in das Pferd verliebt.

Die Pflegerin Kathy ist auch ziemlich aufgeregt.

„Komm, Baddam, komm schon, Junge!“

Die Zuschauermenge brüllt. Alle, bis auf Noël. Er sitzt irgendwo auf einer weißen Wolke und hat das Gefühl, in einem Traum zu sein. In einem Traum allerdings, der gerade real wird.

Zwei Achtelmeilen vor dem Ziel. Baddam ist den anderen so weit voraus, dass der Jockey das Pferd ruhiger laufen lassen kann. Es bringt nichts, mit solch einem Vorsprung zu gewinnen, weil sie dann beim nächsten Rennen mit zusätzlichen Gewichten starten müssten. Als Baddam die Ziellinie erreicht, ist der Abstand etwas kleiner geworden. Aber er ist der unangefochtene Sieger.

Die Zuschauer klatschen begeistert, als Noël in den Siegerring kommt. So etwas hat er noch nie erlebt. Noch nie im Leben haben ihm so viele Menschen zugejubelt. Und die Journalisten umringen ihn.

„Woher wissen Sie, wie man ein Pferd aussucht?“, fragen sie ihn mehrfach. Denn sie haben vom Trainer erfahren, dass er das Pferd selbst ausgesucht hat.

Er weiß nicht, was er ihnen erzählen soll. Die Frage findet er eigentlich etwas dumm, denn für ihn ist es so eine einfache Sache gewesen. Aber er ist schon stolz auf diesen Erfolg.

Im nächsten Monat wird Baddam bei einem Rennen im traditionsreichen Newmarket angemeldet.

Auf dem Weg dorthin fahren sie durch die Ortschaft Six Mile Bottom. Dort steht die Statue eines Mannes, der ein Pferd am Zügel hält. Auch das Pferd heißt Six Mile Bottom. Noël kann es nicht fassen. Vor 20 Jahren hat er von einem Pferd geträumt, das Six Mile Bottom hieß. Er hatte keine Ahnung, dass dieser Ort existiert. Es ist wie ein Déjà-vu. Die Gegend, der Rasen, die Zäune – wie in seinem Traum.

In diesem Traum wettete Noël nicht auf das Pferd Six Mile Bottom, obwohl ihm ein Freund gerade seine Schulden zurückgezahlt hatte. Der Schwanz des Pferdes war weiß gemustert. Am nächsten Tag sah er das Pferd im Fernsehen. Er erzählte seinem Vater von dem Traum, aber der glaubte nicht, dass das Pferd gewinnen könnte. In seiner Hosentasche hatte Noël genau den Geldbetrag, den er im Traum bekommen hatte. Er ging jedoch nicht ins Wettbüro. Das Pferd gewann das Rennen mit einem Vorsprung von drei Achtelmeilen. Ihm wurde fast schlecht, weil er keine Wette abgeschlossen hatte. So einen Traum, dachte er, hat man nur einmal im Leben. So eine Gelegenheit wird sich nie wieder bieten.

Und nun ist er in Six Mile Bottom. Die Gelegenheit bietet sich noch einmal. Dieses Mal will er sie nicht vorübergehen lassen. Er schweigt, als sie weiterfahren. Träumer müssen immer weiterträumen. Und irgendwann muss man den Traum mit der Wirklichkeit verknüpfen.

Nach der Ankunft auf der Pferderennbahn von Newmarket eilen sie zum Paradering. Baddam wird von Katie hereingeführt. Er wendet den Kopf zu Noël, als ob er den Mann im Rollstuhl erkennen würde. Den Pflegerinnen kommt es jedenfalls so vor. Noël interessiert sich in diesem Moment nur für den Schwanz. Tatsächlich, die Spitzen sind weiß.

Das kann kein Zufall sein.

Die Trophäen des letzten Rennens werden verliehen. Einige Gewinner grinsen, andere versuchen, ganz cool auszusehen. Gut gekleidete Menschen flanieren vorüber. Männer mit Jacketts und Krawatten, Frauen in schönen Kleidern. Überall Hüte. Viele ältere Damen. Sie sehen so aus, als ob sie ihr ganzes Leben auf der Rennbahn verbracht hätten. Die Sonne scheint.

Noël spaziert mit den Pflegerinnen umher, beobachtet die Zuschauer, sieht sich die Bars an. Es kommt ihm so vor, als ob sich seit der Gründung der Pferderennbahn um 1880 nichts verändert hätte.

Sie kehren zum Paradering zurück. Alles dreht sich um die entscheidende Frage – wird Baddam gewinnen?

Das Pferd, sagt der Trainer, ist gut genährt und in hervorragender Form. Der Jockey kommt. Er wird Baddam im mittleren Feld halten, sagt er zu Noël. Von hier aus könne man die Spitze gut attackieren. Baddam ist der Favorit in diesem Rennen.

Die Pferde starten mit hohem Tempo und ziehen direkt an Noël vorbei. Danach verfolgt er das Geschehen auf der Leinwand. Drei Achtelmeilen vor dem Ziel zieht Baddam an. Die Zuschauer brüllen.

„Komm, komm!“

Bei der zweiten Achtelmeile hat Baddam einen Vorsprung von zwei Pferdelängen. Der Jubel nimmt zu.

Kathys Gesichtsausdruck hat sich verändert, sie schreit und springt in die Luft, als ob das Pferd dadurch schneller laufen würde. Und dann schießt ihre Faust in die Luft: Baddam hat gewonnen. Mit einem knappen Vorsprung hat er gesiegt.

Noël schreit nicht. Er ist zu schwach auf der Brust, als dass er laut schreien könnte. Wenn er es versuchen würde, könnte das Krämpfe auslösen.

Er macht sich auf den Weg in den Siegerring. Die Zuschauer klatschen und jubeln ihm erneut zu. Ein weiterer Augenblick des Ruhmes, ein Moment, den er schon lange herbeigesehnt hat. Er muss nicht weiter in den Himmel schauen, er ist bereits im Himmel.

Als sie aus Newmarket herausfahren, kommen sie wieder durch Six Mile Bottom hindurch. Fahrer und Pflegerinnen wollen Fotos machen. Noël bittet den Fahrer, die Fensterscheibe herunterzulassen, damit er besser sehen kann. Er betrachtet die Statue eine Weile. Der Mann hält die Zügel in der Hand, als hätte er ein Wildpferd gefangen.

„Ich habe auch eins gefangen“, denkt er. „Ich träume nicht länger, der Traum ist Wirklichkeit geworden.“

„Fahr weiter“, sagt er zum Fahrer.

Baddam gewinnt insgesamt drei Rennen. Dazu kommen ein zweiter und zwei dritte Plätze. Inzwischen hat er sich bezahlt gemacht und kommt selbst für seine Kosten auf.

Im Dezember verlegt Noël das Pferd in eine Stallung in West Ilsley. Arundel ist einfach zu weit entfernt. Trainer wird Mike Channon, ein ehemaliger Fußballspieler, der jetzt Pferde züchtet und trainiert. Auch Ela-Mana-Mou, Baddams Großvater, wurde als Vierjähriger nach West Ilsley gebracht. Er gewann das King-George-Rennen. Vielleicht schlägt der Blitz zweimal an derselben Stelle ein.

2006. Es wird Frühjahr. Die kommenden Pferderennen sind das Thema Nummer 1.

Baddam läuft einige Rennen gegen bessere Pferde. Er macht sich gut, aber er gewinnt nicht. Dann meldet ihn Mike Channon für das Dienstag-Rennen beim Royal Ascot an. Das ist die ganz große Bühne. Größer geht es nicht.

Noël ist glücklich, weil auch dies ein Teil seines Traumes war. Er kann in den Nächten davor kaum schlafen, weil er immerzu an das Rennen denken muss. Er weiß noch nicht, wie stark die Konkurrenz sein wird. Dann kommt ein Fax mit der Liste der Pferde und ihren Jockeys. 25 Pferde wurden angemeldet. Er hatte höchstens mit zehn gerechnet. Das dämpft seine Siegesgewissheit.

Royal Ascot ist die glamouröseste Pferderennenbahn der Welt. Pferde aus zahlreichen Ländern starten hier, aus Australien, Neuseeland, Italien, Frankreich, Afrika. Hier musst du in Frack und Zylinder erscheinen, wie ein traditioneller englischer Gentleman. Die Frauen tragen lange Kleider oder schicke Hosenanzüge. Vor allem aber Hüte.

Noël wird zwar Zylinder und Krawatte tragen, aber nicht als Engländer erscheinen. Sondern als Schwarzer im Rollstuhl, der die jamaikanischen Farben wehen lässt. Grün, Gold und Schwarz. Nur zu gern würde er die Traditionen umstürzen. David hat schließlich Goliath besiegt.

Sie kommen frühzeitig in Ascot an. Es ist viel los, die Straßen sind voller Menschen. Frack, Zylinder, leuchtende Kleider und riesige Hüte bestimmen das Bild. Es wird schwierig werden, mit dem Rollstuhl durch die Menschenmengen hindurchzukommen. Der Wagen hält an und die Rampe wird heruntergelassen, damit Noël aussteigen kann. Einige Polizisten eilen herbei.

„Weiter, weiter, weiter“, rufen sie.

Die Rampe wurde aber schon ausgefahren. Noël dreht den Rollstuhl im Auto so schnell es geht und fährt die Rampe hinunter. Der Fahrer und die Pflegerinnen versuchen, die Situation zu klären, aber die Polisten drängen zur Weiterfahrt.

„Die Kutsche der Königin kommt“, schreien sie.

Noëls Fahrer fährt eilig davon. Einige Kutschen mit Pferden fahren vorbei, aber sie scheinen leer zu sein. Noël dreht sich um, schaut in die Menge. Alle stehen da und warten auf die Königin.

„Wissen sie denn nicht, dass der König angekommen ist?“, fragt er sich.

Sie flanieren durch die Anlage, beobachten die Menschen in den Restaurants und Bars. Dann sehen sie sich das Rennen an. Noël hat ein gutes Gefühl, trotz der 24 Pferde, gegen die Baddam antritt.

Die Atmosphäre im Paradering erinnert an einen Kampftag in einem römischen Kolosseum. Du blickst hinauf zu der Zuschauertribüne und stellst fest, dass es wesentlich mehr Zuschauer sind, als du erwartet hast. Alle sehen dich an. Du kommst dir ganz klein vor.

Die Pferde werden vorgeführt, Baddam dreht den Kopf und schaut Noël an, wie üblich. Noël grinst.

„Wenn Baddam mir nur erzählen könnte, was ihm durch den Kopf geht“, denkt er.

Mike Channon ist da, fröhlich wie immer. Und Ian Mongan, der Jockey.

„Wir werden es schaffen“, sagt Mike zu Ian.

Es ist Zeit. Die Jockeys sitzen auf.

„Lassen wir Ian die Sache durchziehen“, sagt Mike und entfernt sich, um dem Rennen von der Tribüne aus zuzusehen. Die Startboxen öffnen sich. Die Pferde galoppieren los. Alle schweigen in gespannter Erwartung und suchen nach den Pferden, auf die sie gesetzt haben. In der dichten Menge dahinfliegender Pferde ist dies ziemlich schwierig.

Wo ist Baddam?

Die Kamera zeigt ihn. Weit hinten auf Position 21. Aber die Strecke beträgt noch eineinhalb Meilen. Drei Pferde lösen sich und übernehmen die Führung.

„Ich hoffe jedenfalls, dass er nicht als Letzter ins Ziel kommt", denkt Noël.

Kurz darauf hat Baddam aufgeholt und ist jetzt an zwölfter Stelle. Die drei führenden Pferde sind wieder zurückgefallen. Jetzt wird's ernst. Nach einer halben Meile ist Baddam sechster. Fünf Achtelmeilen vor dem Ziel: Baddam kämpft sich weiter nach vorn. In der letzten Kurve ist er an dritter Stelle.

„Ja, nein. Ja, nein, Ja, nein. Könnte er? Kann er?"

Baddam zieht weiter an. Ein ohrenbetäubendes Geschrei. Der Rollstuhl schaukelt hin und her. Alle sind ganz wild vor Aufregung. Der Assistenztrainer springt in die Luft. Und dann übernimmt Baddam die Führung. Der Jockey treibt ihn mit zwei, drei Schlägen an und Baddam reagiert. Der Favorit des Rennens greift zwar von hinten an, aber Baddams Vorsprung ist zu groß. Er fliegt davon und kommt als Sieger der Ascot Stakes über die Ziellinie. Vor lauter Begeisterung fällt der Jockey vom Pferd.

Auf einmal wird es ganz still, als ob die Menge nicht mehr da wäre. Einige stehen um Noël herum. Er kann sehen, wie sich ihre Lippen bewegen, aber er kann nichts hören. Als ob es ein Traum wäre. Dann schaut er sich um, sieht Mike auf sich zulaufen. Mike verbeugt sich vor ihm, dann wird er umzingelt und alle küssen und umarmen ihn und die Stimmen sind wieder da. Er ist in die Realität zurückgekehrt.

„Langsam", sagt er sich, „genieße es. Koste jeden Moment voll aus, denn deswegen bist du hierher gekommen. Das ist dein Traum gewesen."

Kathy rollt ihn Richtung Siegerring. Ian ist überglücklich, alle lachen darüber, wie er vom Pferd gefallen ist, nachdem Baddam die Ziellinie erreichte. Auch für Ian ist es das größte Rennen, das er bislang gewonnen hat. Als er den Siegerring betritt, jubelt die Menge ihm zu.

„Wie fühlen Sie sich, Mr. Martin?", fragt ihn ein Journalist.

Wie er sich fühlt?

„Fliegen Sie zum Mond und Sie wissen es", sagt Noël. „Dies war der Traum meines Lebens und nun ist er Wirklichkeit geworden."

„Was ist das für ein Gefühl?"

„Ich bin angekommen", sagt er.

Als er seine Trophäe entgegennimmt, wendet er den Rollstuhl und schaut in den Himmel. Sieht die Menschen auf der Zuschauertribüne, die ihn von oben beobachten.

„Das werden sie im Fernsehen zeigen“, denkt er. „Alle sehen zu, wie ich sie ansehe.“

Er kommt sich vor wie ein General, der gerade eine Schlacht gewonnen hat. Sie legen ihm den Siegerpokal in den Schoß.

„Ich bin der König von Royal Ascot“, denkt er.

Champagner wird ausgeschenkt, die Leute gratulieren. Ein Rennveranstalter aus Australien möchte Baddam zum Melbourne Cup holen.

Noël ruft seinen Vetter Barry an. Er will in dessen Restaurant feiern. Er ruft Freunde an und lädt sie ein. Sie feiern bis in die frühen Morgenstunden. An den nächsten beiden Tagen wird weitergefeiert.

Mike ruft ihn am Donnerstag an. Dem Pferd geht's gut, aber das ist nicht der Grund seines Anrufs.

„Sie werden Ihre Glückskleider vielleicht noch einmal anziehen und am Samstag nach Ascot kommen müssen“, sagt Mike.

„Wieso?“, fragt Noël.

„Ich überlege, Baddam noch einmal laufen zu lassen“, sagt Mike. „Er hat alles aufgefressen, und der Stallbursche musste mit ihm galoppieren, weil er ganz aus der Haut fährt. Er kann es nicht abwarten, noch einmal zu rennen.“

Und, tatsächlich, Baddam läuft am folgenden Samstag ein zweites Mal in Ascot. Und er gewinnt wieder. Das einzige Pferd seit dreißig Jahren, das innerhalb einer Woche zweimal beim Royal Ascot siegt. Und Noël ist der erste schwarze und der erste behinderte Rennpferdbesitzer, der einen Titel beim Royal Ascot erringt. Mit diesen Rekorden haben sich Noël und Baddam in die Geschichtsbücher eingetragen.

4

Er hat seinen Traum gelebt, und er ist dankbar dafür, dass dies möglich war. Das kann nicht jeder von sich behaupten. Aber nichts kann etwas an seiner Situation ändern. Nichts kann den körperlichen Verfall aufhalten.

Zum zehnten Jahrestag des Überfalls fährt er nicht nach Mahlow. Er wäre gern gefahren, wenn jemand die Reise finanziert hätte. Aber niemand bietet sich an.

Es wird trotzdem eine Demonstration in Mahlow organisiert, hört er.

Man wird vom Bahnhof bis zum Mahnmal gehen, wo wieder eine Kundgebung stattfinden soll. Ob er einen Brief an die Mahlower richten könne?

„Hallo nach Mahlow," schreibt er und Robin liest den Brief bei der Kundgebung vor.

„Vielen Dank an alle, die sich heute hier eingefunden haben. Vielen Dank an alle, die sich gegen den Rassismus einsetzen.

Ich kann heute nicht bei Ihnen sein. Ich sitze zu Hause, wie ich es in den letzten zehn Jahren auch getan habe. Ich sitze hier und sehe zu, wie meine Freunde einer nach dem anderen verschwinden.

Das, was mir passiert ist, geht meinen Freunden sehr nah. Ich sehe die Traurigkeit in ihren Augen. Aber sie müssen ihr eigenes Leben leben und werden mehr und mehr davon beansprucht.

Ihre Kinder fragen mich: ‚Warum sitzt du in diesem Rollstuhl?' Und mancher fragt: ‚Warum hast du dich nicht gegen die Täter gewehrt?'

‚Weil es in meiner Natur liegt, freundlich zu sein,' sage ich. Ich möchte alle Gewalt hinter mir lassen.

Manche fragen: ‚Wurdest du angegriffen, weil du schwarz bist?'

Da gibt es kein ‚Vielleicht'. Das ist eine Tatsache.

Der Rassismus hat mir alles genommen. Insbesondere hat er mir meine

Frau genommen, die auf tragische Weise gestorben ist. Wegen des Rassismus hatten wir keinen letzten Tanz miteinander. Ich konnte nicht Abschied nehmen von ihr. In anderen Situationen können sich Menschen von ihren Liebsten verabschieden und mit ihnen sprechen. Aber wir konnten nicht ‚Good-bye' sagen. Wir haben nur dort gesessen und geweint. Ich konnte nicht einmal ihre Hand halten. Keiner konnte glauben, dass sie – so kurz nach dem, was mir passiert ist – sterben würde. Es war ein schwerer Schock für sie.

Rassismus – soll das mein ganzes Leben gewesen sein?

Bitte, lassen Sie so etwas nie wieder zu. Und achten Sie bitte darauf, dass Ihre Kinder nie jemandem so etwas antun.

Ihr Noël Martin."

Ein Team vom Rundfunk Berlin-Brandenburg kündigt sich an. Sie wollen einen zweiten Film drehen. Außerdem ist ein Radiobeitrag geplant. Sie besuchen ihn in Birmingham.

„Sie sitzen seit zehn Jahren im Rollstuhl. Wie fühlen Sie sich? Wie wird es weitergehen?", fragen die Journalisten.

„Ich fühle nichts", sagt Noël. „Wenn du nichts fühlen kannst, kannst du die Welt nicht berühren. Und wenn du sie nicht berühren kannst, bist du kein Teil von ihr. Du kannst nur zusehen, wie die Welt an dir vorbeizieht."

An seinem nächsten Geburtstag, sagt Noël, plane er, in die Schweiz zu fahren. Es gibt dort eine Organisation, die ihm behilflich sein kann. Ein Arzt stellt eine Mixtur zusammen, die er durch einen Strohhalm zu sich nehmen wird. Schließe die Augen und erwache in der nächsten Welt.

Am Morgen des zehnten Jahrestags wird der Beitrag gesendet. Danach steht das Telefon nicht mehr still. Journalisten aus Deutschland und Großbritannien wollen ihn interviewen. Wie es scheint, kann ihn keiner verstehen. Wie soll er das erklären?

Viele Menschen scheinen der Meinung zu sein, dass er unter Depressionen leidet. Aber darum geht es nicht.

Es geht um die Würde, um die Liebe, um die Empfindungen. Um all das, was ihm am 16. Juni 1996 genommen wurde. Nicht nur für einen Tag, sondern für den Rest seines Lebens. Darum geht es.

Hat man nicht einen Anspruch auf ein Leben in Würde? Um Hilfe rufen, schreien, betteln müssen – das ist für ihn kein Leben in Würde. Ist es nicht besser, in Würde zu sterben als ohne Würde zu leben?

Viele Menschen, das weiß er, können dies nicht verstehen. Vielleicht haben sie sich keine Gedanken darüber gemacht, wie es ist, wenn man seine Würde verliert. Natürlich können Menschen, die nicht im Rollstuhl sitzen, nicht verstehen, wie es ist, vom Hals abwärts gelähmt zu sein.

Man muss vielleicht gelähmt sein, um nachvollziehen zu können, dass ein Leben ohne Würde und Selbstachtung nicht mehr lebenswert ist. Dann ist es besser, die Verantwortung für sich zu übernehmen. Wissen, wann deine Zeit um ist.

„Glaubst du an Gott?“, fragen viele Leute. Er lässt sie reden, hört ihnen zu. Die Frage kann er aber nur mit einer Gegenfrage beantworten.

„Bin ich nicht meines Vaters Sohn?“

Wer daran glaubt, muss sich um nichts mehr sorgen, weder im Leben noch im Tod.

Und sollte man nicht auch an sich selbst glauben?

Er weiß, woran er glaubt.

Er hat getan, was er tun konnte. Er hat seinen Traum gelebt.

5

Diese Geschichte hat kein Ende. Es gibt keine Zukunft. Es gibt nur die Gegenwart und die Vergangenheit.

Es gab keine Zukunft, in der Noël und Jacqui noch einmal jene romantischen Plätze besuchen konnten, an denen sie gemeinsam glücklich gewesen waren. Es kam kein Tag, an dem sie sich noch einmal umarmen und küssen konnten.

Jacqui stirbt an einem Freitag. Am Samstag der letzte Kuss. Ihr Kopf ist schon kleiner geworden, aber durch die leicht geöffneten Lider kann er das Smaragdgrün ihrer Augen sehen. Nimm ein Taschentuch, Angie, und berühre damit ihre Lippen. Dann press es gegen meine Lippen.

Das war gestern. Wähle das Beste aus der Vergangenheit und nenne das dein Leben. Das Beste war die Zeit mit Jacqui, und diese Zeit ist zu Ende gegangen.

Das Grab

Durch's Fenster seh ich
Zum Garten hinaus
Blumen wachsen.
Nicht kahl
die hintere Mauer,
auf die ich schaue.
Das Grab
Ist immer noch da
Schon seit Jahren
Die Sonne scheint
Ich weiß,
Das Grab ist da
So viele Jahre schon,
Das Fenster aber
Noch immer
Klar wie Kristall.
Ich schaue hinaus
Sehe meine Braut
Durch's offene Fenster,
Sehe die Blumen
Die mich erinnern,
Sie ist gestorben.